Los verdaderos secretos del amor para que nadie te pueda romper el corazón

Índice

Regla Número II: No te enamores o sufrirás

Regla número 275: No te mates por el amor

Regla número 504: El que te hace sufrir no te ama, porque el amor es lo más bello del mundo

Regla número 799: No hay que enamorarte de alguien que no siente nada por ti

Regla número VIII: La mujer de mi amigo siempre será un hombre para mí

Regla número 998: Hay amores que no valen la pena

Regla número 610: El que llora por el amor es alguien que no tiene el amor en su corazón

La regla número 25: para poder amar a alguien primero tienes que amarte a ti mismo

Regla número 33: La mejor manera para limpiar es empezando desde tu casa

Regla número 107: Tú no puedes dar lo que no tienes

Regla número 140: No hay que correr detrás del amor, tarde o temprano él caerá a tus pies.

Regla número 402: No hay que estar malgastando tu tiempo en el baño cuando el amor de verdad está tocando tu puerta

Regla número 5: Olvídate de la regla número II cuando se trata de alguien que valga la pena

Regla Número II: No te enamores o sufrirás

Para decir la verdad, esta es una regla muy buena pero nadie quiere cumplirla hasta que tenga su corazón destrozado. De hecho, al escuchar esta regla, algunas personas siempre me han dicho de esta manera: **Esta regla es muy difícil y por lo tanto, no creo que yo pueda cumplirla. Estoy muy consciente de que soy una persona muy enamoradísima. Yo siempre me enamoro cada vez que veo a alguien al cual a mi me gusta. A mi no me importa que sea un amor a primera vista o alguien que no esté disponible.**

La regla número II es la única solución y la única cura que existe en el mundo para todos los problemas amorosos. Me he dado cuenta de que la única manera para no tener que sufrir por el amor es no enamorarme de nadie. En varias ocasiones, yo intentaba enamorarme de algunas personas pero a fin de cuentas, yo tuve que sufrir mucho. Es la razón por la cual, mi segunda regla de la vida es: **No te enamores o sufrirás**. En el pasado, yo no respetaba esta regla. Porque yo creía que enamorarme de todas las personas sin conocerlas bien era lo mejor de la vida. Eso me cauba muchos problemas en mi camino por haber enamorándome de las personas desconocidas. Es algo que no quiero volver a hacer jamás en mi vida. Por tres razones principales, por ejemplo:

- Yo lo hice y sufrí mucho

- Mis amigos lo hicieron y tuvieron que pagar las consecuencias

- En todos los países, las personas están rompiendo la regla número II y por lo que yo veo, ellas también están pagando el precio al contado

Hay solamente dos opciones en esta regla y cada uno de nosotros tiene que elegir una sola de ellas pero no las dos a la misma vez. Quiere decir, si uno quiere sufrir entonces puede enamorarse y si uno no quiere sufrir en ese caso el no tiene que enamorarse, al menos que sea para cumplir la regla número 5. Cuando se trata de la regla número 5, uno no tiene que darle mente a nada sino que disfrutar cada minuto como si fuera lo ultimo. Para decir la verdad, esta regla no es para cualquier tipo de persona. Es una regla muy compleja y para poder cumplirla siempre hace encontrar una persona la cual vale la pena. Por este motivo, mientras tanto uno tiene que mantenerse en la regla numero II.

En realidad, uno tiene que conocerse a si mismo para poder enamorarse de los demás pero algunos individuos quieren hacer todo lo contrario. Ellos no quieren practicar la regla número II. Según sus opiniones, esta es una de las reglas mas complicada de todas las demás. Ellos tienen todas sus razones, porque es muy cierto, esta regla es una de las más difíciles de mis mil reglas. Son muy pocas personas las que la practican como se debe. La mayoría de las personas confunden esta regla con algunas otras, principalmente la regla número 5. Es el motivo por el cual en este tiempo, Algunas de esas personas andan con el corazón roto y otras no paran de sufrir día tras días por el amor. Ellas viven enamorándose de cualquier tipo de personas sin poder pensar en las consecuencias las que trae el amor a veces. Según mi opinión y mi punto de vista, todo aquel que use su corazón en la regla número II, tarde o temprano lamentará

A cada persona a la que veo que está confundiendo una regla con otra y cuando le digo a ella que debería practicar la regla numero II, siempre me contesta con la misma respuesta: **Oh no, esta**

regla es muy difícil y muy complicada para mi. Por eso, estoy muy seguro de que no voy a poder cumplirla porque yo sé muy bien como soy. A mi me gusta enamorarme a cada rato de las personas de mi tipo. Todas las personas siempre me han dicho la misma cosa. Pero cuando ellas empiezan a sufrir por el amor entonces a partir de ese momento se recuerdan de mí. De hecho, una de mis mejores amigas, yo me recuerdo que la primera vez que ella se enamoraba de un chico que no valía la pena para nada. Era un amor a primera vista. Sin conocerlo bien, mi amiga ilusionó y empezó a tener una relación amorosa con ese joven. Ella iba todos los días a decirme que estaba muy enamorada de su chico. Ella no tenía ni siquiera 6 días conociéndolo pero aun así, ella vivía diciendo a todo el mundo que había encontrado el hombre perfecto para su vida. Me di cuenta de que algo no estaba bien y por eso,

- Yo le dije a mi amiga estas cosas: Tienes que practicar la regla número II de pies a cabeza porque veo que tu estás confundiendo la regla número con la numero 5.

- Ella me dijo: ¿Cual es la regla número II?

- Yo le contesté y le dije: No te enamores o sufrirás

- Ella me miró de una manera muy sorprendente y me dijo: Hasta donde yo sé esta regla es muy difícil para poder cumplirla.

- Yo le dije: Yo sé muy bien que es una de las reglas más difíciles pero lo mas increíble y fuerte en la vida es cuando alguien te rompe el corazón.

- Ella me dijo: No te preocupes por mí, eso no me va a pasar nunca. Porque yo sé muy bien como manejarme y nadie me puede romper el corazón.

- Yo le dije: Eso esta muy bien si lo crees de esta manera pero nadie rompe la regla número II sin tener que pagar la consecuencias después.

- Ella me dijo: Yo te entiendo pero las reglas no son para mí. Porque las reglas son para romperlas y no me gusta hacer nada con reglas.

- Yo le miré y le dije: Todo lo que te he digo es porque eres una de mis mejores amigas y siempre quiero lo mejor para ti. Es por eso, siempre te doy mis consejos pero si no los quieres, tampoco te puedo obligar. La decisión es tuya y la tengo que respetar siempre.

Ella estaba muy enamorada de su muchacho y no me quiso hacer caso para nada. Pero ese joven tenía un truco bajo su manga, quiere decir, ese chico tenía como tres novias más, aparte de mi amiga. Yo creo que en ese momento mi amiga estaba muy ciega y tonta, por eso nunca se había dado cuenta de que su novio le estaba engañando con muchas chicas mas. De hecho, todo el mundo se enteraba de todo lo que estaba sucediendo pero menos mi amiga. Su familia y todos sus amigos siempre le decían y le aconsejaban para que tuviera mucho cuidado con ese muchacho pero ella no les hacia caso. Lo peor de todo eso era que, cada vez que alguien le decía algo a ella acerca de su novio, ella misma se iba a contárselo a el. En pocas palabras, ella estaba loca por ese joven. Cada día que pasaba, ella se enamoraba más y más de su novio. En cambio, ese chico se estaba cansando de mi amiga con el tiempo. Porque ella no solamente lo amaba sino se estaba volviendo loca por el. Llegaba un momento en el cual ese muchacho no dedicada mas tiempo a mi amiga como antes. Porque sus otras chicas lo tenían muy controlado. Por ese motivo, el siempre le daba una excusa a mi amiga pero ella lo quería tanto y por eso ella siempre le hacia caso. Yo veía que ella estaba muy loca por su novio y no escuchaba el consejo de nadie. A ese efecto, yo trataba de no aconsejarse más. Porque cualquier cosa uno le decía a ella al respeto de su novio. Ella iba a contarlo a el. De hecho, en varias ocasiones yo encontraba a ese joven con sus otras novias pero yo no le decía nada a mi amiga. A veces, mi amiga sospechaba algunas cosas raras de parte su muchacho, por ejemplo, los mensajes que el recibía de parte de sus otras novias. Mi amiga me acercaba en varias ocasiones para contármelo pero yo no quería darle mis opiniones porque yo sabía muy bien que ella misma iba a decir después a su chico todo lo que yo le había dicho. Yo solamente le escuchaba pero no opinaba nada porque yo conocía muy bien a ella y yo sabia de lo que ella era capaz de hacer por su novio. En otras palabras, ella era una de esas personas las que cuando se enamoran de alguien entonces se vuelve tontas y ciegas por el. Ella ya había tenido casi un mes de amor con ese joven y en un momento dado, se fue a la casa de su muchacho para visitarlo. Porque hacia unos días en los cuales mi amiga no tenia la noticia de su novio y no sabia que lo que el estaba haciendo. Mi amiga tenía muchas ganas de estar con su novio. Ella llegaba a su casa y lo encontraba. Los dos se metieron en una habitación de la casa y lo estaban pasando de maravilla hasta que llegara la novia oficial de ese chico. Esa novia oficial de ese joven se fue también por casualidad a visitar a su chico sin avisarle que iba a ir. Al llegar ella a la casa de su novio, vio a mi amiga bien abrazada con a ese muchacho. La novia oficial era una de las chicas más celosas que yo jamás había visto en toda mi vida. Ella no saludó a nadie ni tampoco preguntó nada. Lo primero que ella hizo fue: Agarrar a mi amiga en los cabellos y empezar a pegarle por toda parte sin preguntarle ni siquiera una sola explicación. Esa muchacha celosa era más fuerte y más alta que mi amiga. No hay manera para describir todo lo que ella le hizo a mi amiga. Le dio a mi amiga una lección para que no volviera a meterse jamás en toda su vida con ningún otro hombre ajeno de nuevo. Vale decir, ella le dio a mi amiga lo suficiente para que no volviera a enamorarse de alguien sin conocerlo. Después de esa lección, en camino de regreso a su casa, mi amiga me escribió un mensaje para decirme que mi regla es muy buena y yo tenía toda mi razón para escribirla. Ya que, ella se dio cuenta de que no era muy bueno enamorarse y si uno lo hace entonces sufrirá en un futuro cercano. Cuando yo leí el mensaje de ella, prontamente supe que algo andaba mal. Yo le pregunté a ella que fue que le había sucedido. Ella me dijo que la novia oficial de su chico le dio una buena paliza cuando ella menos esperaba. Yo no podía creer lo que ella me estaba diciendo. Yo fui a su casa para confirmarlo todo. Cuando yo llegué allí y la vi bien golpeada por todo lado. Toda su familia y sus amigos se reían de ella por no haber escuchado los consejos antes. Fue en ese momento, ella vio que yo tenía todas mis razones para escribir una regla tan importante como la regla número II. Desde entonces, ella ha tomado esa regla y la escribió también en la pared al lado de la cama donde duerme. Ella la ve todos los días, vale decir cuando se acuesta en su cama o cuando se levanta de la cama siempre la ve y cada vez que ella la ve siempre se recuerda de aquella paliza la que ella había recibido de parte de la novia oficial de su ex novio. Hasta hoy en día, hay muchos chicos que están muy enamorados de esa amiga mía pero ella aun no se ha vuelto a enamorarse de ningunos de ellos. Ella quiere cumplir la regla número 5 y por eso, ella está tratando de encontrar a alguien que vale la pena. Es la razón por la cual ella siempre trata de conocer bien a un chico antes de tener una relación amorosa con el. De hecho, últimamente ella misma está aconsejando a sus amigas a no enamorarse de nadie sin conocerlo muy bien para que no se sufran en el futuro por alguien que no vale la pena. Ella se les dice por experiencia propia.

El amor es muy complicado pero siempre hay una solución en el amor para aquellos que tienen la capacidad para pensar. Ellos no complican las cosas sino las resuelven pero aquel que no piensa siempre hace todo lo contrario. Por ejemplo, algunas personas no quieren entender que existen en la vida unos tipos de amores que no valen pena. Son los que yo llamo amores imposibles o prohibidos. Ellas hacen todo lo posible para poder conseguirlos, al fin y al cabo, ellas terminan echando a perder todo lo que tenían por delante, e incluso su propia vida. Todo esto pasa en el intento de conseguir un amor imposible. Uno debe saber que amar a alguien no siempre quiere decir, gozar la vida sino en muchos casos, eso puede traer el sufrimiento. Por esta razón, si tú no quieres sufrir, es mejor que no te enamores de nadie. Yo sé muy bien que uno a veces, siente algo en su corazón por alguien pero hay que tratar de saber manejar ese sentimiento para no tener que pasar toda la vida sufriendo y lamentando. Tienes que entender que, hay muchos amores que no valen la pena enamorarte de ellos y mucho menos sufrir por ellos. Si nos ponemos a pensar bien, con la cabeza en su lugar, podremos hacernos estas siguientes preguntas:

- ¿Por qué razón, uno se enamora de todos aquellos que se le cruzan por delante en su camino?

- ¿Por qué razón, uno no puede controlar sus impulsos?

- ¿Por qué razón, uno no puede pasar aun que sea un solo minuto en su vida sin enamorarse de alguien?

- ¿Por qué razón, uno tiene que andar siempre con su corazón en la mano?

- ¿Por qué razón, uno vive enamorándose y nada mas?

- ¿Por qué razón, uno siempre quiere enamorarse pero nunca quiere pensar en los problemas que eso se genera después?

- ¿Por qué razón, uno se enamora de alguien sin conocerlo bien?

- ¿Por qué razón, uno se enamora de alguien al verlo por primera vez?

- ¿Por qué razón, uno se enamora de una persona comprometida?

- ¿Por qué razón, uno se enamora de alguien que no esta a su alcance?

- ¿Por qué razón, uno tiene que buscar un amor equivocado?

- ¿Por qué razón, uno siempre quiere enamorarse pero no quiere respetar la decisión de los demás?

- ¿Por qué razón, cuando uno se enamora no ve y no escucha?

- ¿Por qué razón, cuando uno se enamora y a la misma vez se vuelve tonto?

- ¿Por qué razón, uno se enamora de un amor prohibido?

- ¿Por qué razón, todos quieren enamorarse pero nadie quiere pagar las consecuencias?

- ¿Por qué razón, uno malgasta todo su tiempo enamorándose de alguien que ni en el sueño no lo va a poder conseguirlo?

- ¿Por qué razón, uno tiene que perder su tiempo enamorándose de alguien que ni siquiera lo escucha ni lo mira cuando el habla?

La respuesta es sencilla y simple. ¿Sabes por qué razón? Es porque hay un grupo de personas que siempre se dejan llevar por sus impulsos. Son unas personas las que siempre pierden la razón en el momento que hacen algo o quieren algo. Hay que saber que, si te dejas llevar por tus impulsos, las cosas siempre te saldrán mal. Sin embargo, cuando te llegan los problemas, lo primero que vas a decir como una excusa son estas palabras: **Yo no tengo la suerte con nada, porque todo lo que hago siempre se convierte en una pesadilla contra mí.** Tienes toda la razón para decir estas cosas, porque tu siempre vives enamorándote de las otras personas pero nunca tienes tiempo para pensar como gente. Hay que saber que, el que puede controlar sus impulsos, también puede manejar los problemas que están en su camino.

Yo me pregunto: **¿Por qué hay tantas personas incrédulas en el mundo?** Ellas no creen en nada bueno para su vida, viven solamente para complicar su propia vida y la de los demás. Por ejemplo, cuando ellas se enamoran de alguien, no aceptan nunca un **NO** como una respuesta, vale decir, quieren a ese alguien a la buena o a la mala, pase lo que pasen, ellas siempre quieren un **SI** como la respuesta. En sus mentes y en sus sueños, ellas son unas personas muy enamoradas pero yo las clasifico como unas personas enfermas por el amor. Hay que saber que, los enfermos por el amor son difíciles de encontrar la cura para su enfermedad. Son las razones por las cuales, tenemos en el mundo muchos suicidios y crímenes, porque algunos individuos de los que están muy enamorados piensan que, la única cura para un enfermo por el amor es suicidarse o matar a la persona de la cual el está enamorado para no tener que verlo nunca mas en su vida.

Debes saber que las personas hermosas te pueden alterar tu celebro si tú eres capaz de controlarte. Te lo digo es porque muchas de personas se han caído en esta trampa. Ya que ellas son unas personas que se fijan siempre en la belleza pero no en la calidad y cuando se da cuenta de lo que está sucediendo ya es demasiada tarde para poder cambiar la decisión que han tomado. Mis consejos para ti son: Si tú no quieres sufrir para el resto de la vida es mejor que no permitas que las personas bonitas te alteren tu cabeza.

Todos sabemos muy bien que, hay unas cuantas personas que no pueden ver a alguien para no enamorarse de ese alguien pero lo peor es que, cuando ellas se enamoran de ese alguien entonces no entienden ni tampoco ven la realidad. En pocas palabras, ellas son unas tontas y ciegas, solamente quieren lograr tener el amor por lo cual ellas aspiran. Por este motivo siempre es mejor aconsejar a tus seres queridos a ver la realidad antes que ellos se enamoren de alguien. Ya que, cuando ellos estén enamorados, te hará muy difícil aconsejarlos para poder ver la realidad y salir de la oscuridad.

Yo siempre quiero lo bueno para mis seres queridos. Porque no quiero verlos sufrir para nada. Por eso, siempre trato de aconsejarlos y conducirlos en el camino bueno para no tener que sufrir en el futuro. Sin embargo, ellos no siempre quieren escuchar mis consejos. De hecho, caca vez que, yo hablo acerca de la regla número II con mis amigos para poder hacerles ver el verdadero camino hacia el amor. Algunos de ellos siempre me han hecho estas preguntas:

¿Qué puedo hacer para dejar de enamorarme de alguien que yo amo, porque eso me parece casi imposible?

¿Cómo puedo evitar de enamorarme en la calle, si siempre encuentro con muchas personas de mi tipo?

¿Cómo puedo hacer para sacar a alguien de mi corazón?

¿Cómo puedo para no permitir que alguien entre en mi corazón?

¿Cómo puedo hacer para no tener un corazón roto?

¿Qué puedo hacer para no lastimar más a mi pobre corazoncito?

¿Cómo puedo hacer para conseguir un corazón duro, es decir, un corazón que no se puede romper con facilidad?

¿Cómo puedo hacer para dejar de sufrir por el amor, porque siempre intento pero nunca lo logro?

Son estas preguntas que todos me hacen todos los días, cada vez que ellos escuchan la regla número II, e incluso algunos de ellos piensan y creen que es imposible no enamorarse de alguien. Según lo que yo pienso, quizás ellos tienen parte de la razón. Es cierto que eso es un poco difícil de no enamorarse de alguien o no sentir nada por nadie pero no podemos ni debemos tomarlo como una excusa para poder andar en la calle o ir a las fiestas en la búsqueda de alguien para enamorarnos sin conocerlo bien.

¿Cuales las ventajas que tienen las personas las que no se enamoran de alguien sin conocerlo bien?

Antes de todo, quiero decir que, enamorarte de alguien es una lotería. Quizás tú ganas o pierdes pero si te enamoras de alguien sin conocerlo bien, eso es muy peligroso. Algunos no lo habían pensado igual que yo y por eso, ellos rompieron esta regla pero al final no están vivos para contárselo a nadie. Las reglas son reglas y el que no las respeta ni las cumple tiene una sola opción: **El camino hacia el fracaso**. Si quieres enamorarte de alguien entonces lo primero que debes hacer es seguir las reglas las que tienen que ver con el amor. Por ejemplo, empezando por la regla número II. Ella te enseñará todo lo que tienes que hacer para no tener que sufrir por el amor. En poca palabra, ella es la única cura para los sufrimientos causados por el amor. Por ejemplo, una de las primeras funciones de esta regla es enseñarte a no enamorarte de nadie y en caso de que tienes que hacerlo es siempre y cuando se trata de alguien muy conocido pero bajo ninguna razón tienes que enamorarte de alguien sin conocerlo. El que no se enamora de alguien sin conocerlo muy bien. El siempre tiene muchas ventajas y siempre camina junto con la suerte, por ejemplo, esa persona:

- Evita muchos problemas en su camino (todo lo que tiene que ver con el amor)

- Siempre tiene tiempo para usar bien su cabeza

- Trata siempre de no ser una persona impulsiva

- Conoce muy bien cuales son las personas las que valen la pena

- Conoce bien el derecho de los demás

- Respeta la decisión de los demás

- Sabe muy bien donde pisar cuando camina

- No complica su propia vida ni tampoco la de los demás

- Conoce primero a la persona antes de darle la llave y permitirle entrar en su propio corazón

- No sufre ni tampoco hace sufrir a los demás, quiere decir, ella no obliga a nadie a quererla ni tampoco a ser su pareja por obligación

Todas estas cosas son las ventajas que tienen todas aquellas personas las que cumplen esta regla al pie de la letra. Según mi opinión y mi punto de vista, la regla número II, no es tan complicada como las personas piensan. Lo único que uno tiene que hacer es usar bien la cabeza para ver la realidad y vivir el mundo real. Cuando hablo acerca de usar la cabeza, quiere decir, no volver a cometer los mismos errores que aquellas personas las que han sufrido o se han muerto por causas amorosas. Si eres capaz de pensar como gente normal entonces tienes la suerte en tus propias manos. Hay que saber que, los problemas nunca siguen al que siempre anda con la suerte por delante sino al que rompe las reglas de la vida. Tú también puedes tener la suerte pero hay que dejar de enamorarte. Te voy a dar unos ejemplos de los problemas y los dolores de cabeza los cuales tú podrías evitar si dejas de enamorarte de las personas extrañas y de los amores que no valen la pena, por ejemplo, si eres capaz de controlar tus impulsos entonces:

- Tendrás la facilidad de saber que, no tienes derecho a violar a nadie ni a obligar a nadie

- Entenderás y aceptarás con facilidad un **NO** como una respuesta, cuando alguien te dice que no quiere estar contigo

- Nunca harás la vida imposible a nadie por el amor

- Nunca matarás a alguien que te dice que no quiere ser tu pareja

- Nunca malgastarás tu tiempo en vano detrás de alguien que no está a tu alcance

- Dejarás de enamorarte de la pajera de tus vecinos

- Sabrás muy bien que debes respetar a la pajera de tus amistades

- Dejarás de meterte con las personas comprometidas

- Tomarás la decisión de no ser la pareja de nadie si no es por el placer

- Dejarás de sufrir por el amor a primera vista

- No tendrás ni una sola razón por la cual te suicidarías por el amor

Son estos tipos de ventajas que tú también tendrás en tu camino, si dejas de enamorarte a cada rato de las personas como si fuera un pasatiempo. Incluso verás y entenderás muchas cosas que están más allá de tu conocimiento. Por ejemplo, no complicarás más tu propia vida ni tampoco la de las otras personas. En otras palabras, tú verás la vida de otra manera, y al final cuando daremos cuenta, todos tendremos un país y un mundo mejor. Porque según lo que veo últimamente, el amor es uno de los problemas que están acabando con las personas en toda parte de este planeta

Tienes que saber que, enamorarte de alguien que no conoces bien o alguien que no vale la pena es el sinónimo de fracaso. Porque eso es muy peligroso y siempre te trae muchos problemas no solamente a ti sino también a las otras personas que están a tu alrededor. Quiere decir, Enamorarte a los locos de alguien, es como si fuera por ejemplo, te subes a la azotea de una torre y te tiras en el vacío. Ya que a ti no te importa si sales con vida o te mueres al caerte al suelo.

No me gustaría ver a mis amigos sufrir por el amor. Es el motivo adecuado por el cual siempre trato de hacerles pensar en la regla número II. Por ejemplo, cada vez que ellos quieren enamorarse de alguien sin conocerlo bien, yo siempre les digo esta frase: No te olvides de la regla número II. Una de las preguntas que ellos siempre me hacen a cada rato es la siguiente: **¿Cómo puedo yo darme cuenta de que, no vale pena enamorarme de alguien que amo, en otras palabras, cuales son las personas las que yo puedo considerar como personas que forman parte de la regla número II?**

La respuesta siempre está en la punta de mi lengua para cada persona que me hace esta pregunta. En poca palabra, esta pregunta es como si fuera un pan comido. Con el respeto a esta pregunta, mi respuesta es la siguiente: **Si te pones a pensar como un ser humano, desde lejos podrás darte cuenta de todas esas personas que forman parte de la regla número II. Porque ellas siempre huelen a problemas. Vale decir que, ellas tienen cara de problemas.**

Las personas que forman parte de esta regla son muchas. Pero aquí, te dejo unos ejemplos para que puedas evitar de hacerte problema por nada. Por lo tanto, debes alejarte de este grupo de personas:

- Las personas que tu ves pero aun no las conocen bien

- Las personas que siempre te mienten

- Las personas que solamente hacen todas las cosas que a ti no te gusta hacer para nada

- Las personas que no sienten nada por ti

- Las personas que ni siquiera se quieren a ellas mismas

- Las personas que jamás abren su corazón para dejar entrar a alguien

- Las personas que te dicen que te quieren pero solamente para poder usarte y nada mas

- Las personas que siempre te maltratan y te humillan

- Las personas que engañan a su propia pareja para poder estar contigo (**tienes que saber que si ellas son capaces de engañar a su propia pareja para estar contigo, entonces estando contigo ellas harán lo mismo para poder estar con alguien mas**)

- Las personas las que tu ves una vez y no sabes que si vas a volverlas ver mas en toda tu vida

- Las personas que no son de tu nivel

- Las personas que no están disponibles, me refiero a todas estas personas que ya tienen compromisos con alguien.

- Las personas que siempre tienen una excusa para no estar contigo

- Las personas que te dicen que, te aman por tu físico (tienes que saber que, cuando ellas ven a alguien con un físico mas bonito que el tuyo entonces te abandonaran para estar con ese alguien)

Yo te aseguro que si te atreves a enamorarte de estos tipos de personas, entonces vivirás solamente para sufrir y nada más. Tienes que saber que, por mas que a ti te gusten esas personas pero tienes que tratar de olvidarlas para no tener que sufrir.

Para la mayoría de las personas, la regla número II es una pesadilla. Es cierto y yo lo reconozco que esta regla es una de las mas difíciles de cumplir pero no quiere decir que es imposible para cumplir, si uno realmente tiene algo de celebro en su cabeza.

Ya que el objetivo principal de esta regla es enseñar a uno como evitar los fracasos y los sufrimientos.

Cuando una persona está realmente convencida de que la regla número II es una regla muy importante y ella está dispuesta a cumplirla. Lo primero que ella hace es preguntarme para ver como yo pienso y para saber por que motivo la he escrito. Esta es la pregunta que todas las personas las que quieren practicar esta regla siempre me hacen: **Tú eres el que escribió esta regla pero me gustaría saber**

1 ¿Cómo haces para no enamorarte de alguien que ves y a ti te gusta?

2 ¿Cómo haces para no enamorarte de nadie?

3 ¿Cómo haces para no sentir nada en tu corazón por nadie?

4 ¿Cómo puedes vivir cerca de una persona que a ti te gusta mucho pero no te enamoras de ella?

5 ¿Cómo haces para tener un corazón que no bate por amor a primera vista?

6 ¿Cómo haces para poder respetar las personas comprometidas, si ellas son las mejores personas para uno poder enamorarse y pasarlo bien?

7 ¿Cómo haces para no enamorarte de alguien que tiene un cuerpo a la perfección?

Pienso y creo que, todos aquellos que suelen hacerme estos tipos de preguntas, ellos tienen toda la razón para preguntarme estas cosas, ya que si soy humano como todos entonces yo debería sentir, actuar y pensar también como todos. He aquí, tengo una respuesta para cada una de estas 7 preguntas anteriores.

Las respuestas son las siguientes:

1- Para poder evitar de no enamorarme de alguien que veo y a mí me gusta. Al ver a esa persona, rápidamente pienso en la regla número II. Porque yo no conozco aun a esa persona. Por mas que sea una persona muy hermosa, pero nadie se sabe, quizás, puede ser un león que anda en la calle con la piel de una oveja. Es la razón por la cual prefiero mejor no enamorarme y si yo tendría que hacerlo, sería primero tratar de conocer muy bien a esa persona y si ella es alguien que vale la pena entonces el tiempo me dirá que tengo que hacer.

2- Obvio que si, yo también me enamoro de las personas porque soy de carne y huesos como todos los demás. Pero a mi me gusta enamorarme de alguien que yo conozca muy bien. Por ejemplo, si yo veo que tenemos muchos en comunes, en ese caso yo me enamoro pero de otra manera no lo hago. No me gustan los amores a primera vista es por esta razón, yo siempre trato de conocer bien a las personas para saber que si tenemos algunos intereses en comunes. Si tenemos cosas en comunes entonces puedo enamorarme en caso de que esas personas me den la oportunidad para hacerlo, porque a mi no me gusta obligar a nadie para que me ame.

3- Para poder sentir algo en mi corazón por alguien. En primer lugar, ese alguien tiene que ganárselo. En segundo lugar, no ofrezco mi corazón a cualquier tipo de persona para que me lo rompa por más que yo conozca bien a esa persona y mucho menos si aun no la conozco bien. Y en tercer lugar, para yo permitir que alguien entre en mi corazón tiene que ser alguien que vale la pena y de lo contrario no se puede

4- Si alguien vive cerca de mi casa, vale decir, alguien que puedo ver todos los días. Por mas hermosa que sea esa persona pero si ella ya tiene su pareja, o ella siempre hace cosas que a mi no me gustan para nada, o ella tiene el celebro en sus pies en vez de tenerlo en su cabeza. En estos casos, trato siempre de evitar a esa persona para no tener que sufrir por ella. Porque según mi opinión, estos tipos de personas no valen la pena, por lo menos para mi.

5- Obvio que si, mi corazón también bate por amor a primera vista. Lo que pasa, es que no soy una persona impulsiva. Es la razón por la cual yo siempre me controlo para no caerme en la tentación. Es decir, trato de no llevarme por lo que veo ni por lo que deseo en el momento, por más que sea bueno.

6- Según mi opinión y mi punto de vista, las personas comprometidas siempre te traerán muchos problemas si te enamoras de ellas. Por este motivo, les clasifico en la lista de las personas que no valen la pena y si no valen la pena para uno entonces hay que evitarlas. Tienes que saber que una persona con compromiso es una persona que no está disponible y por eso, uno tiene que respetarla.

7- Según lo que he vivido y visto en esta vida, es difícil encontrar una persona con un cuerpo a la perfección y a la vez con algo de celebro. Porque muchas de las personas que tienen un buen físico, siempre tratan de llevarse por su belleza. Es la razón por la cual ellas no usan la cabeza para pensar sino su cuerpo para demostrar. En mi caso, yo busco algo de celebro pero no busco la belleza.

A donde quiera que yo vaya, siempre ando con la regla número II presente en mi mente. Por ejemplo, si voy caminando por la calle, o estoy en una fiesta, o en algún otro lugar y veo a una persona por primera vez. Una persona que a mi me gusta mucho al verla. En otra palabra alguien de mi tipo. Yo miro a esa persona que me cae bien y pienso en la regla II. ¿Por qué? Por razones indefinidas. Por ejemplo, esta persona que veo, quizás:

- Es alguien que ya está comprometido

- Es alguien que no está disponible

- Es alguien que es un asesino serial

- Es alguien cuyo su pasatiempo es buscar inocente para hacerle daño

- Es alguien que jamás me amará a mi, por mas que yo intente (a eso le llamo un amor imposible y por estos tipos de amores, no vale la pena sufrir)

- Es alguien que no quiere nada con nadie en serio.

- Ese alguien es un enfermo mental

- Es alguien que sigue viviendo su pasado aun que esté en el presente.

- Es alguien que no tiene corazón ni alma

- Es alguien que solamente vive la vida loca.

- Es alguien que es lindo por fuera pero por dentro tiene todo lo contrario. Vale decir, un león que se viste de oveja

Si tú escuchas con atención las historias de algunos que están sufriendo hoy en día, te darás cuenta de que muchos de ellos se enamoraban de su pajera sin conocerla bien. Vale decir, ellos compraron algo por su apariencia. Después se dieron cuenta de que la apariencia muchas veces engaña a uno. Son estos motivos por los cuales, yo no me enamoro con facilidad de alguien, al menos que yo lo conozca bien. Es decir, yo trato de hablar mucho con esa persona y la hago un estudio al fondo para saber que, si ella vale la pena. Si me doy cuenta de que se trata de una persona que vale la pena, entonces a partir de allí, voy enamorándome de ella de a poco. Ya que uno nunca termina de conocer bien a las personas y por eso yo siempre trato de evitar las sorpresas.

Si eres una persona impulsiva, primero debes tratar de controlar bien tus impulsos antes de enamorarte de alguien. ¿Por qué razón? Yo te lo digo es porque, si tu ni siquiera puedes manejar tus propios impulsos entonces mucho menos sabrás tu como controlar tu corazón para que los demás no te lastimen. Todos sabemos muy bien que, es muy lindo estar enamorado de alguien pero con una condición: siempre y cuando se trata de alguien que no te hará sufrir. En pocas palabras, según tu opinión y tu punto de vista, alguien que te da la paz y la felicidad que buscas sin tener que hacerle daño a un tercero. Yo me explico mejor, alguien que esta completamente libre para poder estar contigo sin tener que engañar a otra persona para poder estar a tu lado, vale decir, alguien que no tiene compromiso con nadie mas. Si puedes enamorarte de alguien de este tipo y ese alguien te da el mismo amor que tu le estás dando. En este caso, es lo que yo llamo una persona que vale la pena.

No es bueno para nada ser un enfermo mental por el amor. Porque alguien que se enamora sin pensar ni entender la realidad es uno de los que nunca aceptan un **NO** como una respuesta cada vez que se enamoran de una persona. Según lo que he visto, ellos son unos enfermos mentales y siempre les hace difícil encontrar una cura para su enfermedad. Ellos solamente viven para complicar su propia vida y la de los demás. Con referencia a lo mencionado, ellos son capaces de hacer cualquier cosa por el amor. Por ejemplo:

- Ellos pueden lastimar a quien sea por el amor.

- Ellos están dispuestos a matar alguien que no quiere darles a ellos un **SI** como respuesta cuando ellos se enamoran de ese alguien.

- Ellos son capaces de suicidarse por el amor.

- Ellos son capaces de ir y volver al infierno si es posible por el amor

Sin ir más lejos, quiero contarte una historia de uno que no respetaba la regla número II. Como ese mismo caso de esta persona, hay miles de casos parecidos todos los días en todo el mundo y cada vez es peor, porque las personas necias no entienden ni ven la realidad, es por eso ellas siempre rompen las reglas de la vida.

La historia de la vida de un verdadero necio.

Un tiempo atrás, había un chico adolescente el cual estaba en el séptimo curso en una escuela primera que no quiero mencionar su nombre ni tampoco el de ese chico pero fue una historia real. En su curso, había unos 23 alumnos. El se enamoró de una de sus compañeras de clase pero había un problema muy grande lo cual le hacia difícil a ese joven conquistar a esa chica. Su mayor dificultad para lograr su objetivo era que, ese muchacho era muy tímido y no tenia coraje para decir a ella que el estaba muy enamorado de ella. El no paraba de mirar a ella en la clase. Cada vez que el iba a clase y no prestaba atención ni siquiera a su profesor. La pasión de ese joven era mirar a su hermosa compañera y era por eso que el iba a clase. Porque a el, no le interesaba otra cosa que no fuera la mujer de su sueño. Durante el año entero, el no estudiaba nada ni tampoco tenia ganas de hacerlo. Por ese motivo, el no aprobó el examen final pero la chica por la cual el estaba inspirando se aprobó todos sus exámenes y pasó al octavo curso. En cambio, ese muchacho tuvo que hacer de nuevo el séptimo curso. Aun así el siguió enamorado de ella. Muchas veces, el abandonaba a su propia clase para ir a mirar a ella en el octavo. En el final del año escolar, el no aprobó el examen de nuevo pero la chica aprobó y pasó a la escuela secundaria. En ese pueblo donde ella vivía, no había escuela secundaria. El que terminaba los estudios de la escuela primaria tenia que ir a una ciudad para poder entrar en la secundaria en caso de que quisiera seguir con sus estudios. Era por esa razón, los padres de ella, la mandaron a estudiar en una ciudad lejana. Pero los padres del chico vieron que no había futuro para él en la escuela. Ya que el había hecho el séptimo curso dos veces y aun así, no pudo pasar al octavo curso. Por esta razón, ellos se lo sacaron de la escuela y se lo mandaron a trabajar. Sus padres lograron sacar a ese joven de la escuela pero no pudieron sacar a esa chica de su mente. Porque el seguía pensando en ella aun que el no pudiera verla a ella mas en persona. Toda su adolescencia fue una pesadilla por un amor imposible. El llegó a ser mayor de edad con eso en su mente. En su sueño, el siempre pensaba que algún día iba a tener la oportunidad para estar con el amor de su vida. Sin embargo, los días pasaban y el esperaba la llegada de esa chica. Después de unos ocho años de espera, el se dio cuenta de que el no iba a tener suerte con esa joven si el seguía esperando a ella en ese pueblo. Porque ella se había ido y no regresaba ni siquiera de visita a ese pueblo. Por eso, el decidió conseguir un buen empleo para poder juntar dinero y después ir a comprar una casa en la ciudad donde esa chica estaba viviendo y estudiando. Unos días después de haber empezado a buscar un buen empleo. Por casualidad, el consiguió un trabajo en una empresa la cual pagaba muy bien. El ganaba bien y lo ahorraba todos sus sueldos sin gastar ni un solo centavo de ellos. Porque en todo ese tiempo, el aun vivía con sus padres y no tenia que gastar su dinero en nada. El quería cumplir su sueño, era por eso el no malgastaba sus sueldos. Un buen día dado, el se levantó para ir a trabajar como de costumbre. Su trabajo no era muy lejos de su casa. El salio de su casa e iba caminando por la calle hacia su trabajo y vio a una mujer en su camino. El se enamoró de ella al verla, vale decir, un amor a primera vista. El era tan tímido, por ese motivo el no pudo hablar con ella, entonces decidió seguirla hasta su casa para ver donde vivía ella. Ella no se dio cuenta de nada de lo que estaba sucediendo y siguió su camino a casa sin pensar en nada. Cuando ella llegó, abrió su puerta y entró tranquilamente a su casa. El hombre que la estaba siguiendo se quedó en la calle porque no quería asustarla. A partir de ese día, el hombre la perseguía a ella por todos los lados y todos los días. Un día, ella estaba comprando en una tienda de ropa de mujeres y se dio cuenta de que había alguien detrás de ella todo el tiempo. Ella tomó la decisión de hablar con ese sujeto y preguntarle por que motivo el siempre la estaba persiguiendo.

Ella le habló de esta manera: ¿Por qué razón, a dondequiera que yo vaya, Usted siempre me está siguiendo?

El le dijo a ella: Usted es el amor que yo nunca tuve en mi vida, desde el primer día que yo la vi a Usted en la calle, yo me he enamorado de Usted y desde entonces no puedo sacar a Usted de mi mente. Es por esta razón que yo siempre ando detrás Usted a dondequiera que vaya. Usted es mi debilidad y no puedo evitarlo.

Ella le dijo: Le voy a decir dos cosas, una es que Usted no me conoce. A mi no me parece bien que Usted se enamora de mi y anda detrás de mi por todo lado, según mi punto de vista, eso es una falta de respeto y una mala educación. La otra es que, yo soy una persona comprometida, tengo mi esposo, así que a partir de ahora, Usted me tiene que dar el respeto que me merece. Otra cosa más para terminar, no quiero volver a ver a usted detrás de mí de nuevo.

El la contestó y le dijo: En el corazón nadie manda, pero si Usted lo quiso así, entonces no voy a volver a seguirla más.

Desde ese día, el hombre se dio cuenta de que su plan no estaba funcionando bien pero no se dio por vencido. Porque el estaba muy enamorado y por eso decidió tener un mejor plan para poder conquistar el corazón de ella. Ya que todos sabemos muy bien, mientras más difícil que sea un amor entonces uno se enamora más y también sufre más. De esta misma manera fue la vida de ese Señor. El no paraba de pensar en ella día y noche. Por ese motivo el decidió buscar una casa en el barrio donde vivía ella para poder verla siempre. La suerte estaba a su lado, el encontró una casa en alquiler a veinte metros de la casa de ella. El hizo hasta lo imposible para conseguir dinero rápido y la alquiló sin pensarlo dos veces. Porque el no quiso perder esa oportunidad. Después de haber alquilado esa casa, el se hizo un vecino mas para esa mujer y ella no tenía derecho para volver a decirle esta frase de nuevo: **Usted no me conoce y no tiene que enamorarse de mí**. Ya que ella pasó de ser una mujer desconocida a una de sus vecinas, quiere decir, desde que el alquiló esa casa, ella ya era su vecina, por eso el la veía todos los días y sabía todo sobre ella, por ejemplo: cuando salía de casa, entraba en casa o descansaba. En otra palabra, el tenía todo bajo control. De hecho, el abandonó a su trabajo y a todas las cosas importantes que tenia que hacer para su propia vida solamente para poder estar atento a la mujer por la cual el inspiraba, sabiendo muy bien que ella tenia su esposo. Vale decir, ella era una persona comprometida y no estaba disponible para él. Pero según la opinión de ese hombre, eso no tenia nada de importancia. El no pudo evitarlo ni tampoco quiso entender la realidad. El hizo hasta lo imposible para poder estar con ella. Pero el fracasaba siempre en el intento. Porque ella no lo quería para nada. El intentaba todos los días pero sus planes no funcionaban para nada. El no quería darse por vencido y su mayor problema era que, el no quería ni aceptaba un **NO** como una respuesta. Según él, ella era la única mujer del mundo. Era la razón por la cual el estaba dispuesto a hacer hasta lo que fuera para poder lograr sus metas. El no podía dormir ni comer sino que pensar todo el tiempo en ella. Cada vez que el intentaba con un plan y fracasaba entonces trataba de buscar otro plan perfecto para poder conquistarla a ella. Un buen día, el se levantó en la mañana con la intención de conquistarla a la mala y dijo de esta manera: **Hoy es el día para lograr mis metas**. Quiere decir, el tomó la decisión de entrar en la casa de ella y violarla. Tal como el lo planeó así fue que lo hizo pero solamente con un solo pequeño error. El lo planeó muy bien pero no lo calculó bien. En otras palabras, él rompió la regla número II. Según mi punto de vista y mi opinión, nadie rompe esta regla y vive para celebrarlo. El pensaba que había tenido un buen plan pero se equivocó. Era como si fuera tirarse en un pozo sin tener un plan para salir de allí. El sabía muy bien a que hora el marido de ella siempre iba a trabajar. Por eso, él entró en la casa de ella a la hora adecuada y llegó a ver a esa mujer en el lugar perfecto pero Ese sujeto no sabia que se estaba enamorando de la mujer de una persona equivocada. Lo que sucedió ese día fue que, el marido de ella tuvo un pequeño problema y no pudo ir al trabajo. Tuvo que quedarse en casa para poder recuperase bien. Cuando entró ese sujeto a la casa con la intención de violar a esa mujer y justo en ese momento su marido se estaba bañando en el baño. La mujer, al verlo entrar en la casa sin ningún permiso, gritó ella esta forma, **Ayúdame!** Porque ella sabía muy bien con que intención entraba ese Señor. Su esposo, al escuchar el grito de su mujer, salio volando del baño para ver que fue que le pasó a ella. Al salir de de la puerta del baño, el vio a aquel individuo dentro de su casa y sin permiso de nadie. El esposo lo tomó por sorpresa a ese hombre y empezó a pegarle sin preguntarle nada. La mujer llamó a las autoridades y se lo llevaron a la cárcel. Dentro la cárcel, la vida no fue fácil para el. Porque el estaba en un lugar cerrado sin poder ver a la mujer de su sueño. El no dejaba de pensar en ella. Incluso el dejaba de comer para poder pensar en ella. El sufría día y noche por ese amor prohibido. Con el tiempo el estaba a punto de perder la cabeza. Quiere decir, el se estaba volviendo loco dentro de la cárcel. Después de haber cumplido toda su condena, se lo liberaron. El ya estaba libre pero no podía volver a ver a esa mujer porque el tenia miedo al marido de ella. Por esta razón, el se cayó en depresión por ella, y empezó a tomar alcohol todos los días. Se volvió alcohólico por un amor imposible y un año mas tarde, el se murió. Su vida fue una miseria por la causa del amor. El no querría practicar la regla número II. Y por esta razón, el tuvo que pagar todas las consecuencias al contado.

Como ese mismo caso de el, hay muchos otros casos parecidos en toda parte de la tierra. Porque algunos tienen ojos pero no pueden ver la claridad. Es por esta razón, ellos no pueden evitar los problemas. Son unas personas tontas las que están sufriendo por el amor todos los días. En otras palabras, ellas son unas personas impulsivas, no pueden controlarse. Ahora bien, si te pido tu opinión acerca de ese hombre, seguro me dirás que el era:

- Un loco

- Un maniático

- Un hombre muy enamorado

- Un adicto al amor

- Un hombre apasionado

- Un problemático

- Un hombre aburrido

Yo diría que el era un enfermo mental el cual quería romper la regla numeró II, pero al fin y al cabo, tuvo que pagar la consecuencia. El amor no solamente le hizo sufrir sino también le quito la vida. Es el mismo amor que está acabando con la vida de la mayoría, hoy en día. De tal manera, así será tu vida,

- Si no puedes controlar tus impulsos

- Si piensas conseguir un amor a la fuerza

- Si no respetas la decisión de los demás

- Si te enamoras de una persona que no esta disponible

- Si no puedes controlar tu corazón ni tu mente

- Si no quieres aceptar un **NO** como respuesta

- Si le das mas importancia al amor que a tu propia vida

- Si no crees que algunos amores son prohibidos

- Si no abres tus ojos para poder ver la realidad

- Si andas siempre con esta excusa: **en el corazón nadie manda**

- Si no puedes evitar los amores a primera vista

- Si te enamoras de la persona equivocada

La única razón para poder ignorar la **regla número II** es para poder cumplir la **regla número 5**. En caso de que uno no pueda cumplir la **regla número 5**, es mejor que no juegue con la **regla numero II**. Ya que todo aquel que rompa esta regla verá la felicidad y la gloria de lejos pero no podrá lograr alcanzarlas jamás

Si quieres cumplir la regla número II, primero hay algunas cosas importantes que debes dejar de hacer para no sufrir ni complicar la vida, por ejemplo:

- Tienes que dejar de confundir las cosas. porque muchas veces las cosas no son como se parecen

- Tienes que dejar de generar falsas ilusiones

- Hay que dejar de tomar las cosas a pecho

- Tienes que dejar de vivir en un mundo de fantasía

- Hay que dejar de soñar despierto

- Tienes que dejar de creer todo lo que te dicen

- Hay que dejar de meterse en las relaciones ajenas (quiere decir que, debes respetar siempre a personas que ya tienen sus compromisos)

- Tienes que dejar de hacer planes, si aun no tienes nada seguro

- Hay que dejar de buscar a una persona por su físico sino por lo que ella tiene por dentro (quiere decir, hay que buscar siempre la calidad)

- Tienes que dejar de llevarte por las falsas promesas de los demás.

- Hay que dejar de actuar por impulsos

- Tienes que dejar esa costumbre: **enamorarte de alguien sin conocerlo bien**

Estos son los verdaderos requisitos para poder dejar de sufrir por el amor. Por ejemplo, si por casualidad, has visto a alguien que está sufriendo por el amor y le haces esta pregunta: **¿Tienes estos requisitos en tu curriculum?** Estoy seguro de que el te dirá que **NO**. ¿Sabes por qué razón? Es porque, aquel que cumple siempre con estos requisitos no tiene ni siquiera un solo motivo para sufrir por el amor. Si realmente quieres disfrutar todo lo que tienes por delante, lo lograrás pero hay que seguir intentando. Tú puedes tener una vida mejor que la que tienes ahora mismo pero con una sola condición, debes dejar de enamorarte de alguien antes de conocerlo bien. La razón por la cual te lo aconsejo es porque algunos lo han hecho pero al final de cuentas, eso les ha costado la vida. Uno tiene que saber que, enamorarse de alguien sin conocerlo bien siempre trae muchos problemas. Hay personas que viven enamorando pero ellas no son capaces de pagar las consecuencias. Son por estos motivos, cuando aparecen los problemas entonces ellas se han suicidado por el amor o en algunas otras ocasiones, alguien se las mata por meterse con la persona equivocada. Es cierto que el amor es bello pero no tanto para suicidarte ni tampoco debes permitir que alguien te mate por la causa del amor. Ya que según la regla número 275: No debes matarte por la causa del amor

Regla número 275: No te mates por el amor

Según mi opinión y mis experiencias en esta vida, no hay ni siquiera una sola razón por la cual uno debería echar a perder su propia vida por la causa del amor. Cuando yo hablo de echar a perder la vida por el amor, me refiero a todos los casos en generales, quiere decir que no tienes que suicidarte ni tampoco debes dejar que alguien te mate por el amor. La vida es demasiada hermosa para vivir y hay demasiadas cosas buenas en el mundo para disfrutar. Esos son los motivos por los cuales, uno tiene que tratar de seguir siempre adelante con su vida sin tener que complicarla ni tampoco perderla en el intento de conseguir un amor. En toda mi vida, he visto muchos casos de suicidios, muertes y también he visto a muchas personas las cuales siempre están sufriendo por el amor. Porque, ellas no quieren practicar las reglas de la vida. Por eso, yo siempre me hago estas preguntas a mi mismo, por ejemplo:

- ¿Acaso esas personas no han tenido la capacidad de poder entender que la vida sigue?

- ¿Me gustaría saber que tipo de recompensa ganaría una persona con echar a perder su propia vida por un amor?

- ¿Por qué razón uno debería dejar que alguien lo mate por un amor?

- ¿Qué tipo de necesidades tiene una persona hasta llegar a suicidarse por un amor imposible?

Estar vivo sin ningún tipo de problema es algo que no tiene precio. Pero en este tiempo, por lo que estoy viendo, algunas personas no saben como valorar a su propia vida y mucho menos a la de los demás. Ellas no saben toda la importancia que tiene la vida. Es por eso, ellas siempre hacen las cosas sin pensarlas para poder destruir a su vida. Esas personas creen que buscar un amor prohibido es algo bueno pero ellas están muy equivocadas. Mi opinión es: Si eres capaz de suicidarte o dejar que te maten por un amor, en ese caso, te puedo decir que eres un verdadero ignorante. Porque si tú no lo fueras, sabrías que, por ejemplo, si estás enamorado de alguien y ese alguien no quiere estar contigo, lo único que debes hacer es olvidarlo y seguir adelante con tu vida. Pero si te suicidas por ese alguien, echarás a perder todo lo que tienes por delante. Porque ese alguien se quedará vivo y seguirá disfrutando su vida como el quiera, pero en cambio tu serías un muerto por ser tonto. Una persona inteligente jamás se suicidaría por un amor. Ya que ella sabe muy bien que, el que se suicida perderá todo lo que tiene por delante. Pero sin embargo, el necio no sabe ni tampoco quiere entender la importancia de la vida. Es la razón por la cual cualquier persona necia es capaz de suicidarse o permitir que los demás la maten por la causa de un amor. Porque el lema de todas las personas necias es obtener su objetivo de cualquier manera y si a ellas no les queda otra opción, ellas prefieren morirse en el intento.

A mi no me gusta hablar sin dar unos ejemplos para que uno pueda entender mejor a que yo me refiero. Yo siempre lo hago de esta manera, porque en varias ocasiones me he dado cuenta de que algunos individuos no comprenden las funciones de mis reglas pero cuando les doy unos ejemplos, ellos se dan cuenta de que yo tengo mis razones para escribir todas mis reglas. Por lo tanto, te voy a contar una historia en la cual un necio echó a perder toda lo que tenia por delante a causa de un amor imposible.

Unos cuantos años atrás, en un pequeño pueblo vivía una hermosa muchacha y era muy atractiva la cual no tenía competencia con ninguna otra chica cercana de su casa. Porque ella había sido la mas hermosa en toda su época. A los 15 años de edad, ella tenía dos admiradores declarados. Quiere decir que, ella tenía muchos admiradores en su zona pero había dos de ellos que estaban declarados. Porque ella sabía muy bien que esos dos jóvenes querían ser su novio pero en ese tiempo ella aun no era una chica disponible. Los padres de ella siempre la controlaba en todo lo que ella hacia. Esos padres siempre le decían a ella que tenia que esperar hasta cuando tuviera 18 años para tener novio. En aquel tiempo, los niños eran niños y tenían que hacer todo lo que les decían sus padres. Los de esa época no eran como los niños de ahora. Ya que los de ahora hacen todo lo que ellos quieren y no hacen casos ni siquiera a sus propios padres. En cambio, esa muchacha no tenía otra opción que hacerles casos a sus padres. Era la razón por la cual, aunque ella quisiera tener novio pero no se enamoraba de ninguno de aquellos dos admiradores que ella tenia. Ellos dos estaban tan enamorados de ella y estaban dispuestos a hacer lo que fuera para poder estar con ella. Pero ella no quería tener ningún tipo de relaciones con ellos. Cada vez que ellos le pedían amor a ella, ella siempre les contestaba y les decía esta frase: **Si quieres mi respuesta entonces tienes que esperar**

hasta cuando yo tenga 18 años, antes de esa edad yo no puedo tener novio. Pero esos dos admiradores de ella no tenían tiempo para esperar hasta que ella tuviera 18 años. Según ellos, eso era demasiado tiempo para poder tener una respuesta. Entre esos dos admiradores de ella siempre había una competencia muy grande. Porque cada uno de ellos dos quería ser el primer novio de ella. Quiere decir, ellos siempre peleaban por el primer puesto. Por este motivo, ellos no se llevaban bien uno con otro. Siempre se discutían y se peleaban por ella. Lo peor de todo eso, fue que, todas esas peleas y discusiones eran en vano. Porque esa chica no era la novia de ninguno de ellos dos. Pero sin embargo, ellos siempre encontraban un buen motivo para pelear por ella. Lo que pasó fue que, con el tiempo ella se sentía muy incomoda por la causa de las peleas y las discusiones de esos dos jóvenes. Por lo tanto, ella se cortaba la comunicación con ellos dos. Ya que se daba cuenta de que ellos dos estaban por hacerle la vida imposible. Pero sin embargo aun así, ellos dos siempre la seguían a ella por todo lado y todo el tiempo. Dondequiera que ella fuera, ellos siempre estaban detrás de ella. Un buen día, unos primos de ella hicieron una fiesta en sus casas y la invitaron a ella. Ella fue a esa fiesta para pasarlo bien con sus primos pero no tenia idea de que sus dos admiradores también le iban seguir hasta ese lugar. Esos dos muchachos ni siquiera eran invitados en esa fiesta. Incluso, la familia de ella no los conocía y mucho menos invitarlos a la fiesta. Ellos no tenían invitación para entrar allí, por eso uno de ellos entró por la puerta trasera de la casa en la cual hacían esa fiesta. El entró y se quedó escondiendo atrás de todos los demás para no tener que llamar muchas atenciones a los que estaban en esa fiesta. Pero sin embargo, el tenia todo bajo control. Su trabajo era observar a la chica de su sueño y era exactamente lo que el estaba haciendo dentro de esa casa. El tenía los ojos sobre ella cuando uno de los invitados de esa fiesta le acercó a ella y le pidió que bailara un rato con el. Ella aceptó la invitación y se empezaron a bailar uno con otro. El otro admirador de ella se quedó afuera de la casa, porque tenía vergüenza de entrar en esa fiesta sin el permiso de los dueños. El estaba afuera pero el estaba observando a su princesa en todo lo que ella hacia. Al darse cuenta de que ella estaba bailando con otro, el se metió dentro de la fiesta para pedir una explicación a ella. Ellos dos se acercaron a ella en el mismo tiempo. Ella se asustó al verlos a ellos, porque ella no los esperaba. Incluso, el joven que estaba bailando con esa chica también se asustó y se salio corriendo de la fiesta sin mirar atrás. Porque esos dos admiradores se aparecieron al mismo tiempo y de la nada, para decirle que no siguiera bailando con su mujer. Ella no tenía tiempo para hacerles a ellos ni siquiera una sola pregunta. Porque Los dos se empezaron a pelear uno con otro y hicieron un desastre en esa fiesta. En pocas palabras, ellos arruinaron esa fiesta. Cuando los parientes de esa chica vieron a esos dos intrusos peleando como dos locos, llamaron a las autoridades para llevarlos presos. Ese día, se los llevaron presos a ellos dos y se durmieron fuera de las casas de sus padres. Al día siguiente, sus padres fueron a liberarlos. Esos padres estaban muy enojados con ellos dos por haber sido unos tontos. A uno de ellos, sus padres le pusieron un castigo tan duro. Por eso, en menos de dos meses el ya se había cambiado su temperamento. Quiere decir, el se había tomado la decisión de dejar tranquila a esa muchacha y buscar a otra chica para ser su novia. Porque sus padres le hicieron saber que todas esas peleas y discusiones por ella eran en vano. Era como si fuera pelear con alguien por algo que ni siquiera existe. Unos días después de haber estado encerrado en la comisaría y también de haber escuchado los consejos de sus padres, el se dio cuenta de que no era bueno seguir perdiendo mas tiempo detrás de ella. El no volvió a molestar nunca más a esa hermosa chica. En otras palabras, el se olvidó de ella por completo y se puso de novio con otra chica menos hermosa que la primera. Ella no era muy bonita pero con ella, el lo pasaba muy bien, porque no había mas competencia, ni peleas ni discusiones por ella. Por otro lado, el otro admirador que siempre peleaba por esa hermosa muchacha, después de haberse caído preso por ella en esa fiesta, el se volvió medio loco para no decir completamente loco. El no quería entender nada ni tampoco buscar a otra chica para tener una relación amorosa. Su sueño era tener a ella como su novia pero antes de que ella tuviera 18 años. El no quería perder más tiempo sino que tener una relación amorosa con ella. Según esa hermosa chica, eso era algo completamente imposible, porque ella no quería tener novio antes de los 18 años pero el no quiso entenderlo. El siempre la obligaba a ella para que fuera su novia a la fuerza. Ella no quería hacerlo, por eso, ese joven se convirtió en una pesadilla para ella. El pasaba todo su tiempo detrás de ella. El ni siquiera tenía vida social y no había forma de hacerle entender la verdad. Ella no podía estar tranquila en ningún lugar. Porque ese muchacho siempre se aparecía para molestarla a ella. Lo peor fue que el no quería aceptar un **NO** como respuesta. Un día, el quiso hablar con esa chica y ella no le hizo caso. Por eso, el se enojó mucho y volvió a su casa muy destrozado por dentro. El se sentía muy rechazado de parte de esa chica y por eso, tomó la decisión de suicidarse para poder olvidarse de ella. Cuando el llegó a su casa, sin decir nada a nadie. El tomó una soga, se la puso en su cuello. Se subió a un árbol el cual estaba al lado de su casa y se suicidio por no haber podido tener a esa muchacha como su novia. Cuando sus padres se dieron cuenta de los sucedidos era demasiado tarde. Después de haberse suicidado, entonces esa muchacha empezó a llevar una vida normal como todo el mundo, porque sus dos admiradores le habían dejado tranquila. Uno de ellos se puso de novio con otra chica y el otro se suicidio. Según la opinión de ella, todo eso fue un milagro, porque su vida era un infierno por la causa de dos tontos muy enamorados los cuales no querían aceptar un **NO** como la respuesta.

Ahora bien, después de leer esta historia, según tu opinión, ¿Cuál de los dos admiradores era un joven con disciplina y cual de ellos dos era un ignorante?

De mi parte, yo pienso que, el que tomó la decisión de buscar a otra chica y olvidarse de esa hermosa muchacha es un joven inteligente. El entendía muy bien que la vida sigue y el tenia todo por delante. Era por eso, se tomó la decisión correcta. Yo siempre digo que, aquel que busca la solución para su problema es un sabio y aquel que vive haciendo problema en vez de resolverlo es un ignorante. Porque una persona normal tiene que saber y ver que cuando algo no le está dando la felicidad y lo primero que ella hace en esa situación es buscar la mejor manera para resolver su problema antes de que sea tarde. Era exactamente lo que hizo el admirador inteligente, el se dio cuenta de que el estaba malgastando su vida detrás de esa hermosa muchacha. Por eso, el buscó otra chica para poder deshacerse de la primera y su plan funcionó correctamente. En cambio, un ignorante siempre ve el placer en el sufrimiento. Porque el nace para sufrir y también morirá sufriendo. Si no fuera por esta razón entonces nadie se suicidarías por el amor ni tampoco nadie se dejaría que lo maten por causas amorosas.

Lo que yo veo en ese tiempo es que la ignorancia supera a la sabiduría. Por este motivo, muchas personas se vuelven ignorantes con el tiempo. No es porque ellas quieren serlos por su propia voluntad sino que esta sociedad se las obliga a serlos. Muchas veces, yo veo a alguien sufriendo por el amor, rápidamente me doy cuenta de que el es un ignorante. Ya que alguien que siempre ignora la realidad tiene una manera de actuar muy rara. El camina siempre sobre la verdad y también siempre se queja diciendo que tiene mala suerte. Es por estos motivos, yo siempre digo que, hay muchas cosas en la vida las cuales una persona sabia jamás haría pero una persona ignorante no las puede evitar, por ejemplo:

- Un ignorante jamás quiere escuchar la opinión de nadie

- Un ignorante siempre quiere un **SI** como una respuesta cuando el se enamora de alguien

- Un ignorante siempre discute por lo que no sabe

- Un ignorante siempre pelea por lo que no va a tener ni siquiera en su sueño

- Un ignorante nunca sabe lo que le conviene

- Un ignorante nunca entiende la realidad por mas que uno se la explique varias veces

- Un ignorante siempre dice que el no tiene suerte con el amor

- Un ignorante jamás respeta la decisión ajena

- Un ignorante siempre se complica las cosas

- Un ignorante siempre se enamora de alguien a primera vista

- Un ignorante siempre tiene un motivo en el cual tiene que sufrir por el amor

- Un ignorante nunca respeta a las personas comprometidas

- Un ignorante siempre se deja engañar por las apariencias

- Un ignorante jamás piensa en la consecuencia de las cosas que hace

- Un ignorante siempre dice que tiene el corazón roto

- Un ignorante siempre busca a alguien para echarle la culpa

- Un ignorante nunca quiere entender ni aceptar que las cosas siempre pasan por algo muy especial

- Un ignorante jamás quiere entender que la vida sigue

- Un ignorante nunca quiere entender que hay amores que no valen la pena

- Un ignorante siempre está corriendo detrás el amor

- Un ignorante siempre se festeja en el baño y por eso el verdadero amor nunca lo encuentra en el lugar donde el debería estar

- Un ignorante jamás quiere entender que mas adelante vive mas gente

- Un ignorante siempre llora por el amor

- Un ignorante nunca quiere entender que amar es dejar libre

- Un ignorante siempre tiene celos, aun que el no tenga ninguno motivo ¿Quiere decir que, si el esta enamorado de una persona pero aun que ella no sea su pareja y el no va a querer que ella tenga una relación con nadie mas)

- Un ignorante siempre quiere tener una relación amorosa con alguien a la fuerza

- Un ignorante siempre deja que lo maten por causas amorosas

- Un ignorante siempre piensa que la muerte es la mejor solución para resolver cualquier tipo de problemas amorosos

- Un ignorante siempre se suicida por el amor. Según su opinión, la mejor manera para poder olvidarse de alguien que ama es quitándose su propia vida.

Cada vez que tu ves a alguien haciendo estas cosas, sin duda ninguna, puedes decir que el es un ignorante. Porque el nace para sufrir y no puede vivir sin el sufrimiento. El es capaz de hacer cualquier tipo de tontería por el amor. Ya que el no tiene la capacidad de pensar como buscar una solución para sus problemas. Pero en cambio el sabio tiene un Don especial para hacer todo lo contrario de lo que siempre hace un ignorante. Hay muchas cosas en la vida cotidiana las cuales una persona sabia jamás haría, por ejemplo:

- Una persona sabia no discute con nadie por un amor

- Una persona sabia no pelea con nadie por un amor

- Una persona sabia no se atrevería a matar a nadie por un amor que no vale la pena

- Una persona sabia no se enamora de un amor a primera vista

- Una persona sabia jamás haría la vida imposible a alguien por causas amorosas

- Una persona sabia jamás se complicaría su propia vida por un amor

- Una persona sabia jamás lloraría por el amor

- Una persona sabia nunca obliga a nadie a ser su pareja

- Una persona sabia jamás se enamoraría de alguien comprometido

- Una persona sabia jamás corre detrás del amor

- Una persona sabia jamás tomaría una mala decisión, en caso de que su ex pareja la abandona

- Una persona sabia jamás perdería la fe en si misma

- Una persona sabia jamás lucharía con alguien por el amor

- Una persona sabia jamás permitiría que la maten por un amor

- Una persona sabia, bajo ninguna razón se quitaría su propia vida por un amor imposible

En pocas palabras, una persona sabia es alguien que tiene un corazón fuerte y el que tiene un corazón fuerte siempre toma decisiones firmes. El es capaz de resolver todos sus problemas sin la ayuda de nadie. Porque el siempre sabe todo lo que tiene que hacer. No hace falta decirle lo que tiene que hacer. Es la razón por la cual, en la historia anterior, uno de esos dos admiradores era más inteligente que el otro. El que era mas inteligente, con el tiempo se dio cuenta de que el no iba a poder lograr sus metas con ella. Por eso, el se decidió sacar a esa hermosa muchacha en su mente y seguir adelante con su propia vida. Ya que el sabia muy bien que mas adelante vivía mas gente. Dicho y hecho, un mes después de haberse olvidado de esa hermosa chica, el consiguió una nueva novia menos hermosa que la primera muchacha pero con ella, el vivía feliz y sin ningún tipo de problema. Pero en cambio, el otro admirador era un ignorante. El quería hacer todo a la fuerza. El no quería aceptar un **NO** como respuesta ni tampoco quería rendirse de nada. Su lema era lograr sus metas o morir en el intento. El llegó a un tal punto y se le acabó toda la paciencia. El se dio cuenta de que ella no lo quería para nada. A ese efecto, el se suicidio por un amor imposible. Porque el pensó que la única manera para poder olvidarse de ella, era quitarse su propia vida. Eso era la mejor solución para sus problemas. Yo digo que su muerte era por la falta de educación y disciplina. Son por estos motivos que el no pudo entender que:

- La vida es bella y hay que disfrutar cada segundo como si fuera lo ultimo

- La vida sigue y por eso no hay razón de echar a perder todo lo que uno tiene por delante

- Mas adelante, hay mas amores para uno enamorarse

- No hay ningún motivo para uno suicidarse por un amor

- Un ignorante no llegará muy lejos

- La vida no es para complicarla sino para vivirla

- El que no quiere aceptar un **NO** como respuesta es un enfermo mental

- El que muere pierde todo

- Nadie tiene derecho a obligar a nadie a tener una relación amorosa

El no tenía capacidad para entender estas cosas. El vivía en la ignorancia y eso le costó la vida. El se suicidio por esa muchacha y después de su muerte, ella se puso contenta porque sabia muy bien que, solamente un ignorante es capaz de hacer algo parecido y nadie mas lo haría. La muerte de ese tonto fue una lección y a la vez una bendición para esa muchacha porque antes de la muerte de aquel necio la vida de ella era un pequeño infierno. Gracias a eso, ella supo como valorar cada minuto de su vida. Vale decir que, ella supo que la vida era muy importante y no había ni una sola razón por la cual uno tendría que tomar la decisión de suicidarse por ningún tipo de amor. Bueno, cuando ella ya tenia 18 años, se fue a estudiar en la ciudad porque donde ella vivía no había facultades para uno estudiar. Ella no tenía otra opción que abandonar la casa de sus padres para poder seguir con sus estudios. En la facultad, ella conoció a un chico el cual le caía muy bien a ella. Ella ya era mayor de edad y por eso tenia derecho a hacer todo lo que quería con su vida. Ella se puso de novia con ese compañero de facultad. Desde entonces ella llevaba una vida con su novio como si ellos dos fueran los Cisnes de Bewick. Quiere decir en otra palabra, un amor para siempre. Ellos siempre andaban juntos y todo lo que ellos tenían que hacer siempre lo hacían juntos. Por ejemplo:

- Ellos siempre estudiaban juntos

- Ellos siempre se descansaban juntos

- Ellos siempre se comían juntos

- Ellos siempre salían a pasear juntos

- Ellos siempre iban juntos de vacaciones

En poca palabra, uno nació para otro. Ellos siempre estaban juntos. Pero de parte del joven había un pequeño problema, el era alcohólico. El no podía dejar el alcohol. Ella lo conoció y lo aceptó así mismo de esa manera. Ella no tomaba alcohol y quería ayudar a su novio. Ella siempre le ayudaba y le aconsejaba pero el nunca le hacia caso. Después de sus graduaciones en la facultad, ellos consiguieron trabajos en una empresa. Ellos trabajaban allí en ese lugar durante seis largos años sin descansar. Incluso ellos trabajaban horas extras todos los días. Porque ellos tenían un plan en mente. Su plan era trabajar duro durante un tiempo limitado y después poner su propia empresa. Su plan funcionó tal como ellos lo habían planeado. Ya que todo el tiempo que ellos trabajaban en esa empresa y no gastaban el dinero en nada. Trabajaban y ahorraban el dinero, eso era lo que ellos hacían para poder lograr sus metas. Lo único gasto que tenia esa muchacha era comprar algo para comer porque ella ni siquiera compraba ropas para vestirse. Ella siempre usaba las mismas ropas que tenia desde antes de haber empezado a trabajar en esa empresa. Ella lo hizo de esta manera porque su sueño no era trabajar toda su vida para otros sino para ella misma. El joven tenía mas gasto. El tampoco no compraba ropas pero siempre compraba el alcohol porque el no podía vivir sin eso. El prefería quedarse sin comer pero con el alcohol en su sangre. Después de los seis largos años trabajando de esta manera sin parar en esa empresa, ellos habían logrado tener suficiente dinero para poder empezar con su propia empresa. Ellos se renunciaron de su trabajo en la empresa en la que ellos trabajaban durante esos 6 años. Más o menos cuatro meses después de sus renuncios, ellos se casaron y se mudaron de esa ciudad. Ellos se fueron a vivir en otra ciudad más pequeña y más tranquila. Allí, ellos compraron un terreno grande en el cual ellos construyeron una casita bien humilde y una pequeña fábrica de productos alimenticios. Ellos empezaron a trabajar en esa fábrica sin contratar a ningún empleado. Porque no tenían suficiente dinero para pagar a los empleados. Ellos trabajaban los siete días de la semana sin descansar. Un tiempo después de haber empezado a trabajar en su propia fabrica, ella se quedó embarazada pero aun así ella seguía trabajando todos los días para poder lograr su sueño. A los ocho meses de su embarazo, ella no tenía otra opción que abandonar ese trabajo para poder descansarse un poco. Durante ese tiempo, ellos eran muy conocidos en esa pequeña ciudad. Quiere decir, ellos ya habían tenido muchos pedidos, porque tenían muchos clientes para comprar y el marido se dio cuenta de que el no iba a poder seguir solito con tantos trabajos que el tenia que hacer en esa fabrica. Con referencia a lo mencionado, el se decidió contratar a su primer empleado para ayudarle con los trabajos y los pedidos. Un mes mas tarde cuando nació su hijo entonces el contrató a su segundo empleado. Ya que el tenia que dedicar un poco de tiempo a su familia y un poco a su empresa. Su sueño era pasar más tiempo con su mujer y su hijo. Cuando el niño tenía dos meses, sus padres se lo llevaron a la fábrica todos los días. Porque ella quería seguir trabajando y no quería pagar a alguien para que cuidara a su hijo en casa. Ellos iban creciendo muy bien con su empresa. Por eso en menos de un año y medio, ellos ya habían tenido suficiente dinero para poner otro negocio y contratar a más empleados. Con todo ese dinero que ganaban ellos en esa fabrica, el esposo se decidió poner un bar para vender todo tipo de alcohol. De esta manera el no tenia que gastar su dinero para comprar alcohol cada vez que el quería beber. Desde el primer día que el puso ese bar, el no paraba de tomar el alcohol día y noche. El tenia mucho dinero y su sueño era acabar con el alcohol pero el estaba muy equivocado. Porque era el alcohol que estaba acabando con su vida. Antes el tenia que trabajar para poder comprar el alcohol, por eso en muchas ocasiones el lo pensaba antes de comprarlo pero después de haber puesto ese bar, el tenia el alcohol gratis. El bebía todos los días. Su esposa siempre le aconsejaba pero el no la escuchaba. Ella lo quería tanto, por eso buscó para su esposo algunas ayudas de parte de los profesionales. Sin embargo, ninguno de esos profesionales le podía ayudar, porque el ya no podía vivir sin el alcohol. Eso era su pasión y su vida. El llegaba a un tiempo en lo cual el no hacia otra cosa que tomar el alcohol. De hecho, el dejaba de alimentarse y su cuerpo no tenia nada más que el alcohol. Por eso con el tiempo, el se enfermó. Su cuerpo no resistía más el alcohol. Su esposa se lo llevó al hospital y se lo internaron pero no había ninguna esperanza para el. Porque el estaba demasiado débil y era demasiada tarde para buscar una solución con su problema de alcoholismo. Esa adicción le estaba comiendo vivo. En su estadía en la cama del hospital, ella tuvo que estar a su lado cuidarlo y también con su hijo en su brazo. Porque ella no quería pagar a otra persona para que lo cuidara. Ella quería hacerlo ella misma y por esta razón, ella tuvo que abandonar a su fábrica y a su bar. Pero eso no era parte de su plan. Ella tuvo que hacerlo porque quería pasar el resto de su vida al lado de su esposo. En poca palabra, todo lo que ella hacia era para su esposo. Por otro lado, los empleados se quedaron trabajando solos en la fábrica y en el bar. Todos sabemos muy bien que cuando el gato no está presente entonces los ratones hacen fiesta. Era exactamente lo que estaban haciendo esos empleados. Ellos hacían todo lo que a ellos les daba la gana. Ellos trabajaban cuando quisieran y malgastaban todo lo que quisieran. Porque no había un jefe ni tampoco una jefa presente para controlar a ellos en todo lo que hacían. Unos meses mas tarde, ella tuvo que cerrar su fábrica y su bar. Porque esos empleados se robaron todas las ganancias. Ella se había dado cuenta que no iba a poder progresar de esa manera, por eso, tomó la decisión de deshacerse de todo para poder tener tiempo suficiente y cuidar a su familia. Ella hizo hasta lo imposible para poder salvar a su esposo pero al fin y al cabo el se murió. El día en el cual el se murió, ella se quiso suicidarse también para estar al lado de su marido pero ella lo pensó mejor, porque ella se recordaba de aquel admirador suyo que se había suicidarse porque ella no quería ser su novia. Es por ese motivo, ella lo pensó muy bien y dijo de esta manera: **Yo amaba mucho a mi esposo, hice todo para poder salvarlo pero no pude lograrlo. Yo había pensado en suicidarme para estar con el pero no lo voy hacer porque yo sé muy bien que está presente conmigo para cuidarme aun que no lo pueda ver. Yo debo ser fuerte y seguir adelante con o sin problema. Ya que tengo un hijo para cuidar**. Ella tenía todo en sus manos pero todo se le fue cuando ella menos esperaba. Ella se ha quedado sin esposo y sin empresa pero ella estaba feliz porque tenía un hermoso hijo y unas historias para poder contar a los demás a fin de que ellos también puedan entender que la vida sigue y no hay ninguna razón por la cual uno tendría que echar a perder su propia vida por asuntos amorosos.

Hasta el día de hoy, ella sigue con su vida y se ha dado cuenta de que no hay ningún motivo por el cual uno tiene que suicidarse por el amor porque la vida sigue y por mas que uno quiera a alguien pero no hay que matarse ni dejarse que lo maten por el amor. El lema que ella siempre usa es**:** **Las cosas siempre pasan por algo muy especial aun que uno no las entienda pero es así**. Es cierto que ella amaba a su esposo y el también la amaba pero hay que tratar de entender la realidad. Ella tiene un hijo para criar y su esposo siempre estará en algún lado para poder cuidar y proteger a ellos.

Estoy completamente de acuerdo con ella. Porque lo hizo de la mejor manera y yo le doy toda su razón. No hay ninguna razón en la vida por la que uno tiene que darse por vencido. Incluso, aun que sea de rodilla pero no vencido. Hay dos cosas en la vida y quiero que todos las sepan:

- La primera es: Nada es comparable con la perdida de un ser querido. Es algo muy doloroso. De hecho, todos sabemos muy bien que eso no tiene comparación pero no quiere decir que uno tiene que suicidarse para poder estar al lado de esa persona que se ha muerto porque en realidad eso no es una solución. Yo siempre digo que, el que se ha muerto siempre está viendo y cuidando a sus seres querido. Yo lo digo es porque yo también he perdido algunas de las personas mas queridas de toda mi vida. Para mi, eso no fue nada fácil suportar esos hechos pero con el tiempo, me he dado cuenta de que las cosas siempre pasan por algo y esas personas están siempre conmigo aun que yo no las pueda ver. Eso siempre me ha dado muchas fuerzas para poder seguir adelante con mi vida. Yo siempre tengo un buen motivo para continuar mi camino porque yo sé muy bien que los que están mas allá siempre me están cuidando para no tener que darme por vencido ante nada.

- La otra es: No es nada fácil para uno, cuando uno realmente se enamora de alguien y ese alguien no siente lo mismo por uno. Según mis experiencias, enamorarte de alguien el cual no quiere saber nada de ti. Eso también es algo incomparable, porque es muy duro y son muy pocas personas las que pueden superarlo. Yo te lo digo porque he pasado por eso. En muchas ocasiones, yo me he enamorado de alguien y esa persona no sentía lo mismo por mi. Eso me comía el alma. Esos tipos de problemas siempre suelen traer malas ideas a la cabeza de uno y si uno es débil mente y de corazón entonces fácilmente puede tomar la decisión equivocada. Cada vez que esas cosas me pasaban, al principio siempre me hacia muy difícil de entenderlo pero después con el tiempo, yo he encontrado con otra persona la cual a mi me ha gustado mas que la anterior. Es por eso, me he dado cuenta de que no hay motivo para uno suicidarse o dejar que lo maten por un amor imposible porque mas adelante hay unos amores que realmente valen la pena y uno tiene que conocer a esos amores, porque de otra manera uno se muere sin conocer ni tampoco disfrutar nada. Aun que muchos no lo puedan entender pero la vida por si misma es así. Por ejemplo, tu estás muy enamorado de alguien y piensas que ese alguien es lo mas en toda tu vida pero si sigue caminando un poco mas adelante y vas a encontrar con otra persona que ni siquiera en tu sueño te imaginabas encontrar con ella. Es a partir de allí, te vas a dar cuenta de que el pasado ya pasó y no volverá jamás. Yo siempre aconsejo a mis amigos a no matarse por nadie, porque mas adelante siempre hay otros mejores aun para conocer.

Últimamente, yo tengo el control de mi mismo y por eso dejo de hacerme problema como yo lo hacia antes en mi pasado. Yo me hice un trato conmigo mismo. Por ejemplo si una persona no me ama, eso me da igual. No me voy a suicidarse por eso, ni nada por el estilo. Porque yo sé muy bien que mas adelante voy a poder encontrar otras personas las cuales me amaran y me darán los mejores tratos. Yo siempre suelo hacerme estas preguntas:

- ¿Por qué razón yo debería echar a perder todo lo que tengo por delante por un amor ajeno si todavía a mi me hace falta mucho para conocer?

- ¿Por qué razón yo debería sufrir por un amor prohibido el cual yo sé muy bien que ni siquiera en mi sueño lo voy a poder conseguir?

- ¿Por qué razón yo debería suicidarme por un ser querido que se ha muerto si yo sé muy bien que el está en algún lugar cuidándome aun que yo no lo vea?

- ¿Por qué razón yo debería complicar mi propia vida por una persona de la cual estoy enamorado, si ella no es la única en el mundo?

- ¿Por qué razón yo debería permitir que alguien me mate por su pareja si hay miles de personas sin compromiso en todo el mundo y ellas están buscando a alguien como yo para tener una relación amorosa?

- ¿Por qué razón yo debería suicidarme por un amor imposible si mas adelante hay miles de buenos amores para conocer?

Yo no me considero muy bueno pero ni tampoco yo me doy por vencido. Yo he fracasado, humillado, abandonado, derrotado y decepcionado pero aun así, yo siempre sigo adelante porque yo sé muy bien que mi pasado ya es historia para mi y la única manera para lograr mi meta es continuar mi camino sin mirar atrás ni tampoco darles mente a mis errores. Desde que logré entender que la vida es bella, he tratado de disfrutar cada minuto como si fuera lo ultimo. Yo siempre tengo una excusa perfecta para alcanzar mis sueños porque mis errores y mis fracasos en el amor me han ensañado que las cosas siempre tienen un motivo propio por lo cual siempre se suceden y el mundo no se va a acabar porque alguien me ha rechazado. Pero algunos no piensan ni ven la vida como yo la veo, ellos están dispuestos a suicidarse o permitir que alguien se los mate por el amor sin poder darse cuenta de que no hay nada mejor que estar vivo aun que uno no tenga pareja. Quiere decir, es muy lindo estar vivo aunque sea soltero. Es por eso yo escribo las historias que he vivido y visto para poder hacerles a los débiles entender que no vale la pena complicar su propia vida por un amor imposible. Yo siempre repito esta frase: **Si la vida es bella entonces por qué razón uno se la complica.** Hay que dejar de buscar los amores imposibles, de esta manera uno no tendría que llegar a tomar esa decisión fatal ni tampoco tendría que sufrir para nada. Mis consejos para ti son: No vale la pena perderte la vida por ningún amor y tienes que alejarte para siempre de alguien que te hace sufrir. Ya que el sufrimiento es el antónimo de la palabra amor. Me he dado cuenta de que nada es comparable con el amor. Todas las cosas buenas y dulces están dentro del amor. Quiere decir que, el amor produce todo lo bueno. Por ejemplo, si tu estás en pareja con alguien y el no te hace feliz sino que te hace sufrir es porque el no te ama. El sufrimiento no es el amor. Porque según la regla número 504: El que te hace sufrir no te ama, porque el amor es lo más bello del mundo y no tiene comparación con nada.

Regla número 504: El que te hace sufrir no te ama, porque el amor es lo más bello del mundo

No estoy de acuerdo con las personas las que siempre hacen sufrir a su propia pareja pero tampoco estoy de acuerdo con los individuos los que tienen un compromiso con alguien y permiten que ese alguien les haga sufrir sin poder entender que el amor se está llegando a su fin. Cuando se tratan de los maltratos y el sufrimiento en una relación de parejas, eso quiere decir que el amor no se está funcionando como debería. Es por eso mismo, yo opino que, cuando el amor no está dando frutos ni felicidad entonces esa relación de parejas está fuera de los límites. El amor es un círculo y las parejas deberían estar dentro de ese círculo para que tengan buenos resultados pero si una de ellas está afuera y la otra está adentro de ese circulo. Eso generará muchos problemas en esa relación amorosa. Si las dos pajeras no pueden estar juntas dentro de ese círculo entonces es mejor que se separen una de la otra. Vale decir, ellas tienen que independizarse una de la otra y cada una de ellas vive por su propia cuenta. Pero hay algunas parejas que siguen viviendo juntas aun que estén sufriendo. Ellas prefieren seguir sufriendo en vez de separarse. Es por esta razón, varias veces, tu has visto a algunas parejas las cuales están sufriendo todo el tiempo pero siempre andan con esta excusa: **Aun que mi pareja no me trate bien pero no puedo dejarla porque la amo**. Esta es la excusa perfecta de todas las personas masoquistas. Tienes que saber que si tu propia pareja te hace sufrir es porque ella no te ama. Lo que estoy viendo últimamente es que, algunas personas piensan que el amor tiene algo que ver con el sufrimiento pero según mi punto de vista, ellas están muy equivocadas. Quiere decir que, ellas están buscando el placer en el sufrimiento y con el tiempo se vuelven masoquistas. En pocas palabras, aunque su pareja las maltrate y las haga de todo pero ellas no la abandonan para nada, porque ellas se han acostumbrado con los maltratos y no pueden vivir sin el sufrimiento.

Yo suelo hacerme esta pregunta a mi mismo: ¿Si el amor es lo más bello que uno puede tener en el mundo, entonces por qué razón uno se deja que alguien le haga sufrir en vez de hacerle feliz?

Pero también me he dado cuenta de que, uno deja que su propia pareja le haga sufrir es porque el está muy confundido y perdido en los sueños de los amores. Por ejemplo, yo vivo muy feliz siendo soltero y si algún día tendré que enamorarme de alguien será para hacerme más feliz de lo que ya soy y de lo contrario yo no lo haría ni en el sueño. Yo no quiero enamorarme de alguien para que esa persona venga a aburrirme ni a complicarme la vida. Son por estas razones, antes de enamorarme de alguien yo lo pienso muchas veces. Porque el que no piensa es el sinónimo del fracaso.

Los viejos siempre suelen usar este dicho famoso: **Es mejor estar solo que estar mal acompañado**. Con el tiempo, me he dado cuenta de que eso es muy cierto. Teniendo en cuenta que ellos tienen toda la razón para decir este dicho. Por ejemplo, si yo soy soltero y vivo feliz de la vida entonces ¿Que tipo de necesitad tendría yo para ir a juntarme o enamorarme de alguien para que me quite toda mi alegría y me haga sufrir? Sería yo una persona masoquista para hacer algo así. Pero sin embargo, algunas personas ven la felicidad de otra manera. Ellas prefieren perder todo lo que poseen a cambio del sufrimiento. Aun que tu no puedas entenderlo ni creerlo pero es lo que hacen algunas personas. Ellas son capaces de amar más a alguien que les hace sufrir. En otras palabras, ellas pagan para el sufrimiento. Cuando hablo del sufrimiento, me refiero a todo lo que no tiene nada que ver con el amor. Para hacerte entender mejor a todo lo que me refiero, te voy a contar la historia de una persona que estaba pagando para que alguien le hiciera sufrir. De hecho, ella echó a perder todo lo que tenia por delante por ese alguien.

En una ciudad tal (para no decir el nombre de esa ciudad) vivía una hermosa mujer soltera. A ella no le hacían falta las atenciones de los hombres pero ella no quería tener ningún tipo de relaciones con los hombres de su propio país. Su sueño era conseguir un hombre de un país rico para poder viajar por todo lado de la tierra. Todos sabemos muy bien que, el sueño de esa mujer es un sueño común. Porque muchas personas de los países subdesarrollados piensan de la misma manera. Quiere decir, no quieren casarse ni juntarse con los habitantes de los países pobres. Bueno, en un momento dado, esa hermosa mujer soltera fue a tomar un trago en un bar cercano de su casa y por casualidad se encontró con un turista. Según la opinión de ella, era un sueño en realidad. Ella era una de las personas las que son muy interesadas. Ellas Siempre buscan a los turistas de los países avanzados para tener una relación amorosa. Porque ellas piensan que los turistas siempre tienen dinero. Eso es la mentalidad de las personas que viven en los países subdesarrollados. Esa mujer fue una de esas personas de los países subdesarrollados y por eso, tenia esa misma mentalidad. Ese turista era de un país muy desarrollado. Ella pensaba que si llegaba a tener una buena relación amorosa con el, entonces iba a poder viajar a otros países con muchas facilidades. Teniendo en cuenta que nadie se conforma con lo que tiene. Ella ya tenía con que vivir muy bien en su propio país, porque tenía un buen trabajo y su familia no era de la clase baja. Pero el problema era que la gente de los países menos avanzados siempre quiere comprar el sueño de aquellos países mas avanzados. Ella se enamoró de ese hombre por su acento, era su amor a primera vista. Según ella, lo importante no era conocerlo bien primero antes de enamorarse sino tenerlo como su esposo el mismo día. Sin embargo ella no tenia ni la minima idea de todo lo que ese hombre era capaz de hacerle. Ese turista era una de esas personas que no tienen el corazón ni la mente. El tuvo que viajar a otro país para buscar a una mujer. En su propio país, le hacia muy difícil conseguir una mujer por sus malas acciones. Ya que el siempre maltrataba a sus ex mujeres y por eso el tenia mala fama. El se había decidido ir a un país menos avanzado para buscar una mujer y también para que lo poco de dinero que tenía en sus bolsillos se rindiera más. Cuando el llegó a ese país, lo primero que el hizo fue: cambiar todo su dinero a la moneda local. No era mucho dinero pero podía vivir unos días con eso. También ese sujeto tenía que pensar en un buen plan porque ese dinero no iba a quedar para siempre. El día en el cual el se encontró con esa mujer, el se dio cuenta de que había encontrado un plan perfecto. Su plan era gastar todo su dinero en ella por dos motivos: **el primer motivo era que, ella se enamoró a primera vista y el otro motivo era que ella no era una de las personas de la clase baja.** Desde ese día, el demostraba a ella que el era capaz de hacer caer el oro en la puerta de ella. Vale decir que, el la trataba como si fuera una reina pero el lo estaba haciendo, no era por el placer sino que para poder engañarla. Algunos ejemplos de los que el hacia por ella desde el primer día que la conoció:

- El se la llevaba a comer todos los días en los restaurantes mas caros de esa cuidad.

- El la regalaba flores todos los días

- El se la llevaba a pasear

- El se la llevaba al cine

- El se la llevaba de compras

- El pagaba para que ella fuera mínimo dos veces por semana a los salones de bellezas

- El le daba a ella todo lo que ella quería. En otras palabras, el le hacia unos regalos y ella no esperaba recibir esas cosas en toda su vida. De hecho, las otras mujeres le tenían envidia a ella por haber encontrado a un hombre tan perfecto y tan romántico. Todos veían solamente el lado bueno de ese hombre pero nadie tenia la menor idea del lado oscuro de ese Señor.

Según la opinión de esa mujer, el era uno de los hombres mas románticos del mundo. Toda la familia y todos los amigos de ella, le aconsejaban para que se casara con el, por varias razones:

- El era un hombre ideal

- El era un hombre romántico

- El era un hombre de un país muy desarrollado

- El era un hombre con mucho dinero

- El era un hombre lo cual todas las mujeres deseaban tener para formar una familia

- El era un hombre atractivo

- El era un hombre viajero

- El era un hombre culto

- El era un buen caballero

En lo poco tiempo que el tenia con ella, el siempre enseñaba a ella su lado falso para no decir su lado bueno. Porque el no tenia un lado bueno sino su truco para atrapar a su presa. El siempre le decía a ella que algún día, después de sus casamientos, el la iba a llevar a su país para conocer a su familia y a sus amigos. Era la única manera para poder llevarla sin tener que ir a buscar visa para ella. Ella se lo creía todo lo que el decía por ser un turista de un país muy desarrollado. Si el fuera alguien de un país pobre, seguramente ella no lo haría caso porque nadie quiere tener ninguna relación con los pobres. Ella había pensado que si se casaba con el, entonces iba a poder viajar sin problema a otros países y también iba poder ir a conocer a la familia de su esposo. Eso era lo que ella pensaba en su mente pero todo era una mentira porque ese hombre nunca iba a llevarla a la casa de su familia ni tampoco a su país natal. El no tenia ni siquiera amigos en su país y su familia dejaba de hablarle por haber maltratado y engañado a sus ex parejas. En su país natal nadie estaba a su lado ni tampoco nadie le apoyaba en nada, era por esta razón que el se fue de su país natal para ir a vivir en otro donde ninguna persona lo conocía y ni tampoco tenia idea de lo peligroso que era el. El tenia un buen motivo para hacerlo porque en su país le hacia difícil conseguir una buena mujer. De hecho, hay un dicho que dice: **La persona mala siempre tiene suerte**. Es cierto, porque su plan le había salido tal como el se lo planeaba. Quiere decir que, al llegar a esa ciudad, en menos de dos días, el había conocido a una buena mujer y en menos de unos quince días el se había juntado con ella. El lo hizo todo muy rápido porque el no tenia mucho dinero y se dio cuenta de que ella era de una familia que tenia dinero. El tenia que buscar una manera para sobrevivir porque desde que el llegaba a ese país, no encontraba un trabajo. El siempre gastaba pero no ganaba nada. Cada día que pasaba el tenia menos dinero para gastar. Pero su plan era gastar su dinero en su mujer para poder cobrárselo todo al contado después. Incluso el había demostrado a ella que el era capaz de hacer hasta lo imposible para poder cuidarla y darle todo lo que ella deseaba. Aun que nadie lo supiera pero el tenia una razón por la cual el gastaba toda su capital en ella para hacerle feliz aun que fuera por muy poco tiempo. El siempre decía a ella que, el tenia mucho dinero en su país, por eso ella se lo creía todo lo que el decía. Después de haberse juntado con ella, el empezaba a malgastar todo el dinero que ella tenia en sus cuentas bancarias. Ella no daba mente a nada, porque sabia que su marido era de un país grande y algún día iba a poder viajar con el. Era por este motivo, ella nunca le pedía ni siquiera una explicación cuando se daba cuenta de que estaba quedando con poco dinero en sus cuentas. Ella trabajaba y el malgastaba todo su dinero y lo peor fue que, el no lo malgastaba en ella para hacerle feliz como antes, sino que el lo malgastaba:

- En los bares
- En las fiestas
- En restaurante con otras chicas
- En otras mujeres
- En los juegos por dinero

En otras palabras, el malgastaba el dinero de su mujer en cualquier cosa pero menos en ella. El lo hacia de una manera tan abusiva, era por eso, en menos de un mes después de haberse juntado con ella, ella se quedaba en bancarrota. Sus cuentas no quedaban con nada de dinero porque su marido había gastado todo. Según el, era dinero muy fácil. Según mi punto de vista, eso era muy cierto y el tenia toda su razón porque ella no se conformaba con todo lo que tenia antes de conocer a ese individuo. Ella quería comprar el sueño de un país avanzado pero ella no sabia que, los sueños de todos los países desarrollados tienen un precio y el que los quiere comprar entonces tiene que pagarlos al contado. Ella siempre decía a todo el mundo que su hombre era el amor de su vida y lo amaba mucho. Ella lo amaba tanto, incluso el dejaba de salir a pasear y a comer con ella como antes. El ni siquiera compraba una flor con el propio dinero de ella para poder regalársela. El dejaba de darle a ella las pequeñas sorpresas que el siempre le daba al principio. El dejaba de hacer estas cosas, porque ese malvado tenía a ella bajo control pero aun así, ella lo seguía amando como si nada estuviera pasado. Ella estaba ciegamente enamorada de su marido. Por esta razón, con el tiempo el amor estaba pasando facturas a ella. Ella llegaba a un tal punto y estaba un poco cansada de su hombre pero sin embargo ella no quería demostrar sus problemas a su familia ni tampoco a sus amigos. Ella estaba sufriendo por dentro pero nadie se enteraba de nada de lo que le estaba ocurriendo. Era una mujer que nunca se quejaba de nada ni le reclamaba nada a su marido. El se dio cuenta de que ella lo amaba tanto y por lo tanto el se abusaba cada vez mas y mas de ella. Ella sabia que el estaba gastando mucho dinero todos los días pero lo que no sabia era que sus tarjetas bancarias se quedaban sin fondo. Ella casi no usaba sus tarjetas porque no era una de esas personas que suelen hacer compras todo el tiempo. Pero en cambio, su marido si sabía como darles usos a esas tarjetas. En un momento dado, ella fue de compras en un supermercado cercano de su casa y no se llevó dinero en efectivo sino sus tarjetas. Ella elegía todo lo que tenía que comprar pero cuando llegaba a la caja para pagar y allí se dio cuenta de que ninguna de sus tarjetas tenía dinero. Ella no pudo creer lo que estaba viendo, porque esa vez fue la primera vez en la que ella se había quedado con sus cuentas sin fondo. En otras palabras, ella siempre tenía dinero antes de haberse juntado con ese hombre. Ya que siempre ahorraba y gastaba solamente lo suficiente para poder sobrevivir. Pero ese día, ella tuvo que volver a su casa con las manos vacías por falta de dinero. Ella estaba un poco enojada por lo ocurrido y tenia toda su razón. Cuando llegó a su casa y le pidió una explicación a su marido. Ya que el era la única persona que tenia el acceso a sus cuentas a parte de ella. Era por eso, ella le pidió una explicación pero el no quiso darle a ella ni siquiera una sola explicación acerca de esas cuentas bancarias vacías. De hecho, ese mismo día, en vez de darle una buena explicación a ella, el le dio a ella su primera paliza. Quiere decir, en vez de decir a ella por que razón su tarjeta no tenia dinero, se la pegó a ella para que no siguiera reclamando. Era muy injusto hacerle eso a ella pero por otra parte ella misma se lo buscaba. Al día siguiente, ella estaba tan golpeada y no pudo levantarse para ir a su trabajo. Tuvo que quedarse en casa sin haber podido buscar ningún tipo de ayuda porque no quería que nadie supiera nada de sus problemas con su marido. Según los compañeros de trabajo de ella, ese día fue muy raro para ellos, porque ella nunca había faltado antes en su trabajo. Era por eso, en la tarde todos fueron a la casa de ella para saber que fue que le había sucedido a ella. Cuando ellos llegaron a la casa de ella, y la vieron muy desformada. Ella se parecía a un extraterrestre porque tenía toda su cara muy hinchada y ni siquiera podía hablar bien. Al ver esos hechos, todos sus compañeros se asustaron porque no esperaban ver a ella en una semejante situación. Ellos le preguntaron a ella, que fue lo que le había pasado pero ella no quiso contarles nada a ellos. Era por eso, ellos se aprovecharon para llamar a los padres de ella para informarles los sucedidos. Los padres se fueron al instante para verla y cuando ellos llegaron a su casa, no pudieron creer lo que estaban viendo con sus propios ojos. Al principio ellos pensaban que su hija había encontrado el hombre perfecto para formar su propia familia pero todos ellos se equivocaron de persona. Porque según lo que dice este dicho famoso: **Todos los que brillan no siempre son oro**. Justo en ese momento, ellos se recordaban de ese dicho. Todos se quedaron tan decepcionados de malvado, por esa razón, le hicieron una denuncia por el abuso físico y la agresión. Las autoridades se lo llevaron preso por esos hechos. Pero sin embargo, dos días después, ella misma fue a retirarle todos esos cargos, diciéndoles a las autoridades que todo eso fue un mal entendido. En pocas palabras, ella mintió a las autoridades para poder liberar a su marido. Porque ella lo amaba tanta y no quería vivir sin ese hombre aun que el la hiciera sufrir mucho. Ella no veía en los sufrimientos sino en el amor. Según la opinión de ella, amar es sufrir. Era por ese motivo, ella no se llevaba de los consejos de nadie y siempre andaba con estas excusas: **Yo sé que mi marido me ama mucho y pronto se va a cambiar su forma de ser conmigo. A pesar de que, a veces pasan cosas entre nosotros dos pero el no es un hombre malo. El siempre me ha tratado muy bien y no lo quiero perder. Es por eso siempre yo busco una solución para resolver todos nuestros problemas**. Después de esos hechos, ella no quiso escuchar los consejos de sus padres. Ya que desde el principio, su sueño era casarse con ese hombre para poder viajar a otros países. Ella no daba mente a los sufrimientos sino que tratar de alcanzar sus metas. Había una sola cosa la que ella no sabia era que, el que rompe las reglas de la vida lamentará. Ella quería romper la regla número 504 pero al final de la cuenta, ella estaba pagando las consecuencias al contado. Sus padres, sus amigos y sus compañeros de trabajo se habían dado cuenta de que ella era una persona muy masoquista la cual buscaba la alegría en el sufrimiento. En otras palabras, a pesar de todos los maltratos y los engaños de parte de su marido pero ella quería seguir luchando para poder viajar algún día. Por ese motivo, su familia y todos los demás la abandonaron a ella y la dejaron sola con su marido para poder resolver sus propios asuntos personales. Ya que ella no quería entender que el sufrimiento y los maltratos no tienen nada que ver con el amor. Según la regla 504, el que te hace sufrir es porque no te ama. Pero ella pensaba todo lo contrario. Era la razón por la cual su marido le pagaba cada día más y más. El se había dado cuenta de que ella amaba la miseria y no podía vivir sin el sufrimiento. El la maltrataba por placer porque nadie más se metía la nariz en el asunto de ellos. Todo lo que los demás hacían para poder ayudar a ella pero ella nunca les hacia caso. Al final todos se cansaron de aconsejarle y le dieron las espaldas. Todo eso le pasaba a ella por haber sido una persona interesada, incrédula y masoquista a la vez. En otras palabras, ella era una persona tonta y ciega la cual no sabia que, cuando alguien la estaba usando y maltratando era porque el no la amaba para nada. Ella estaba buscando el amor en el mismo infierno. Dos meses más tarde, ella se enfermó muy grave. Su situación era tan complicada, por lo tanto, ella tuvo que abandonar a su trabajo, porque no podía levantarse de la cama para ir a trabajar. No tenía nada de fuerza ni tampoco el ánimo. Ella se echó a perder todo lo que tenia por delante por un amor que no valía la pena. Quiere decir, ella se había quedado sin trabajo, sin dinero, sin amigos, sin ayudas de su familia y muy enferma. Su marido se dio cuenta de que ella estaba a punto de morir. El se asustó mucho y por eso se marchó de la casa. El la abandonó, la dejó en la miseria e incluso con muchos problemas de salud. Después de haberse ido ese hombre, ella fue en lo de sus padres para poder buscar ayudas. Sus padres se la llevaron al medico con la intención de buscar una solución antes de que fuera muy tarde. Desde entonces ellos le han dado a ella todos tipos de apoyos que ella necesitaba para poder seguir con su vida adelante. En fin, después de haberle ocurrido todas esas cosas a ella, al final ella llegó a entender que la regla 504 (**el que te hace sufrir es porque no te ama**) dice la verdad. A ella no le quedaba otra opción que practicar esta regla, después de haber sufrido tanto por alguien que amaba y pensaba que el la amaba también pero era todo lo contrario. Lo peor fue que ella se dio cuenta de eso, después de haber echado a perder todo lo que tenia por delante. De hecho, si no fuera por sus padres, ella iba a perder también su propia vida.

La misma historia de esa mujer, nosotros también la estamos viviendo y viendo de una manera u otra, día tras días. Porque cada uno de nosotros ve la vida de una manera muy particular y busca el amor de una manera muy especial. Sin embargo, las consecuencias por los errores siempre se pagan de las mismas maneras. Quiere decir que, cada vez que cometimos los errores entonces después tendremos que arrepentirnos, lamentar y sufrir por nuestras equivocaciones. Hay que saber que las recompensas de las equivocaciones son los sufrimientos y los arrepentimientos. Todos nosotros deberíamos saber que la madre de la naturaleza no se equivoca jamás en su trabajo. De hecho, algunas personas no quieren entenderlo y otras no quieren seguir las leyes de la vida. En otras palabras, ellas no se conforman con lo que tienen sino que quieren comprar el sueño de los países mas avanzados. En vez de ser felices con lo que poseen, ellas prefieren echar a la perder todo lo que tienen por delante a causa de los falsos sueños. Yo les clasifico como unas personas muy interesadas las cuales solamente quieren estar con alguien para tener buena fama o la nacionalidad de un país desarrollado. A veces, ellas tienen a alguien indicado a su lado pero lo rechazan para poder buscar alguien de clase alta, sin poder pensar que la apariencia muchas veces le engaña a uno. Hay que dejar de ser un ignorante porque, a pesar de que uno es de un país avanzado pero eso no quiere decir que el tiene un árbol de dinero en su casa sino que trabajar muchas horas para poder lograr las metas. En los países menos avanzados también hay muchas buenas oportunidades pero la ignorancia hace que las personas desperdicien todo su tiempo en algo que no vale la pena en vez de trabajar duro y ahorrar mucho. Si todos los habitantes de los países pobres supieran las riquezas y las oportunidades que hay en su propio país, ellos trabajarían día y noche sin parar para poder hacer milagros en vez de comprar los sueños de los países ricos. En pocas palabras, ellos dejarían de malgastar su tiempo haciendo nada y trabajarían duro para poder lograr sus metas. Con respeto a esto, hay dos cosas muy importantes las que yo quiero dejar bien claras para que todos puedan entender la realidad:

- **La primera es que**: ser de un país desarrollado no quiere decir ser rico y mucho menos ser feliz. Teniendo en cuenta que, los habitantes de los países grandes son los que mas se suicidan, se aburren y se enferman. ¿Por qué razón les suceden esas cosas a ellos si ellos tienen de todo? Es porque ellos trabajan tanto y no tienen suficiente tiempo para despejarse la mente. Siempre andan muy apurados y muy estresados. Según ellos, el tiempo es dinero. Según mi punto de vista, ellos tienen todas sus razones por las cuales tienen que trabajar mucho. Ya que en esos países avanzados, todo tiene un precio y uno tiene que pagar ese precio para poder vivir allí. Nada es gratis, por eso no les queda otra que trabajar todo el tiempo para pagar las comodidades.

- **La otra es que**: ser de un país pobre no quiere decir ser pobre ni tampoco ser un infeliz. Los países subdesarrollados también ofrecen muchas oportunidades pero sus habitantes no saben como aprovecharse de todas las riquezas las que tienen estos países. ¿Por qué razón tu crees que los nativos de los países grandes van a vivir, a trabajar o a pasarlo bien en los países mas pobres? Es porque hay muchas cosas las que los países menos avanzados ofrecen no se las consiguen en los países desarrollados. Si no fuera por eso, nadie abandonaría a un país rico para ir a pasarlo bien en un país pobre. En pocas palabras, esos países pobres poseen unas cuantas cosas las cuales no tienen precio. De hecho, a veces, muchos de los que viven en esos países menos avanzados caminan con todas esas cosas buenas bajo de su nariz pero no las pueden ver ni tampoco las saben como disfrutar. Con referencia a lo mencionado, algunos echan perder todo su futuro a cambio de los sueño de los países grandes.

Los nativos de los países avanzados saben muy bien que casi todos los que son de los países subdesarrollados suelen buscar a alguien en algún país rico para poder casarse y viajar a los países avanzados. Es por este motivo, los habitantes de esos países desarrollados no confían ni tampoco creen mucho en los de los países subdesarrollados. Porque ellos saben muy bien que todo se trata de un amor por interés.

Si por casualidad eres de un país pobre entonces mis consejos para ti son: **No te engañes a ti mismo porque los que son de los países desarrollados no son tan tontos como tú piensas que son**. Si ellos son de un país mas avanzado que el tuyo, eso quiere decir que, ellos también tienen la mente mas avanzada que la tuya. Ya que sus educaciones superan a la tuya. Yo te lo digo es porque algunos se han caído en esa trampa pensando que podían engañar a los de los países desarrollados. Por ejemplo, la historia de esa mujer nos ha enseñado claramente que ella se había caído en su propia trampa pensando que iba a poder comprar el sueño de un país rico. El mismo caso de ella también les había sucedido a miles de personas de los países menos avanzados en el pasado y seguirá sucediendo a muchos en la vida cotidiana. Porque ellos piensan que es bueno amar por interés. Siempre ven en lo material y nunca piensan en los problemas que eso les puede causar en un futuro cercano. Las cosas materiales no siempre dan felicidad, y en caso de que se la dan es solamente a las personas inteligentes pero nunca a las personas ignorantes. Es mejor amar siempre por amor que por interés. De esta manera nadie te hará sufrir ni tampoco te engañará. El amor es para disfrutarlo, vivirlo y gozarlo porque es lo más bello que existe en todo el mundo. Es por eso, el que te ama de verdad nunca te hará sufrir sino que te hará feliz en toda tu vida.

Si realmente estás convencido que el amor es lo mas bello y lo mas maravilloso del mundo, entonces eres capaz de hacer la diferencia entre el amor y el sufrimiento. Vale decir que, eres capaz de entender que, el amor no implica el sufrimiento y aquel que busca el amor en el sufrimiento está muy equivocado. Porque esas dos cosas no son iguales, incluso hay muchas diferencias entre ellas. Uno debe tener mucho cuidado porque las cosas no siempre son iguales de los que se parecen. Yo me explico mejor, en el amor de pareja, existen tres tipos de personas. Por ejemplo:

- Los que te dicen siempre que te aman pero de la boca para afuera. Es una manera muy fácil para poder hacerte creer pero no debes confiar nada porque son solamente palabras y nada mas.

- Los que te dicen que te aman pero es porque te están usando. Vale decir, los que te aman por interés. En realidad no es a ti que te aman sino a todo lo que posees. Ya que si algún día te quedarás sin nada entonces ellos también se alejarán de ti.

- Los que te dicen que te aman y te lo demuestran siempre con los hechos. Los que te aman sin condiciones. Quiere decir que, los que te aman en los buenos tiempos y también en los malos tiempos. Es lo que yo llamo persona que vale la pena y con ella, tú puedes cumplir la regla número 5 con los ojos cerrados.

No tienes que llevarte por todo lo que dicen los demás. Porque en la confianza están también los peligros y los engaños. No hay que esperar que alguien siempre te diga que te ama si el no es capaz de comprobártelo con hechos. Ya que hay algunas personas las que siempre te dicen muchas cosas bonitas para engañarte. Ellas te las dicen siempre pero no salen de su corazón. Todos los que ellas te dicen son unas bonitas palabras pero sin ninguna demostración y las palabras bonitas sin los hechos son hojas secas. El viento siempre llevan todas las hojas secas. En realidad, las personas que te aman de verdad no hablan mucho ni te hacen falsas promesas sino ellas hacen mucho para poder demostrar su amor hacia ti. Pero en cambio, hay otros grupos de individuos que siempre te dicen que te aman pero no es cierto. Porque sus hechos siempre son diferentes a lo que ellos te dicen. Por ejemplo:

- El que te pega no te ama sino que se cansa de ti
- El que te humilla no te ama
- El que siempre te hace falsa promesa no te necesita
- El que te traiciona no te quiere
- El que te engaña no te valora
- El que te estafa no te ama sino que te está usando
- El que te maltrata no te quiere
- El que te miente no te ama
- El que te vende una imagen falsa no te quiere
- El que no respeta su compromiso contigo no te valora
- El que te hace sufrir no te ama

Estos tipos de personas no te aman por más que te digan muchas cosas bonitas y dulces todos los días pero es una manera para engañarte y hacerte creer. Tienes que alejarte de ellos sin mirar atrás. No importa cuanto que tu los ames pero si ellos sienten lo contrario para ti, en ese caso tienes que deshacerte de ellos sin pensarlo dos veces. Ya que una persona que te hace sufrir no debería merecer tu amor. Por ejemplo, si le estás dando a tu pareja todo de ti pero sin embargo ella te da todo lo contrario es porque ella no te ama. Debes saber que, el que realmente te ama siempre quiere darte más de lo que tú le has dado, para poder hacerte feliz.

Yo opino que, si quieres tener suerte con el amor, es muy bueno saber como hacerte valer a fin de que los demás puedan darte el respeto que te mereces. Es por este motivo, hay muchas cosas las cuales no deberías hacer a cambio del amor. Por ejemplo:

- No deberías pedir a alguien para que el te ame

- No deberías pagar alguien para que el te ame

- No deberías comprar a alguien con lo material para que el te ame

- No deberías hacer salir la sangre de una piedra por alguien para que el te ame

- No deberías obligar a alguien para que el te ame

- No deberías inventarle cosas a alguien para que el te ame

- No deberías engañar a alguien para que el te ame

- No deberías mentir a alguien para que el te ame

Cuando llegue la persona indicada, te va aceptarte a ti tal como eres. No hace falta hacer lo imposible a alguien para que el te ame. Si eres capaz de hacer estas cosas las que acabas de leer para poder conseguir el amor. Te aseguro que tarde o temprano tendrás una pesadilla en tu casa. Porque el amor no se vende ni se compra. Ni tampoco hace falta ir a buscarlo pero el te llegará a ti cuando tu menos lo esperas. Yo digo y lo repito que, el amor es incomparable y el que realmente te ama siempre te hará feliz pero cuando se trata de lo contrario es porque el amor no está presente. Dondequiera que haya amor no debe haber estas cosas, por ejemplo:

- Los sufrimientos

- Las discusiones

- Las peleas

- Los maltratos

- Las tristezas

- Las decepciones

- Los engaños

- Las mentiras

- Las traiciones

- Los golpes

- Las estafas

Yo, por ejemplo, si voy a la casa de alguien y veo una de estas cosas, rápidamente me doy cuenta de que en esa casa no hay amor. Según mi opinión, todas las cosas las que tienen mucho que ver con el sufrimiento no vienen del amor ni tampoco tienen nada que ver con el. Uno tendría que ser un ignorante y masoquista para pensar que el sufrimiento y el amor tienen algo en común. La mayoría de mis amigos siempre me dicen que ellos están muy enamorados o ya tienen el amor de su vida pero yo soy capaz de ver el amor en la cara de los que están felices por haber encontrado a su media naranja. No me hace falta que lo digan porque el amor es una luz la cual nadie puede esconder. Es por esta razón, las personas que tienen el amor o las casas que tienen el amor siempre tienen estas siguientes cosas. Por ejemplo:

- Alegría

- Felicidad

- Paz

- Diversión

- Satisfacción

- tranquilidad

Estas cosas son las señales que me permiten saber que, alguien realmente tiene el amor pero nadie que tenga una cara de pocas alegrías me puede venir a decir que tiene el amor. Yo me doy cuenta con facilidad de los que me dicen la verdad o los que me mienten. Porque el amor es inconfundible y también siempre habla por si solo. A veces la verdad duele mucho, pero a mi me encanta decir la verdad a las personas aun que se enojen conmigo. Por ejemplo, a mis amigos siempre les digo la verdad. Cada vez que veo a uno de ellos con una cara de tristeza, le digo claramente de que el tiene una cara de pocos amores. Yo conozco algunos los cuales siempre tienen problema con su pareja pero no quieren demostrarlo a los demás. Ellos están sufriendo por dentro pero pretenden mostrar a uno que ellos están felices en su casa con su pareja pero no es cierto. Estos tipos de personas siempre se llevan por este dicho: **A mal tiempo buena cara**. De hecho, ellos están muy equivocados. Porque el amor es incomparable por eso no se puede compararlo con el tiempo. El amor siempre te hará feliz en el buen tiempo y en el mal tiempo. No tienes que permitir que alguien te haga sufrir en casa y después vas a andar en la calle con una cara de hipócrita para poder hacer a los demás saber que eres feliz con tu pareja. Cuando hablo de la cara de hipócrita, me refiero a que tu estás sufriendo por dentro pero siempre te ríes para que nadie sepa de tus problemas. Muchas personas suelen actuar de esta manera para que nadie se entere de sus sufrimientos. Si eres una de esas personas, me gustaría decirte que, cuando hay maltratos, peleas, discusiones, golpes, engaños y sufrimiento en una relación entonces uno tiene que buscar urgentemente una solución para estos problemas porque esos son casos particulares y no forman parte de una relación amorosa, a pesar de que algunas personas siempre dicen que: **amar es sufrir**. Desde mi punto de vista, ellas son muy masoquistas y por eso buscan el amor en el sufrimiento. Por ejemplo, en mi caso, yo estoy demasiado feliz siendo soltero y no tengo ningún motivo para buscar a alguien para que me haga sufrir a cambio de amor. Si estoy con alguien en una relación, ese alguien tendrá que darme doble de felicidad de la que yo ya tengo en este momento pero nunca para venir a quitarme la alegría que tengo ahora. Las preguntas las que yo siempre me hago son:

- ¿Qué necesidad tendría yo para juntarme con alguien que no me ama?

- ¿Qué necesidad tendría yo quedarme a vivir con alguien que no me hace feliz para nada?

- ¿Qué necesidad tendría yo para casarme con alguien que siempre me hace sufrir?

- ¿Qué necesidad tendría yo para permitir que alguien me maltrate a cambio de su amor?

- ¿Qué necesidad tendría yo para perder mis alegrías por alguien que no sepa como valorarme?

- ¿Qué necesidad tendría yo para echar a perder todo lo que tengo por delante por alguien que siempre me engaña con otras personas?

- ¿Qué necesidad tendría yo para convivir con alguien que siempre me usa como si yo fuera un objeto?

- ¿Qué necesidad tendría yo para relacionarme con alguien que no se siente nada por mi?

- ¿Qué necesidad tendría yo para enamorarme de alguien que siempre me pega?

- ¿Qué necesidad tendría yo para obligar a alguien a que esté conmigo?

- ¿Qué necesidad tendría yo para juntarme con alguien que me desprecia?

- ¿Qué necesidad tendría yo para seguir viviendo con alguien que me quita toda mi felicidad?

Sería yo un verdadero tonto y a la misma vez muy masoquista para poder hacer algo parecido. Porque ninguna persona normal haría esas cosas. Alguien que tenga la capacidad para pensar sabe muy bien que, cuando su propia pareja lo está haciendo sufrir y lo primero que tiene que hacer es buscar una solución para poner fin a sus problemas. Tienes que saber que, amar es cuidar al otro. Cuando dos personas se aman entonces siempre se cuidan una a otra. Si tu pareja ya no te está cuidando es porque no te ama. No importa lo que ella te diga pero si ella te está haciendo sufrir, tienes que entender que el amor llega a su fin.

Aun que muchos no puedan entender pero las reglas de la vida tienen su sentido y su razón de existir. Por ejemplo, la regla número 504 habla claramente para que todos los que tienen ojos vean la realidad y todos los que tienen algo de celebro tomen consciencia de sus actos. Esa regla también nos enseña que: No hay ni siquiera un solo motivo por el cual tienes que juntarte o casarte con una persona la cual no te ama. Con referencia a lo mencionado, no hay que ilusionarte con los amores que no sienten nada por ti. Ya que según la regla número 799: No existe ni un solo motivo por el cual debes enamorarte de alguien que no siente nada por ti.

Regla numero 799: No hay que enamorarte de alguien que no siente nada por ti

Cada veces que veo a alguien sufriendo por causa del amor, yo siempre me pongo a pensar y hacerme esta pregunta a mi mismo: ¿Por qué razón, uno llega a ser tan tonto y bobo hasta llegar a enamorarse de una persona que no siente nada por él? Yo creo que, uno tendría que ser un loco de remate para no darse cuenta, cuando una persona lo ama o no. Por ejemplo, si no tienes nada en común con alguien, según mi opinión, no sería nada bueno enamorarte de esa persona. De hecho, algunos dicen que los opuestos siempre se atraen y se llevan muy bien pero yo digo que esa frase funciona solamente cuando se trata de colores, alturas y tamaño. Vale decir, cuando se trata de todo lo que tiene que ver con los físicos de las personas pero no funciona cuando se trata de los gustos y los intereses. Si no tienes nada en común con una persona y te juntas con ella, estoy seguro que mucho no durará tu relación con ella. Ya que cada vez que quieres subir y ella te dirá: **hay que bajar**. Muchos se fracasan siempre por haber cometido este mismo error. En muchos casos, ellos ven a una persona hermosa, rápidamente se enamoran de ella sin conocerla y mucho menos averiguar que si ellos tienen algo en común con ella. Ellos suelen hacer todo lo contrario. En otras palabras, ellos deberían tratar de conocer primero a esa persona y para poder enamorarse de ella después, pero por lo que veo en este tiempo, ellos prefieren enamorarse de ella primero y para poder conocerla después.

Yo siempre pienso que, si la vida sigue pero por qué razón hay tantos apuros. Debes saber que tienes todo por delante, no hay ningún motivo para echar a perder todo lo que tienes por un amor que no te merece. Es muy bueno saber con quien te vas a meter o a casar. Los viejos siempre dicen que aquel que se apura para casarse entonces pasará el resto de su vida arrepintiéndose sin poder disfrutar el mundo. Yo estoy de acuerdo con esos viejos porque ellos tienen razones de todo lo que dicen. Uno tiene que pensar mucho antes de buscar a alguien para formar una relación de pareja. Por ejemplo, si quieres enamorarte de alguien, Hay que buscar siempre a una persona que tenga muchas químicas contigo, en otras palabras, yo me refiero a una persona que siente muchas cosas por ti y tú también por ella pero de otra manera, vivirás para sufrir y lamentarte por haber hecho una mala elección. Yo siempre trato de darte mínimo un ejemplo para que puedas entender mejor, todas las razones por las cuales yo escribo mis reglas. A este efecto, te voy a contar la historia de una mujer que se enamoró de un señor pero él no sentía nada por ella.

En un pueblo lejano, lo cual no quiero mencionar su nombre, vivía una joven muy hermosa y tenia muchos talentos. Ella habría podido lograr todas sus metas si no hubiese tomado la decisión equivocada, quiere decir que, ella tenía muchos hombres buenos detrás de su elección, eran unos buenos candidatos pero al final, ella se enamoró de uno que no sentía nada por ella. Se enamoró de ese señor, solamente por que el tenia esas dos cosas: **tenía mucho dinero y un físico muy atractivo**. Ella pensó que ese hombre era el indicado para su elección pero en cambio ese señor, no pensaba lo mismo que ella. Él solamente quería pasar un rato de diversión con ella y nada en serio. La mala suerte por los dos, ella salió embarazada de el. Al final, por la causa del embarazo ellos se juntaron para formar una familia y cuidar a su hijo. La mujer estaba muy feliz por haber tenido el hombre de su sueño a su lado pero el hombre pensaba todo lo contrario. El se sentía muy obligado a juntarse y también estaba muy arrepentido de haber cometido el error de tener una relación con ella. En otras palabras, para ella, todo era un sueño en realidad y para ese señor, todo era un total fracaso en su vida por haberse juntado con una mujer por la cual él no sentía nada. Pues, después de haberse juntado con ella, lo único que él hacia era: pasar todo su tiempo en el trabajo y los días feriados él se juntaba con sus amigos o con su amante para no tener que estar en casa y mucho menos estar al lado de la madre de su hijo. Él siempre tenía una excusa perfecta para no estar con ella. Incluso de noche cuando llegaba a su casa, siempre andaba de mal humor, vale decir, él trataba de no tener ninguna conversación con ella ni tampoco tocarla de noche. Él hacia siempre todo lo posible para llegar muy tarde a su casa, porque sabía muy bien que, a que hora ella siempre se acostaba para dormir. El llegaba, se bañaba y se sentaba en un sillón para ver la Televisión. También el dormía allí mismo donde él veía la TV, porque no quería estar en la misma cama con ella. Él se despertaba todos los días en la madrugada para salir de la casa y para ir a su trabajo. En pocas palabras, ellos vivían en la misma casa pero a la misma vez, ellos pasaban semanas sin verse uno a otro. Ya que cuando él llegaba, ella ya estaba acostada y cuando él salía en la mañana, ella aun estaba dormida en su cama. Vale decir que, él iba a la casa para dormir un ratito porque no tenía otro lugar para dormir. Si no hubiese sido por eso, él no habría ido a dormir de noche allí, ya que él no quería saber nada de ella. Ellos pasaban semanas y meses en la misma situación, pero a ella no le importaba otra cosa que tener al hombre indicado en su propia casa, por eso ella no se preocupaba por nada. De hecho, ella pensaba que él tenia mucho trabajo por eso llegaba tarde y salía en la madrugada. Pues, el día que nació el bebe, el fue a verlo en el hospital y estaba un poco feliz por haber sido papa pero por otro lado lo veía como un problema grande porque la madre del niño iba a tener mas excusa para poder tenerlo a el como su marido. Por todo este motivo, él había pensado en un mejor plan para no tener que pasar toda su vida con alguien que no amaba para nada. Su plan era tener hijos con su amante para poder deshacerse de su primera mujer por la que el no sentía nada. Pero dicho y hecho. Todo eso había ocurrido tal como el lo planeaba pero la madre de su primer hijo (la mujer con la que él vivía) no había dado cuenta de nada hasta que él dejara de ir a dormir en su casa como de costumbre. Ella estaba muy preocupada por el, ya que para ella, eso era algo muy raro que él no iba a dormir a su casa. Ella pensaba que, quizás a él le había sucedido algo por esta razón, ella lo llamó para saber que fue que le pasaba.

- Él le contestó y le dijo que: estoy muy bien pero con mucho trabajo.

- Ella le preguntó: ¿Por qué razón no has venido a la casa a dormir en estos días?

- Él le dijo que: de repente mi jefe me mandó a hacer un trabajo en un lugar lejos de casa por eso no me da tiempo para volver a dormir a casa, tengo que quedarme a dormir cerca de mi trabajo.

- Ella le preguntó: ¿Hasta cuando te vas a quedar allí trabajando?

- Él le dijo que: todavía no tengo la menor idea pero cuando tenga vacaciones o algunos días feriados voy a visitar a mi hijo.

Después de esa llamada, ella no volvió a llamarlo más, porque pensó que él estaba trabajando mucho y por lo tanto, ella no le quiso molestar. Sin embargo, pasaban los días, las semanas, los meses y casi tres años, ella le esperaba pero el no volvía mas a casa. Un buen día, a ella se le acabó la paciencia y tomó de la decisión de ir a averiguar que le pasaba con su marido y por qué razón el no volvía a casa ni siquiera para visitar a su hijo. Cuando ella llegó en el lugar donde el trabajaba y lo encontró no solamente a su marido sino que el había tenido otra familia. Quiere decir, el vivía con su amante y su otro hijo. Ella no pudo creerlo, ya que no tenia ni idea de todo lo que estaba sucediendo con ese hombre. Pero fue ese mismo día, por fin, el tuvo valor para decir a ella toda la verdad, o sea él le dijo que estaba con ella por obligación pero no era por gusto ni placer porque él no se sentía nada por ella. Por lo menos, el fue sincero con ella y le aclaró todo. Porque era muy cierto que el no sentía nada por ella desde el principio. Pero en cambio para ella, todo eso fue un misterio. Ya que según ella, él era el amor de su vida. En realidad en el momento, no fue nada fácil para ella entender todo lo que estaba sucediendo pero con el tiempo tuvo que aceptarlo y vivir con eso. Porque toda la culpa fue de ella misma por haber elegido a una persona que no sentía nada por ella. Desde entonces todo se hizo público, quiere decir que, ella supo toda la verdad y también tuvo que sufrir mucho por haber roto la regla número 799. Ella jamás pudo olvidar de sus errores y sus fracasos en el amor. En pocas palabras, ella se sentía muy culpable de todo lo que le había sucedido, porque era una persona la cual tenia todo por delante pero al final tuvo que vivir el resto de su vida sufriendo y lamentando por haber elegido al hombre equivocado de tantos buenos hombres los que querían casarse con ella en su pasado. Pero en cambio ese señor, estaba mas que feliz por haber podido salir de un infierno en lo cual él estaba viviendo. El tenia tantas alegrías después de haber dicho toda la verdad que tenia en su corazón a ella, es por eso, el dijo estas palabras: **Por fin estoy libre para poder empezar a vivir mi vida como yo siempre he soñado, desde hoy en adelante soy el hombre que siempre quise ser.**

Según esta historia, podemos ver claramente que ella se había enamorado de la persona equivocada. Su sueño era estar con ese señor por interés pero no era por el amor. Ella era una persona muy interesada. Es decir, quería estar con ese hombre porque el tenia dinero y también un buen físico pero con el tiempo ella tuvo que arrepentirse mucho de haberlo hecho sin pensar. Yo no culpo al marido por lo que hizo pero tampoco estoy de acuerdo con el. La mejor manera era decir a esa mujer desde el principio que el no sentía nada por ella ni tampoco quería estar con ella. Hay que saber que la regla número 799 es para cumplirla pero no es para romperla. Esa mujer la quiso romper y por esta razón tuvo que pagar toda la consecuencia al contado. Es lo mismo que pasará contigo si tratas también de romper esta regla. Te entiendo muy bien, quizás, aun no has encontrado el amor de tu vida, pero no te apures en buscarlo. Si tienes que hacerlo, siempre que sea con alguien que siente algo por ti y que tiene cosas en comunes contigo. No debes andar siempre con la misma excusa, diciendo que: **En el corazón nadie manda**, sino que tratar de ver las siguientes cosas:

- Quien te valora por lo que eres

- Quien te ama tal como eres

- Quien te acepta como eres

- Quien soporta tu forma de ser y pensar

- Quien te llena el vacío que tienes en tu corazón

- Quien te da lo que a ti te mereces

- Quien te ama sin ningunas condiciones

- Quien te apoya en lo que haces

Estoy cansado de escuchar las mismas excusas todos los días y por todo lado. A veces, es por este motivo, yo digo que si alguien está buscando el placer en el sufrimiento, en este caso es difícil hacerle ver la realidad. Por ejemplo, podemos ver y escuchar que, algunas personas las que tienen el corazón roto también andan siempre con estas excusas:

- Yo no se que debo hacer para que me pareja me quiera

- Quiero mucho a mi pareja, no puedo dejarla

- Mi pareja me trata mal a veces, pero la quiero mucho

- Siempre me engaña mi pajera pero la entiendo muy bien, por eso debo perdonarla porque yo se que me quiere mucho

- Si yo dejo a mi pareja, quizás no encontraré alguien mas como ella

- Mi pareja no me quiere para nada, pero estoy tratando de ver que si ella se puede cambiar conmigo y darme un mejor trato

- Mi pajera me maltrata, pero el problema es que no puedo sacarla de mi mente ni de mi corazón

- Por mas que mi pareja no me quiera, pero estoy cada vez, mas enamorado de ella.

- Estoy dispuesto a hacer lo que sea posible para poder estar con esa persona la que yo amo.

- Esa persona que amo, yo se que no me quiere para nada pero haré todo lo posible para que ella este conmigo de cualquier manera.

- No creo que en el mundo, existe otra persona como la que amo

- Si la persona que amo yo, no quiere estar conmigo entonces para mí, la vida no tendría mas sentido.

- Si fulano no quiere estar conmigo entonces yo me voy a suicidar

- Yo se que fulana no me quiere pero voy a esperar a ver si algún día me dará la respuesta que espero yo de ella

- Aun que fulano no me conozca ni me vea en persona pero el es el amor de mi vida, me muero por él

- A pesar de que mi pareja siempre me pega pero la sigo amando cada día mas

- Aun que mi pareja siempre me haga sufrir pero no puedo vivir sin ella

- Aun que mi pareja no se sienta nada por mi pero no la quiero dejar para nada

Según mi punto de vista, aun que ames a alguien con todo tu corazón pero no deberías estar con esa persona si ella no se siente lo mismo por ti y si lo haces entonces eres una persona la que busca el placer en el sufrimiento. Tienes que ser muy masoquista para hacer algo parecido. Es decir que, no puedes vivir sin el sufrimiento. Con referencia a lo mencionado, aprovecho para hacerte estas preguntas a ti que eres un tontito enamorado.

- ¿Hasta cuando vas a dejar de hacer tontería por un amor que ni siquiera está a tu alcance?

- ¿A caso no tienes ojos para ver la verdad?

- ¿A caso crees que eres la persona mas enamorado del mundo?

- ¿Cuándo vas a poder reconocer entre muchas personas, cual es la persona que realmente te quiere?

- ¿Por qué razón no quieres aceptar y entender que, cuando alguien no se siente nada por ti y ni tampoco quiere estar contigo, aun que lo ames con todo tu corazón?

- ¿Por qué razón no quieres olvidar a alguien que te trata como si fueras nada?

- ¿Por qué razón no puedes olvidar a alguien que siempre rompe tu corazón?

- ¿Por qué razón tú sigues llorando por alguien que jamás lloraría por ti?

- ¿Por qué razón estás sufriendo por alguien que ni siquiera sabe que tú existes?

- ¿Por qué razón no puedes decir hasta la vista a tu ex pareja si ella ya te ha dicho a Dios?

- ¿Por qué razón le estás dando tu corazón y tu amor a alguien que ni siquiera te valora como gente?

- ¿Por qué razón estás perdiendo tu tiempo detrás de alguien que no sabe nada sobre ti y si por casualidad lo sabe pero nunca te mira ni te busca? ¿A caso eres ciego o no tienes los sentidos comunes? Me imagino si tuvieras por lo menos los sentidos comunes te darías cuenta con facilidad: de quien deberías enamorarte y de quien no. Tu vida sería mejor si abres tus ojos para ver la realidad y pensar como gente normal.

- ¿Por qué razón tienes que complicar tu propia vida por alguien que, ni siquiera en tu sueño lo tendrás? ¿A caso tus padres no te han enseñado como alejarte de algo o alguien que no te conviene? Hay que dejar de soñar para poder vivir y disfrutar el mundo real. Jamás serás feliz si solamente buscas los amores que no te convienen, vale decir que, vivirás para sufrir (**en este libro, cuando hablo de la felicidad y del sufrimiento, me refiero a todos los que tienen que ver con el sentimiento amoroso**).

Hay que saber que el amor de pareja tiene que ser siempre reciproco, o sea cuando dos personas quieren formar una relación y estar juntas una con otra entonces el amor tiene que ser mutuo. Ambas personas tienen que recibir el mismo cariño y amor. Por ejemplo, si tu estás con alguien, y le das todo de ti, pero en cambio el no te da nada, ni siquiera te valora (**no me refiero a las cosas materiales sino que el amor, la afección, el cariño, la felicidad etc.**). En este caso, no deberías seguir en una relación con ese tipo de persona. Yo entiendo muy bien que estás enamorado de tu pareja pero si ella no siente lo mismo por ti, la mejor opción es dejarla libre para poder seguir su camino. No hay ni siquiera una sola razón por la cual debes obligarla a estar contigo. Ya que nada a la fuerza funciona bien. Tienes que buscar siempre las cosas que salen del corazón, vale decir, no debes pedir a alguien que te ame. Muchas personas no entienden que el verdadero amor siempre se sale del corazón. Es por esta razón cuando alguien les dice que no quiere seguir en una relación y ellas se protestan. Porque ellas no quieren aceptar nunca un **NO** como respuesta. Hay que saber que es mejor dejar libre a alguien que amas en vez de obligarlo para que este contigo.

Hace unos años atrás, un joven fue a una fiesta y encontró con una chica. Después de unos vasos de alcohol el se enamoró de ella y ella también se enamoró de el. Es decir, ellos se enamoraron el mismo día uno de otro. **Ya que todos sabemos muy bien que,**

cuando uno tiene el alcohol en su cabeza entonces el ve a cualquier escoba con ropas muy sexy y sensual. En el principio de sus relaciones, todo estaba funcionando muy bien (**es por eso siempre yo digo el amor a primera vista, en el principio todo siempre anda perfecto pero hay que esperar la consecuencia que va a llegar en un futuro cercano. Por estos motivos, el que rompe la regla número 799 tarde o temprano tendrá que sufrir mucho**). Fue eso mismo que le sucedió con esa joven por haber tomado una decisión con el alcohol en la cabeza. Hay que saber que, los problemas nunca toman vacaciones ni tampoco te van a mandar un aviso para decirte que están en camino hacia tu casa, pero hay una sola manera para poder evitarlos: usar siempre tu cabeza para pensar, vale decir, en caso de amor, hay una sola excepción en la cual puedes romper la regla numero II libremente, siempre y cuando sea para poder cumplir la regla numero V.

Pues, esos dos jóvenes se llevaban bien en sus relaciones amorosas mas o menos durante una semana pero después de ese tiempo de amor, ella se dio cuenta de que ese joven no era la persona la que ella andaba buscando porque las cosas se dejaban de funcionar bien entre ellos dos. Ella le pidió a él que terminaran esa relación pero el, al escuchar esa palabra, empezaba a protestar porque quería seguir con ella aun que ella no tuviera ningún sentimiento en su corazón por él. Por estos motivos, el dijo que si ella no quería estar con él entonces ella no iba a poder estar con nadie mas. Por lo tanto, el hizo la vida de ella un infierno. El la controlaba y la vigilaba en todo y para todo. Ella no paraba de llorar todo el tiempo, porque no podía tener una vida normal como la gente. En otras palabras, ella se sentía que el mundo estaba por encima de ella. El siempre la amenazaba su vida por si acaso ella quería denunciarlo. En menos de un mes, ella ya había perdido la mitad de su peso normal. A partir de allí, los padres y los amigos de ella se dieron cuenta de que algo no andaba bien con ella. Ellos trataron de ayudarla pero ella no les quiso decir la verdad. Porque ella tenía mucho miedo a su novio. Sin embargo, sus padres tomaron la decisión de presionarla mucho para que ella les dijera que lo que le estaba pasando. Después de haberla presionado tanto, ella les contaba que, su propio novio le hacia la vida imposible y era por eso que ella no podía vivir en paz. A los padres de ella no les quedaba otra opción que buscar una solución rápidamente antes de que les hiciera tarde para poder salvar a su hija de la mano de un enfermo mental por causas amorosas.

Ahora bien, si eres uno de esos enfermos mentales los que no entienden ni ven cuando están enamorados de alguien, te aconsejo que practiques estas reglas de la vida. Tienes que saber que el amor de pajera no es lo mismo que el amor por el prójimo ni tampoco el amor de familia. Por ejemplo, a veces, tú das muchos amores a tu familia, a tus amigos y a tus prójimos pero en cambio ellos no te devuelven lo mismo. En ese caso, tú sabes bien que todo lo que les has dado siempre lo haces de corazón sin esperar a que ellos te devuelvan nada a cambio. Pero si se trata del amor de parejas, eso quiere decir otra cosa. Por ejemplo, si tu pareja te ha dado todo de ella, tú también tienes que darle lo mismo. Ya que el amor de pareja tiene que ser siempre mutuo entre las dos personas. Hay que devolverle el amor, el cariño, la felicidad y la paz que ella te ha dado. En caso de que tú estés con alguien, lo amas y le das todo de ti y ves que ese alguien no siente nada por ti. Hay que poner rápidamente el fin a esa relación, no importa que el te diga que se va a cambiar, o te va a tratar mejor. Tienes que saber que no puedes entrar en el corazón de alguien si el mismo no te permite entrar.

Estoy conciente de que esta regla es muy difícil para muchos, pero no les queda otra sino que practicarla de pies a cabeza. Ahora bien, estoy seguro de que me vas a hacer esta pregunta: ¿Cómo puedo yo saber que alguien no siente nada para mí? Esta es una pregunta que la mayoría siempre suele hacerme cada vez que se enamora de alguien. Según mi opinión, si eres capaz de darte cuenta de que algo no anda bien entonces de tal manera te darás cuenta con mucha facilidad de que alguien no siente nada por ti. No importa que tu pareja te diga que te va a regalar el mundo pero si todo lo que ella te dice no sale de su corazón, en ese caso, eso no vale nada, ya que son los hechos los que valen pero no las bonitas palabras que ella te dice. Las cosas que salen del corazón, uno las siente porque esas cosas siempre tocan el alma de uno. Con respeto a la pregunta anterior, he aquí te dejo una lista de las personas de las cuales te enamoras pero en cambio ellas no sienten nada por ti por mas que te hagan falsas promesas.

- Una persona que te dice que te quiere pero de los dientes para afuera

- Una persona que te trataba antes como un príncipe pero ahora te abandona para poder estar con alguien más.

- Una persona que siempre te rompe tu corazón

- Una persona que te maltrata mucho

- Una persona que nunca te escucha

- Una persona que nunca te valora

- Una persona que nunca te considera como gente

- Una persona que siempre te demuestra que no eres importante para ella

- Una persona que te humilla siempre para hacerse lucir delante de los demás

- Una persona que te engaña. Hay que saber que esta persona tiene un vacío por dentro lo cual no se puede llenar contigo solo

- Alguien que siempre te dice que no eres nada.

- Alguien que nunca te respeta

- Una persona que siempre te deja plantado como si fueras un árbol

- Alguien que está contigo pero solamente para pasar el tiempo y nada en serio

- Alguien que siempre te usa en todos los sentidos

- Alguien que sabe muy bien que estás pasando por un momento difícil pero nunca te hace caso en nada, porque no eres importante para el

- Alguien que te hace creer que eres el amor de su vida pero nunca te da la llave de su corazón

- Alguien que nunca te dice la verdad

- Alguien que nunca quiere estar contigo cuando te enfermas

- Alguien que siempre te dice que está cansado de ti

- Alguien que te dice que eres una carga para él

- Alguien que siempre juega con tus sentimientos

- Alguien que siempre te amenaza de muerte

- Alguien que siempre te lastima

- Alguien que nunca te aprecia para nada

- Tu pareja que duerme contigo pero jamás te abraza y siempre te da la espalda

- Alguien que está contigo pero te demuestra que está muy aburrido de ti

- Alguien que se siente feliz con todo el mundo pero menos contigo

- Alguien que siempre habla mal de ti

- Alguien que nunca quiere nada contigo

- Alguien que siempre te rechaza como si fueras un extraterrestre

- Alguien que nunca te entiende ni te comprende

No deberías enamorarte de estos tipos de personas. Te lo digo es porque quiero limpiarte la conciencia para que puedas ser feliz contigo mismo y entender que no vale la pena enamorarte de alguien que no siente nada por ti. Tienes que vivir la realidad, hay que dejar de pedir a alguien a que te ame, ni tampoco debes tratar de casarte con alguien que no siente nada por ti. Te aseguro que si no puedes evitarlo, tarde o temprano llorarás. Pero si sabes como hacer una buena elección, pues en este caso, el amor no te castigará, cuando hablo de hacer una buena elección quiere decir alguien que pueda cumplir la regla número 5 contigo. Ya que hay muchas personas en el mundo con las cuales tu no puedes formar parte de la regla número 5. Por estas razones, siempre es bueno saber bien cuales son las personas las que realmente se sienten algo por ti. Aun que algunas personas sienten algo por ti pero hay algunas excepciones las cuales siempre debes evitar. Por ejemplo, las personas que no están disponibles, la pareja de tus vecinos y principalmente la pareja de tus amigos. Por toda esta razón, te presento a la regla número 8, la cual tiene como objetivo hacerte comprender y respetar a tus amistades. Según mi opinión y mi punto de vista, es muy importante tener siempre estas dos cosas en mente, la primera es: no eres un ser humano si no tienes amistades y la otra es: eres un envidioso, venenoso, hipócrita, ignorante y traicionero si te enamoras de la pareja de tus amistades. Ya que según la regla número VIII: la mujer de tu amigo, bajo ninguna circunstancia tienes que verla como una mujer sino otro amigo más.

Regla número VIII: La mujer de mi amigo siempre será un hombre para mí

Algunos siempre dicen que el amor no tiene limite y en el corazón nadie manda pero yo opinión lo contrario. Porque hay unos tipos de personas de los cuales no me atrevería a enamorar. Por ejemplo, la pareja de mis amistades. Bajo ninguna razón, tú deberías perder a un amigo a cambio de su mujer. Es decir que, tú puedes encontrar a una mujer buena por todo lado de la tierra pero es muy difícil encontrar a un buen amigo. Si tienes suerte de tener un amigo que vale la pena entonces tienes que tratar de conservarlo para no pederlo jamás. Esta es mi manera de pensar y de ver las leyes de las amistades, por eso yo escribo y práctico la regla número 8, ya que si no fuera por esta regla, yo no tendría en este momento estas amistades las que tengo. Y mi sueño es enseñar a los demás como ganar, valorar y respetar a sus amistades a través de esta regla.

Una persona que realmente sabe que es el amor siempre trata a sus amigos como si ellos fueran ella misma. Vale decir que, todo lo que ella quiere por si misma también lo quiere para sus amistades. Por ejemplo, a ti no te gustaría que alguien se enamore de tu pareja ni tampoco a nadie le va a gustar que tú te enamores de su propia pareja. Por estos motivos, tú no deberías hacer a los demás lo que no quieres que ellos te hagan. Tienes que saber que, es muy malo enamorarte de la pareja de alguien. En mi caso, yo siempre cuido y protejo a la pareja de mis amistades como si fuera mía para que ellos puedan estar siempre felices. Cuando mis amigos se pelean o discuten, yo siempre trato de poner la paz. Porque siempre quiero que mis amistades estén felices de la vida. Tú también tienes que hacer lo mismo que yo, si realmente quieres conservar tus amistades. En otras palabras, si tienes un amigo tienes que cuidar lo suyo como si fuera lo tuyo. No importa que el esté presente o no. Tú tienes que ser muy responsable y muy respetuoso con todo lo que poseen tus amigos. Quizás, tu aun no sabes lo que significa la palabra amistad. Según mi opinión, la palabra amistad es algo incomparable, magnifico, valioso y muy poderoso. Vale decir que, la amistad supera al amor de pareja. Es por esta razón por la que no quiero perder a mis amistades por un amor. Te doy unos ejemplos para poder entender mejor la palabra amistad:

- Muchas veces, puedes llegar a considerar a un amigo como si fuera tu propio padre pero no es siempre tu consideras a tu propio padre como tu amigo. Por ejemplo, es mas fácil contar tus cosas a tus amigos que a tu padre porque sabes muy bien que hay algunas cosas si las dices a tu padre, el te va a retar pero un amigo no te haría eso.

- Muchas veces, llegas a considerar a una amiga como si fuera tu hermana pero tu hermana no siempre es tu amiga. Por algunas razones, tú no quieres ser amigo de tus hermanos porque sabes muy bien que si ellos se enteran de tus secretos se los van a contar a tus padres y tú no quieres eso. Vale decir, muchas veces haces algunas tonterías de las cuales no quieres que tu familia se entera, porque si se entera entonces ella te llamará la atención.

- Muchas veces, llegas a tener más confianza en tus amigos con tus secretos que en tu propia pareja. Por ejemplo, en algunos casos, no quieres que tu pareja se entere de tus actos los que estás haciendo todos los días pero en cambio tus amigos si lo saben todo.

- Muchas veces, tu cuentas todos tus secretos a tus amigos pero no quieres contarlos a tus hijos, porque sabes muy bien que si ellos se enteran te van a regañar todo el tiempo y tu no quieres eso.

- Muchas veces, llegas a considerar a una amiga como si fuera tu propia madre pero no siempre uno trata a su propia madre como una amiga, por ejemplo, hay muchas cosas las que te hacen mas fácil explicarlas y contarlas a tu amiga que a tu propia madre, porque sabes muy bien que si las cuentas a tu madre y ella te va a regañar todo el tiempo

Yo siempre digo que, el que tiene buenos amigos no tendrá motivo para ir a un psicólogo y el que no tiene amistades es un zombie caminando. Por ejemplo, algunas veces, tienes serios problemas y no quieres contarlos a tus padres, ni a tus hermanos, ni a tu pareja ni tampoco a tus hijos pero si tienes buenos amigos seguro que se los vas contar todo. Porque sabes muy bien que, en muchos casos, si cuentas tus problemas a tu familia que la cosa se va a poner mas complicada para ti, pero en cambio si los cuentas a tus amigos, ningunos de ellos te van a retar ni regañar sino que te van a aconsejar y ayudar como buscar una solución para poder salir de eso.

Cuando yo hablo de esta regla, yo pienso y veo el respeto por mi mismo, vale decir que, no quiero poseer nada de los que tienen mis amigos. Para mi es y siempre será una falta de respeto envidiar a un amigo por lo que tiene. Es por eso, yo siempre digo que:

- La mujer de mi amigo yo la veo como un hombre mas

- La ex novia de mi amigo, por mas bonita que sea pero yo la considero como un hombre

- Si uno de mis amigos ve a una chica y el se enamora de ella primero que yo, entonces no importa que ella le de amor o no, pero no la quiero a ella mas como una mujer, ya que ella fue el amor a primera vista de uno de mis amigos.

Yo hablo por mí, pero tú que eres una mujer tienes que hacer lo mismo, o sea tratar siempre al marido o el novio de tu amiga como si fuera una amiga más pero nunca como un hombre. Si tu te enamoras del novio, o el ex novio o el esposo de tu amiga, según lo que yo pienso, eso quiere decir que tienes envidia a tu amiga la cual tiene mejor gusto que tu para elegir. Es decir, eres tan pesimista y para poder conseguir una pareja tienes que quitarla a tus amistades. Yo no encuentro aun ni un solo motivo por lo cual debo enamorarme de la chica de un amigo mío, porque en este mundo hay demasiadas mujeres. Puedo elegir a la mujer que yo quiera, donde yo quiera y cuando yo quiera.

Las personas que piensan que esta regla es un poco complicada para poder cumplirla y por esta razón, ellas siempre me hacen estas preguntas para saber como yo pienso y veo las cosas de la vida:

- ¿Por qué razón no quieres enamorarte de una chica la cual solamente fue el amor a primera vista de un amigo tuyo si el no tuvo ni siquiera la suerte con ella?

- ¿Por qué razón no quieres enamorarte de la ex novia de tu amigo si ya el no está con ella mas?

- ¿Por qué razón no quieres enamorarte de la mujer de tu amigo aunque ella sea muy bonita?

- ¿Por qué razón siempre cuidas a la mujer de tu amigo como si fuera la tuya?

Mi respuesta es muy complicada al escucharla y mucho más aun cuando se trata de meterla en práctica, por eso algunas personas nunca me pueden entender por más que yo les explique y les diga la verdad. Ellas siempre se quedan con la boca abierta. Sabiendo muy bien que la ley de la vida es así de esta manera pero siempre vienen a comprobarme para ver que si puedo caer en su trampa. Es obvio que según las leyes de la vida, uno tendría que saber como respetar a la pareja de su amigo pero algunos no quieren evitarlo. Me han ensañado que el respeto se hace y es muy bueno respetar siempre a los amigos. Yo quiero tanto a mis amigos por esta razón:

- Si ellos están felices yo también lo estoy

- Si ellos están disfrutando yo también lo estoy

- Si ellos se están gozando yo también lo estoy

- Si ellos están contentos yo también lo estoy

- Si ellos están viviendo su mejor tiempo yo también lo estoy

- Si ellos tienen paz yo también la tengo

- Si ellos tienen comidas yo también las tengo

- Si ellos tienen tranquilidad yo también la tengo

- Si ellos están sufriendo yo también lo estoy

- Si ellos están con tristeza yo también lo estoy

- Si ellos están pasando por unos momentos difíciles yo también lo estoy

- Si ellos están con angustia yo también lo estoy

- Si ellos son bien recibidos yo también lo soy

- Si ellos han sido bien tratado yo también lo soy

- Si ellos han sido humillado yo también lo soy

- Si ellos han sido maltratado yo también lo soy

- Si ellos han sido discriminado yo también lo soy

- Si ellos han sido lastimado yo también lo soy

Cuando yo miro a mis amigos, ¿Sabes lo que yo veo? Yo me veo a mi mismo a través de tus propios ojos. Yo siempre sigo a este dicho que dice: **el que tiene amigos no le hace falta comprar un espejo**. Es por eso, a mi no me hace falta tener un espejo mientras que yo tenga a mis amistades. El que hace feliz a uno de mis amigos también lo hace a mí y el que le quita la felicidad a un amigo mío también me la quita a mí. Al pensar en todas estas cosas, me hace entender que, si cada vez que yo veo a mis amigos yo me veo a mi mismo entonces ellos son yo mismo y todos los que ellos poseen son míos también. Por ejemplo, si un ladrón no puede hacer un auto robo entonces yo tampoco no puedo robarles a mis amigos ni tampoco envidiarles a ellos por lo que tienen. Quiere decir, ningún ladrón por mas tonto que sea, si tiene un dinero en su bolsillo derecho y el mismo se lo va a robar para guardarlo en el bolsillo izquierdo porque el sabe muy bien que, no importa que el dinero esté en su bolsillo derecho o en su izquierdo siempre será suyo y ese dinero está muy bien asegurado al menos que ese bolsillo esté roto.

Eso nos enseña que, una persona que sabe amar no se atrevería a enamorar de la pareja o la ex pareja de su amigo. Porque si lo hace, quiere decir que se está engañando a ella misma. Por ejemplo, si tu le quita a tu propio amigo lo que le pertenece y como lo vas a poder mirar después a los ojos. Si haces algo malo a tu propio amigo, vale decir que, tú no lo quieres, por eso lo vas a perder. Ya que no sabes valorar ni como respetar a tus amistades pero si tú respetas a tus amigos eso quiere decir que tú tienes respeto por ti mismo. Te voy a decir algo acerca de mis experiencias en esta vida: **si sabes como respetar y valorar a tus amigos entonces hay algunos problemas los cuales no estarán nunca en tus caminos. En otras palabras, es posible que escuches esos problemas por las noticias o los veas en las casas ajenas pero nunca entrarán por la puerta de tu casa.**

Si no puedes encontrar a un buen amigo todos los días y tienes suerte de tener uno. En este caso, hay que cuidarlo bien y no hay que traicionarlo para que no pierdas su amistad aunque a veces algunos de tus amigos te lo hagan.

Hasta donde yo sé, los amigos son unos regalos muy valiosos, por eso, yo no me atrevería a envidiarlos ni engañarlos ni tampoco traicionarlos por un amor. En poca palabra, yo les respeto en todos los sentidos, de hecho, todo lo que ellos tenían antes o tienen ahora yo no lo quiero ni lo necesito porque eso pertenece a mis amigos.

Hay algunas personas las que nunca quieren cumplir las reglas de la vida. El lema de ellas es: **Las reglas son para romperlas**. Me doy cuenta de que ellas no saben respetar, quiere decir que, ellas no tienen el respeto por si mismas. Porque el respeto por si mismo es una de las leyes de la vida. Si a ti no te gustan las leyes de la vida, quiere decir que, no tienes el respeto por ti mismo, ni tampoco lo tienes por los demás. Déjame contarte algo sobre mi adolescencia. En la etapa de mi adolescencia, yo tenía tres amigos. Nos considerábamos como un grupo de cuatro hermanos. Nosotros hicimos el respeto entre nosotros mismos, vale decir que, teníamos nuestras propias reglas. Una de ellas era la regla número VIII. Nosotros habíamos decidido que la novia o la ex novia de cualquiera de los cuatro de mi grupo tenia que ser muy respetada por los demás. Es decir que, teníamos el respeto uno por otro, por ejemplo si uno de nosotros se enamoraba primero de una chica. No importaba que si el lograba tener algo con ella o no, pero lo que nos importaba era que si uno de nosotros se enamoraba de ella entonces los demás ya no la querían a ella como una novia por mas bonita que fuera. Eso es lo que yo le llamo la regla de los amigos.

Para nosotros, era una falta de respeto cuando uno se enamora de la novia o la ex novia de un amigo. Eso es tan mal visto hasta el día de hoy, lo consideramos como un pecado imperdonable porque en el mundo hay demasiadas mujeres y por ese motivo, la mujer la que es de un amigo siempre se debe respetar. Yo veo tantas hermosas chicas en esta década. Es por eso, yo opino que, si cada hombre eligiera 8 mujeres aun así sobrarían algunas mujeres solteras en el mundo porque hay muchas. Por este motivo, no veo la razón por la que uno tiene que enamorarse de la novia de su propio amigo.

Yo crecí con esta regla en mi sangre y hasta el fin del mundo yo seré de esta misma manera, vale decir, seguiré respetando y cuidando todo lo que les pertenece a mis amigos. Por ejemplo, si uno de mis amigos no está presente y dejó a su novia. Mi deber es hablar con su novia a su favor pero nunca a mi favor. Tienes que saber que, el que sabe como cuidar, conservar y respetar a los amigos, siempre tendrá muchas amistades a dondequiera que vaya. Ya que las maneras mas fáciles y comunes para poder perder a un amigo son:

- Engañarle

- Mentirle

- Envidiarlo por lo que posee

- Traicionarlo

- Robarle el amor de su vida

- Apuñalarlo por la espalda

- Enamorarte de su mujer

Si tienes amigos y eres capaz de evitar estas cosas las que acabas de leer entonces eres una persona que tendrá muchos amigos por toda parte, ya que sabes como conservar las amistades. Cuando hablo de cuidar lo de tu amigo, vale decir, cuidar lo tuyo. En otras palabras, si tratas bien a tus amigos, ellos también harán lo mismo contigo. Con referencia a lo mencionado, hay que darles siempre buenos ejemplos a tus amigos para que ellos puedan devolverte lo mismo e incluso ellos darán buenos ejemplos también a sus otros amigos.

Cuando yo tenía unos 10 años más o menos, me enamoré de una compañera de clase pero ella era la novia de uno de mis compañeros de clase. Un día, el se dio cuenta de que yo sentía algo por su chica, por eso se enojaba mucho y quería pelear conmigo por ella. Eso le dolía mucho el corazón y se sentía como si fuera que el mundo se estaba por acabar. El no tenia ganas de hablar ni conmigo ni con ningunos de los demás compañeros de clase. Cuando el llegó ese día a su casa se puso de mal humor y sus padres se dieron cuenta de que algo no andaba bien con el. Ellos le preguntaron que fue lo que le pasaba y el les decía toda la verdad. Al día siguiente, el y sus padres fueron a mi casa para hablar con mi familia acerca de eso. Ese chico tenia toda la razón y yo tenia toda la culpa por haberme enamorado de su chica. Lo hice sin pensar porque yo era un necio. Después de haberse ido de mi casa, me acercó mi abuelo y me dio estos consejos los cuales yo nunca olvidaré:

- Enamorarte de una hermana de tu amigo no es un problema tan grande para el

- Enamorarte de una tía de tu amigo no es un problema muy grande para el

- Enamorarte de una prima de tu amigo no es un problema muy grande para el

- Enamorarte de la madre de tu amigo no es un problema tan grande para el

- Enamorarte de una hija de tu amigo no es un problema muy grande para el

- Enamorarte de la abuela de tu amigo no es un problema tan grande para el

- Enamorarte de la madrina de tu amigo no es un problema muy grande para el

- Enamorarte de una amiga de tu amigo no es un problema muy grande para el

Pero sin ninguna duda, cuando se trata de la novia de tu amigo, eso si es un problema muy grande. Eso es tan grande, en muchas ocasiones, causa la muerte. Es porque a nadie le gusta que alguien robe al amor de su vida. Sobretodo hay que recordar que un hombre celoso es capaz de hacer lo que sea por su mujer. Cuando hablo de los celos, yo hablo de ambos sexos, vale decir, los celos de un hombre y los de una mujer son iguales. Los celos son una enfermedad incurable. Una persona celosa es capaz de asesinar, matar y lastimar a quien sea que se enamora de su pareja. Por ejemplo, en caso de que tú seas una de las mujeres que no respetan a la pareja de sus amigas entonces tu vida no tendrá mucho sentido cuando te metas con la pareja de una amiga celosa. Y en caso de que tu seas un hombre, lo mismo pasará contigo si te enamores de la mujer de un hombre equivocado. Mi consejo para ti es: si sabes como respetar a la pareja de tus amigos, de la misma manera evitarás de meterte con la pajera de los demás.

¿Cuáles son las ventajas las que tendrás en el respeto por la pareja de tus amigos?

Las ventajas que tendrás son:

- Ganarás el respeto que te merece de todos tus amigos

- Tus amigos te apreciarán cada vez mas

- Ganarás la confianza de tus amigos

- Siempre tendrás muchas amistades adondequiera que vayas

- Tus amigos siempre te seguirán y te tomarán como un buen ejemplo a seguir

- Algunos problemas por causas amorosas no llegarán a tu casa. Es decir que, todos los que tienen que ver con los celos y las rabias. Ya que eres una persona que siempre cuida y respeta a la pareja de tus amigos e incluso la de tus vecinos. En otras palabras más simples, eres una persona que ha entendido y comprendido perfectamente que, enamorarse de una persona comprometida siempre le trae muchos problemas a uno.

Algunos dicen que lo mejor en la vida es tener un romance con la pareja del amigo de uno pero yo digo que sería un necio para decir algo así. ¿Por qué razón? Es porque la pareja de un amigo siempre debe ser respetada y de hecho, todas las personas comprometidas también deben ser respetadas por muchas razones. Una de esas razones es: **Si te enamoras de la pareja de una persona equivocada entonces tus días están contados**. Hay que saber que, no es lo mismo meterte con la mujer de tu amigo que mirar a ese amigo a los ojos cuando el te encuentra con su mujer. Permítame contarte una historia de un señor que solía engañar sus amigos.

Ese señor vivía en el mismo campo donde mis abuelos vivían cuando estaban vivos, vale decir que, el era un conocido de mis abuelos. El tenía una mala manía. Su placer era enamorarse de las mujeres de sus amigos y tener relación con ellas. Porque a el no le gustaba la mujer soltera ni ninguna otra mujer que no fuera la de sus propios amigos. Pero sin embargo, sus amigos no sabían ni sospechaban nada de eso, hasta que un día, uno de sus mejores amigos lo encontrara con la mano en la masa. Hacia tiempo que el estaba comiendo a la mujer de uno de sus mejores amigos como si fuera el ratón comiendo el queso y nadie se daba cuenta de nada. De hecho, todos sus amigos pensaban que el era un hombre muy raro, quiere decir que, a el no le gustaban las mujeres, según las opiniones de sus amigos. Ellos decían que ese señor era muy raro porque el nunca se enamoraba de ninguna mujer. Por eso, cuando algunos de sus amigos tenían que salir a trabajar lejos de casa entonces siempre le pedían a el para que durmiera en su casa y cuidara de su familia. El siempre lo hacia con todos los gustos. Ya que su mejor truco era: hacerse pasar por gay para poder comer a las mujeres de sus amigos. Un buen día dado, uno de sus amigos tenia que ir a trabajar muy lejos y no sabia que si iba a volver a dormir en su casa durante un mes y le pidió a ese señor que se quedara en su casa y sin poder pensar que, el estaba pidiendo al mismo ratón para que cuidara del queso. No era la primera vez que ese ratón probó a ese queso pero era la primera vez que el tenia que cuidar de ese queso por un periodo tan largo, eso quiere decir que, el comía a esa mujer cada vez que el tenia oportunidad pero esa vez el estaba con licencia para comer durante un mes. Bueno, dicho y hecho, el esposo se fue a trabajar y ese señor se quedaba disfrutando a la mujer día y noche. En pocas palabras, ese señor tenia todo pago: **La casa, la cama, las ropas, la comida y una mujer gratis.** Pero hubo un problema en el trabajo del esposo por lo cual el trabajaba durante una sola semana **(es por este motivo, yo siempre digo que: las cosas siempre pasan por algo muy especial aun que a veces, muchos no puedan ni tampoco quieran entenderlas. De esta misma manera, cuando a mi me pasa algo, en vez de darle mente a los ocurridos, siempre trato de buscar la mejor manera para sacarles provechos porque yo se muy bien que, siempre hay una razón muy especial por la cual algún problema me ha sucedido a mi)** en cambio, ese esposo no pensaba igual que yo. Porque el solamente quería seguir con su trabajo para ganar dinero hasta que se acabara su contrato. Era por eso mismo, el estaba muy enojado y no quería volver a casa pero no le queda otra opción que volver a su casa porque todos los que no estaban trabajando entonces el dueño no les facilitaba donde dormir. El estaba muy molesto al regresar a su casa. De hecho, ese día se largó a llover las 24 horas. El se bañó de pies a cabeza en camino antes de llegar a su casa. Pero por otro lado, el ratón se quedó en casa comiendo a su queso y durmiendo bien calientito en su cama. **Ya que todos sabemos muy bien que, cuando está lloviendo, la casa es el mejor lugar para estar disfrutando y mejor aun si uno tiene a su propia pareja al lado.** Era eso mismo que estaba haciendo ese ratón con ese queso, vale decir que, el comía queso, se descansaba y volvía a repetir consecutivamente una y otra vez. En cambio, ese pobre esposo estaba muy indignado no solamente por no haber podido trabajar sino también por haber andado bajo de una lluvia que no se pasaba nunca. Por fin, cuando el llegó al patio de su casa y estaba muy mojado pero a la vez muy feliz por haber llegado a casa. No tuvo tiempo para tocar la puerta, solamente la abrió y entró porque ese señor y esa mujer estaban tan seguros y sin preocupaciones de nada, por eso, no cerraron las puertas con llaves. Ya que ellos pensaban que el esposo no iba a regresar a casa tan rápido y mucho menos con esa lluvia. Cuando entró el esposo y encontró a ese ratón comiendo a su queso. El se quedo con la boca abierta porque no pudo creer lo que el estaba viendo con sus propios ojos. Según el esposo, ese día fue el peor día de toda su vida porque todos los problemas se le llegaban juntos. Es decir que, a lo primero se lo echaron de su trabajo, después tuvo que volver a su casa bañándose en la lluvia, al final cuando el llegó en la casa, encontró a su propio amigo comiendo y disfrutando de su propia mujer, en su propia casa y en su propia cama. **¿Qué era lo peor que pudiera haberle pasado a ese pobre esposo?** El tenía tantas rabias y tantos celos, al ver a esos últimos hechos. Por eso, no les preguntó nada a ellos dos sino que el tomó un palo, se lo pegó a ese señor en su cabeza y lo mató. Por suerte no mató también a su mujer pero se le rompió las dos piernas para que pudiera entender que: **engañar a alguien con quien tienes un compromiso es malo. Si no lo quieres es mejor que lo dejes pero no hay que engañarle mientras que el esté haciendo los sacrificios para poder cuidarte, en otras palabras, mientras que tu pareja este trabajando para cuidarte y tu disfrutando con otra persona.**

Era uno de sus mejores amigos pero lo terminó matando. ¿Sabes tú por qué razón sucedió todo eso? Es por la causa del celo. Una persona celosa siempre hace las cosas sin pensar, vale decir, ella actúa primero para pensar después. Por consiguiente, te aconsejo a no enamorarte de la pareja de tus amigos ni tampoco de la de las otras personas. Porque nadie se sabe que lo que te va a pasar cuando te agarren con una pareja ajena. Alguien puede ser tu mejor amigo pero si el te encuentra con su mujer es casi imposible que el te escuche o te pida una explicación. El tiene que ser uno de los hombres más pacientes del mundo para hacer una cosa semejante. Y la mejor manera para evitar esta desgracia es no enamorarte de la pareja de tus amistades ni la de los demás. Ya que muchos lo han hecho pero son muy pocos los que están aun con vida para contárselo a alguien mas. Si tu amigo o cualquier otra persona te encuentra con su pareja, tendrías que ser una persona muy afortunada para que el te deje ir como si fuera nada hubiese pasado. Tienes que saber que, el celo es tan fuerte y poderoso, es capaz de transformar a cualquier tipo de oveja en león para poder vengar de alguien que se atrevería a meterse con el amor de su vida.

Hermano mío, tómalo por seguro de que tu vida no será igual si te metes con la pareja de tus amistades. Por ejemplo, si alguien te encuentra con su pareja, estoy seguro de que lo vas a querer suplicar mucho y ofrecerle todo lo que poseas para que el no te haga nada pero mis preguntas son:

- ¿Acaso tu crees que el aceptará tus ofertas?

- ¿Acaso tu crees que el va a tener tiempo para pedirte una explicación de lo que está sucediendo entre tu y su pareja?

- ¿Cuando le dices estas palabras, por ejemplo: perdóname, fue todo un error, acaso tu crees que el te escuchará?

- ¿Acaso tu crees que el te perdonará?

- ¿Acaso tu crees que el te va a dejar ir para que sigas metiéndote con la pareja ajena, como si fuera un pasatiempo?

- ¿Acaso tu crees que el te va a dejar ir para que vayas a hablar y reírte con tus amigos sobre el?

- ¿Acaso tu crees que el te dará una otra oportunidad para poder seguir con vida tan de fácil?

- ¿Acaso tu crees que el te dejará ir por tu hermosa cara?

- ¿Acaso tu crees que el no te lastimará?

- ¿Acaso tu crees que el no te dará una lección para que entiendas que es peligroso meterte con la pareja ajena?

Algunas personas suelen cometer estos tipos de errores sin pensar en la consecuencia. Por lo tanto, si tu no eres capaz de pagar las consecuencias es mejor que no te no enamores de la pareja de tus amistades. Porque si te metes con la pareja de la persona equivocada, eso te puede costar la vida. Mis consejos para ti son:

- Antes de meterte con la pareja de tu amigo, piénsalo mil veces

- Antes de meterte con la pareja de tu amigo, primero tienes que cavar tu propia tumba

- Antes de meterte con la pareja de tu amigo, no olvides de despedirte de tus seres queridos, porque quizás, puede ser tu ultimo día con vida

Hay muchos tipos de hombres en el mundo pero lo difícil es saber cuales son los buenos. Cuando hablo de los hombres buenos, yo me refiero a los que te encuentran con su mujer y te dejan ir sin hacerte nada. Hay que tener mucha suerte para poder encontrar uno bueno que te puede perdonar la vida.

Por ejemplo:

- Unos 70 x 100 de los hombres están tan enamorados de su pareja, por eso se vuelven ciegos y tontos, vale decir, por ejemplo, si ellos te encuentran con su mujer no van a pensar que era ella la que te estaba provocando sino que te echarán toda la culpa a ti por mas que fuera su propia mujer la culpable. Ellos te pueden hacer cualquier cosa e incluso hasta matarte pero ellos seguirán igual con su mujer porque la aman y todo lo que ella hace está muy bien.

- Unos 29,99 x 100 de los hombres son muy celosos por su mujer pero no quieren dar otra oportunidad a ella cuando se trata de la infidelidad, quiere decir que, si ellos encuentran a ella con otro hombre, siempre tratan a los dos por iguales. Por ejemplo, si ellos te encuentran con su mujer, les pegarán o les echarán o les matarán a Ustedes dos juntos (a ti y a su propia mujer)

- Un 0,01 x 100 de los hombres saben muy bien que la vida sigue y mas adelante viven más mujeres. Si su mujer sale con otro hombre la dejan sin hacer ni crear ningún tipo de problema porque ellos saben muy bien que si su mujer les engaña con otro es porque no vale pena seguir con ella.

Estoy seguro de que si eres una mujer la que está leyendo este libro vas a pensar que soy machista porque hablo de hombres celosos no de las mujeres celosas. No es así, yo siempre hablo de ambos sexos. También hay mujeres que son tan celosas y son capaces de hacer lo que sea para ganar el respeto delante de otras mujeres y para que nadie se atreva a meter con su marido. Algunos dicen que las mujeres no son muy celosas. Ellas siempre perdonan a su marido y a cualquier otra mujer que se meta con su marido pero yo pienso diferente porque yo he visto y conozco a algunas mujeres que son tan celosas, las otras mujeres las tienen miedo.

Una conocida mía, por casualidad encontró a su mejor amiga con su marido en su propia casa y en su propia cama. Al encontrarlos a ellos dos, ella se quedó sin palabra porque no pensaba que su mejor amiga le pudiera hacer algo así. Ella decidió dar una lección a su propio marido para que no volviera a engañar a ninguna otra mujer en su vida y otra lección a su mejor amiga para que supiera que acostarse con un hombre comprometido es muy peligroso y acostarse con el hombre de su mejor amiga es un pecado imperdonable. Lo primero que hizo ella era tirar harina en la cara de ellos para que se quedaran sin poder ver nada. Después, ella amarró a los dos juntos y cerró todas sus puertas para que nadie pudiera salir ni entrar de esa casa. Ella tenia todo bajo control, vale decir que, su marido estaba bien amarrado y su mejor amiga también. Ella no quería matar a ninguno de ellos sino que solamente quería darles a ellos un buen recuerdo para que cada vez que ellos lo miraran y pensaran en ese día de la traición y del engaño. Ella tomó un cuchillo bien afilado y cortó la cara de ellos en muchas partes para que tuvieran muchas cicatrices, después ella tomó una barra de hierro y empezó a pegarles a ellos por toda parte sin preguntarles nada y mucho menos escucharles a ellos. Los vecinos, al escuchar ese escándalo, ellos estaban muy preocupados afuera porque no sabían que lo que estaba sucediendo en esa casa. Uno de esos vecinos no aguantó mas sin poder ver con sus ojos que estaba pasando. El rompió una de las puertas y se entraron todos para ver que lo que estaba ocurriendo. Cuando llegaron a dentro, ya era casi demasiado tarde pero por suerte el hombre y la mujer aun estaban con vida. Los vecinos calmaron a esa mujer celosa y llamaron a las autoridades para que fueran a ver los ocurridos pero no le hicieron nada a la mujer celosa porque ella tenia todas sus razones, incluso todos los que estaban presentes ese día le aplaudieron a ella por haber dado una buena lección a su marido mujeriego y a su mejor amiga atrevida. Ella no solamente se hizo el respeto por ella misma sino que también por todas las demás mujeres de ese barrio. Su marido estaba tan avergonzado después de haber quedado con su cara llena de cicatrices y un cuerpo bien lastimado de tanta paliza. A este efecto, el decidió no regresar nunca a esa casa ni volver a vivir en ese barrio para no tener que ver nunca a su mujer la que le dio una golpiza, ni tampoco volver a ver a las personas las que estaban presentes ese día. Según el, eso era la vergüenza mas grande de toda su vida. Por otro lado, la mujer descarada la que había traicionado a su mejor amiga con su marido, ella era muy hermosa antes de ese hecho, pero después de haberse metido con el hombre de la amiga equivocada, se quedó muy fea, vale decir, con una cara bien cortada en muchas partes. Ella se mudo también en otra ciudad muy lejos en la cual nadie la conocía por su fama. Cuando hablo de fama, quiere decir que, la mujer atrevida la que se acostó con el marido de su mejor amiga se hizo famosa por haber recibido una buena lección y por haber perdido toda su belleza. En ese barrio, ninguna otra mujer quiere ser amiga ni tampoco tener de cerca a esos tipos de mujeres que suelen acostarse con el marido de su mejor amiga.

Después de leer esta pequeña historia, si eres una de esas mujeres que suelen acostarse con el marido de su mejor amiga. Mis consejos para ti son:

- Hay miles de hombres solteros en el mundo, por eso, no tienes que meterte con el marido de tu mujer amiga para que no tengas que perder a tu hermosa carita por un hombre que no vale la pena, vale decir, un hombre comprometido es un hombre que no vale la pena.

- Hay miles de hombres solteros en el mundo, por eso, no vale la pena engañar ni traicionar a tu mejor amiga con su hombre, por mas lindo que sea el.

- Hay miles de hombres solteros en el mundo, por eso, no tienes que perder tu vergüenza delante de todo el mundo por haber metido con el hombre de la amiga equivocada

- Hay miles de hombres solteros en el mundo, por eso, no hay razón para permitir que otra mujer cambie tu imagen hasta hacerte parecer a un zombie.

- Hay miles de hombres solteros en el mundo, por eso, no tienes que usar ninguna excusa para poder acostarte con el hombre de tu mejor amiga por mas bueno que sea el.

- Hay miles de hombres solteros en el mundo, por eso, no hay ningún motivo para perder tu lealtad por un hombre ajeno

- Hay miles de hombres solteros en el mundo, por eso, no tienes que enamorarte de un hombre ajeno para que puedas seguir caminando siempre con la frente en alto y de otra manera no lo podrás hacer

- Hay miles de hombres solteros en el mundo, por eso, no hay razón para perder a su mejor amiga por ningún hombre mujeriego. Hay que saber que si el es capaz de engañar a su mujer para estar contigo, también estando contigo, el te hará lo mismo para poder estar con otra mas. Ya que su corazón no se puede llenar con una sola mujer sino varias a la vez

Mujer, no vale la pena perder a una amiga por un hombre mujeriego. Esos tipos de hombres no valen la pena. Ellos tienen un vacío por dentro y no se conforman nunca con una sola mujer sino muchas a la vez. Bajo ninguna circunstancia, debes traicionar a tus amistades por un amor barato. Yo te lo digo por experiencia, si quieres tener una relación con alguien, hay dos cosas muy importantes en la vida que tienes que saber de memoria:

- Nunca debes perder a una de tus amistades por causa de su pareja

- Enamorarte de la pareja de tus amistades tienen muchas consecuencias y eso siempre se paga al contado pero nunca acredito

Yo también tengo muchas amistades pero siempre trato de respetar mi relación con ellas para no tener que pedirles perdón ni esconder mi cara para poder caminar en la calle. A mi me gusta caminar siempre con la frente en alto. Por lo tanto, yo trato de cuidar a la pareja de mis amistades como si fuera mía. Déjame contarte una historia de algo que me pasó una vez con una chica de uno de mis mejores amigos.

Uno de mis amigos estaba por empezar una relación con una chica pero nada estaba seguro de parte de esa chica. Era por eso, un día el no estaba presente entonces yo fui a hablar con ella a favor de mi amigo como de costumbre, porque nuestro trabajo era cuidar la espalda uno a otro. En aquel tiempo, yo andaba sin novia y esa chica de mi amigo también lo sabia. Cuando yo llegue a la casa de la casi novia de mi amigo para no decir que era su novia, yo empecé a hablar con ella para poder asegurar una buena respuesta de ella para mi amigo. Todos queríamos que ella le diera una respuesta afirmativa. En pocas palabras, todos estábamos muy ansiosos por escuchar una respuesta afirmativa de parte de ella. Pero había un problema, ella estaba muy indecisa. Según mi opinión, ella no había decidido con cual de nosotros quería estar. Con el respeto a lo mencionado, ese mismo día, ella me hizo esta pregunta a mi: **¿Por qué estás buscando comida**

para tu amigo si todavía ni siquiera tienes algo para comer tu mismo? Si yo estuviera en tu lugar, primero buscaría la comida para mí y después para los demás. Yo me explico mejor, en otras palabras, ella me quería decir que, si aun no tengo novia entonces yo no debería hablar con ella a favor de mi amigo sino que debería hablar con ella a mi favor. Según mi opinión, ella tenia toda su razón porque hay muchas mujeres en el mundo que a ellas no les gusta que uno viene a hablarles a favor de un amigo. O sea, ellas dicen que si un hombre quiere tener una novia entonces tiene que ir personalmente a hablar con esa chica sin tener que enviar a otros en su lugar para decir lo que el tiene que decir a ella. Porque a ellas les gusta un hombre que tenga valor no los cobardes y tímidos. Pero mi respuesta fue la siguiente: yo soy feliz si mis amigos son felices porque eso es la ley de la amistad. Al escuchar mi respuesta, ella se quedó muy sorprendida y muy confundida a la vez, porque no esperaba algo así de mí. Ella me dijo que, en toda su vida no había escuchado algo parecido y el mundo sería mejor si todos pensaran como yo. Gracias a mi respuesta, el día siguiente, ella le dio amor a mi amigo, vale decir que se pusieron de novios al día siguiente. Desde entonces ella se hizo muy amiga mía. Siempre hablaba de mí con sus amigos y sus amigas. A tal punto, ella me presentó a su mejor amiga y nos pusimos de novios también con el tiempo.

En consecuencia de todo eso, yo considero la regla número VIII como la mejor clave para poder mantener una buena relación con los amigos. Quiere decir que, el que practica esta regla, tendrá muchos amigos hasta el resto de su vida. Si eres uno de los que suelen romper las reglas de la vida, te aconsejo que no trates de romper esta regla porque muchos han tratado de romperla pero al final, de una manera u otra, tuvieron que pagar la consecuencia al contado. En otras palabras, pagar la consecuencia al contado quiere decir que todos los que intentaron de romper esta regla:

- Algunos de ellos se han quedado muy avergonzados para el resto de su vida

- Algunos de ellos han perdido su belleza para siempre

- Algunos de ellos han perdido toda su dignidad

- Algunos de ellos han soñado una pesadilla pero despiertos

- Algunos de ellos se han quedado vivos solamente para poder lamentar y sufrir

- Algunos de ellos han perdido a todas sus amistades

- Algunos de ellos se han quedado solos y abandonados en esta tierra

- Algunos de ellos se han quedado con muchas cicatrices

- Algunos de ellos se han quedado con una pierna imputada o con un brazo imputado

- Algunos de ellos se han suicidado ellos mismos por haberse cometido un error tan grave

- Algunos de ellos se han quedado con vida para poder dar un mensaje a los demás para que ellos no tomen ese mismo camino, vale decir, para que no se acostumbren a enamorar de la pareja ajena

- Algunos de ellos han salido muy lastimados

- Algunos de ellos han terminado muertos en el acto

Así también será tu vida si crees que puedes romper la regla número VIII como si no fuera nada. Tu que vives solamente para enamorarte de la pareja de tus amistades, uno de mis consejos para ti es: **Si te sientes que ya estás muy preparado para enamorarte o quieres enamorarte de alguien, tienes derecho para hacerlo pero siempre y cuando que no sea alguien comprometido y mucho menos enamorarte de la pareja de tus amistades, vale decir, si vas a tener que sufrir que sea siempre**

por alguien que valga la pena. Ya que según la regla número 998, hay muchos amores que no vale la pena enamorarse de ellos y mucho menos sufrir por ellos.

Regla número 998: Hay amores que no valen la pena

Cuando hablo de los amores que no valen la pena, me refiero a todos aquellos amores que no valen la pena para uno pero seguramente para alguien más si lo valen. Los amores que no valen la pena jamás traen felicidades sino dolores de cabeza para aquellos que se los buscan. Una cosa que siempre digo, el que busca un amor que no vale la pena debe estar bien preparado para soportar las consecuencias, ya que estos tipos de amores y los problemas son gemelos, siempre andan y viven juntos. Si no eres capaz de pagar la consecuencia es mejor que no busques un amor que no vale la pena. Según mi punto de vista, el amor verdadero siempre está cerca de ti pero lo difícil es encontrarlo. El que usa su cabeza y anda siempre con sus ojos abiertos entonces tarde o temprano encontrará su media naranja para poder llenar su corazón vacío. El verdadero amor, es lo que todos buscan pero son pocos los que logran tenerlo. **¿Sabes tú por qué?** Es porque, la mayoría de los que buscan el amor verdadero, lo buscan en la oscuridad. Es decir, ellos lo hacen como si fuera un juego de azar, no importa si ganan o pierden. Estoy de acuerdo con ellos, pero los que no entiendo son los siguientes:

¿Por qué razón, uno se mete en un lugar, en el cual el ya sabe muy bien que no tiene ninguna salida?

¿Por qué razón, uno se tira en un pozo sin tener un plan para poder salir?

¿Por qué razón, uno se deja caer en la trampa sin tener un buen plan de escape?

¿Por qué razón, uno quiere robar si ni siquiera sabe como correr ni esconderse?

¿Por qué razón, uno se mete en los problemas si no sabe como solucionarlos?

¿Por qué razón, uno busca un amor que no vale la pena si no es capaz de soportar las consecuencias después?

Alguien que tiene la capacidad para pensar siempre evita estos tipos de problemas pero sin embargo los tontos nunca los pueden evitar. Porque ellos nacen para sufrir y sufrirán hasta la muerte. Lo que digo es que, a veces deberías hacerte esta pregunta: ¿Por qué razón siempre existen el fracaso y el sufrimiento por el amor?

Enfrentamos los problemas del amor todos los días, escuchamos y vemos en todo lado estas cosas, por ejemplo: sufrimiento, dolor de cabeza, corazón roto, asesinato, suicidio etc... Lo peor de todo es que, hasta ahora nadie puede encontrar una solución para estos problemas. En poca palabra, es una enfermedad sin cura, ya que según el dicho: en el corazón nadie manda. Por lo que veo, muchos andan con este dicho como una excusa para poder encontrar el amor de su vida. Es esta misma excusa que está llevando a la mayoría de las personas al fracaso. Porque son unas personas incrédulas, no quieren entender ni creer que, hay muchos amores que no valen la pena. Son las razones por las cuales ellas viven solamente para romper la regla 998, sin poder pensar que después van a tener que pagar las consecuencias al contado.

Estos tipos de problemas que tenemos hoy en día, nuestros antepasados también los tenían y sin duda ninguna, nuestros hijos también los tendrán en su vida. No creo que podamos solucionarlos cien por cien pero estoy seguro de que podemos mejorar y evitar unos errores fatales antes de que sea muy tarde. ¿Cómo se puede evitar los problemas que trae el amor? La mejor, la única manera es practicar las reglas de vida sobretodo la regla

998, de pies a cabeza. Hay que saber que, aquel que practica esta regla verá los problemas desde lejos, en las casas ajenas.

Hay unos individuos que son tan ignorantes, no quieren entender que amar es dejar libre. Ellos nunca respetan la decisión de los demás. Por ejemplo, cuando se enamoran de una persona y si ella no quiere estar con ellos, pues ellos le dicen de esta manera: si no quieres estar conmigo entonces yo te voy a hacer la vida imposible para que no tengas a nadie más en tu vida.

Todos deberíamos practicar la regla 998, porque es la única manera para poder entender y saber bien cuales son estos tipos de amores que no valen la pena. Pero hablando de los amores que no valen la pena, ¿Cómo se puede saber que, un amor no vale la pena? El primer paso para poder saber que un amor no vale la pena es practicar siempre las reglas de la vida. Todo aquel que practica las reglas no tendrá tiempo para complicar su propia vida ni tampoco la de las otras personas. El siempre se da cuenta de que no hay motivo para buscar un amor que no da felicidad. Vale decir, amores que traen solamente problemas para uno. He aquí, dejo unos ejemplos de los amores que no vale la pena sufrir por ellos:

- Te vas por la calle, y ves a una persona con su pareja. Por mas que a ti te guste ella pero no hay motivo para dejarte llevar por los impulsos, ya que las personas que tienen su pareja siempre te pueden traer problema.

- Una persona que engaña a su propia pareja para poder estar contigo. Debes saber que, si ella es capaz de hacer ese daño a su propia pareja para estar contigo, también te engañará para estar con otros.

- Una persona que te dice que está por terminar la relación con su pareja, porque las cosas no van bien entre ella y su pareja. Hay que saber que, si ella fuera buena entonces trataría de terminar la relación con su pareja primero antes de buscar a una nueva pareja.

- Una persona que está en pareja pero te dice que está sola sin tener a nadie, para poder estar contigo. Hay que saber que estos tipos de personas te están engañando

- Una persona que tiene una relación contigo pero aun así, ella sigue mirando atrás, en otras palabras, ella siempre te dice que ella tiene unas cuentas pendientes con su ex pareja.

- Una persona que está contigo pero de una manera discreta, vale decir, ella hace todo en escondido para que los demás no sospechen nada.

- Una persona que está contigo pero nunca te da felicidad sino que te la quita.

- Una persona que tiene dos pies, y por eso quiere caminar en dos caminos a la vez, en otra palabra, quiere estar contigo y con otra persona a la vez.

- Una persona que está contigo por el interés. Te dice que te quiere pero solamente para poder quitarte lo que tienes.

- Una persona que dedica todo su tiempo a sus amigos y a sus actividades pero nunca tiene tiempo para estar contigo.

- Una persona que te abandona , cada vez que no tienes mas trabajo y cuando vuelvas a encontrar un nuevo empleo, ella te busca de nuevo

- Una persona que siempre tiene una excusa para no acompañarte en nada

- Una persona que vive pegándote, lastimándote, humillándote, discriminándote, reprochándote, maltratándote y discutiendo siempre contigo.

- Una persona que jamás se conforma con todo lo que haces por ella.

- Una persona que siempre se te esconde, cada vez que ella habla con alguien por teléfono o por Internet para que no te enteres de nada

- Una persona que no te respeta para nada.

- Una persona que nunca te valora por lo que eres ni lo que haces

- Una persona que nunca se pone de acuerdo contigo, vale decir, cuando le dices vamos a subir y ella te dice, es mejor bajar

- Una persona que solamente te hace falsa promesa

- Una persona que está contigo solamente por obligación pero no por placer ni gusto

- Una persona que siempre te trata como si fueras una basura

- Una persona que te miente en todo y para todo

- Una persona que, por mas afección, cariño y amor que le des pero aun así no se conforma contigo

- Una persona que ha cometido un error y la perdonas pero después ella vuelve a repetir el mismo error siempre

- Una persona que te promete, te dice y te da pero nunca te da su corazón

- Una persona que siempre amenaza tu vida

Estos tipos de personas son los que yo llamo los amores que no valen la pena. Pero no podemos negar que, aun que para ti, estos amores no valgan la pena pero estoy seguro para otros si valen la pena. Es decir que, todos los amores valen la pena pero eso depende de que lado los estés mirando. Es por esta razón, yo siempre aconsejo a mis amigos que, no hay motivo para pelear ni obligar a un amor para que se cambie su forma de ser. Todos los amores que no valen la pena, hay que dejarlos libres para que puedan encontrar con la persona indicada. Te voy a contar una historia de una persona la cual tenia un amor que no valía la pena para nada.

Una mujer se enamoró de un hombre y lo peor de todo fue sin conocerlo bien, ella se juntó con él. Sin embargo, ella no sabia que el era uno de esos leones que andan en la calle con la piel de oveja para poder cazar a sus presas. Para decir la verdad, el era una de estas personas que no pueden evitar los vicios. El tenia problema con el alcohol, por eso el bebía todos los días. Ella se dio cuenta de eso, pero estaba tan enamorada de ese hombre y lo aceptó así tal como era. A ella no le importaba el vicio de ese señor sino que su sueño era vivir con el. Todos sabemos muy bien ese dicho: **el amor es ciego**. Es cierto que el amor es ciego, cuando realmente quieres a alguien entonces tienes que aceptarlo tal como es, pero hay que saber que, las consecuencias de un amor ciego no son siempre dulces. Por lo tanto, es mejor que abras tus ojos para ver bien a quien estás eligiendo como tu pareja. Pues en cambio, ella era una mujer tranquila sin ningún tipo de vicios. Era una de esas mujeres que muchos hombres desearían tener para formar una familia. Al principio de la relación de ellos, todo andaba a la perfección, pero con el tiempo, las cosas cambiaron, el se dio cuenta de que ella era una de las mujeres mas aburridas del mundo. Porque ella no tomaba el alcohol, no salía ni tenia ningún tipo de vicios. Eran las razones por las cuales el la veía como una mujer aburrida de tan buena que era ella. Ella siempre le trataba a él muy bien como se debía. Pero de hecho, el pensaba que, era ella la que era un amor que no valía la pena, por eso el le pegaba y la maltrataba cada vez que llegaba borracho a casa. De parte de ella, también había un problema, ella era tan ciega, sorda y tonta, por mas que el la trataba mal pero ella no quería dejarlo. Vale decir que, ella no entendía que, hay unos amores que no valen la pena. Cada vez que el le pegaba y la maltrataba, ella siempre tenia estas excusas. En otras palabras, ella siempre decía de esta manera: **yo lo perdono, porque yo se muy bien que el me quiere y yo también a él, seguro que pronto se va a cambiar su forma de ser**. Con el tiempo, ella se terminó acostumbrando con los golpes y los maltratos. En otras palabras, ella vivía para sufrir, porque ella era una persona que estaba buscando el placer en el sufrimiento. Sin embargo, cada vez el le pegaba a ella mas y mas, ya que el sabia muy bien que su mujer era muy masoquista la cual no podía vivir sin el sufrimiento. **¿Sabes tú porque ella vivía una vida así?** Ella lo hizo todo por el amor. Yo me explico mejor, ella era una de esas personas que, cuando se enamoran de alguien, no quieren ver ni entender la realidad. Pase lo que pasen, ellas quieren estar con ese alguien y nadie más. Son unas personas incrédulas, ciegas, sordas y tontas a la vez. La vida de esa mujer era una pesadilla. Su cuerpo llegaba en un momento, no aguantaba mas los golpes, por eso con el tiempo se enfermó ella, de tantos sufrimientos, golpes y maltratos que ella recibía de parte de su querido marido. Al fin y al cabo, ella se murió de tanta miseria por causa de un amor ciego. Ella perdió su propia vida por un amor que no valía la pena pero no quiso entenderlo. Ya que su lema era: **el amor es ciego**. Después de su muerte, su ex marido se juntó con otra mujer de su tipo. En otras palabras, una mujer perfecta para él, porque ella también era una persona alcohólica igual que él. Incluso, ella jugaba todos los tipos de juegos por dinero. Era ese tipo de mujer que el buscaba para formar su familia, quiere decir que, ella no solamente era su pajera sino que su compañera para salir a beber y también su rival para luchar después de tomar el alcohol. Quiere decir que, todos los días después de par de tragos, el le pegaba a ella y también ella siempre le respondía con golpes, es decir, **tu me das y yo te doy**. Incluso, cada vez que se emborrachaban, se daban tantos golpes uno a otro, al final, ellos siempre terminaban tan cansados y se quedaban dormidos en cualquier lugar pero menos en su propia cama. Según la opinión de ese hombre, su segunda mujer era su verdadero amor. Ella era un amor que valía la pena y también el era el indicado para ella. Ellos nacieron uno para otro. Pero en cambio, su primera mujer se murió por haber sido una mujer demasiada aburrida. Vale decir que, ella no tomaba, ni jugaba ningún tipo de juegos, ni peleaba, ni discutía ni tampoco se reclamaba nada.

Esta historia nos enseña muy bien de que, hay amores que no valen la pena para uno pero para otro si lo vale. Mis consejos son: Si estás en una relación con alguien y te has dado cuenta de que las cosas no van bien entre Ustedes dos, entonces es mejor que lo dejes sin hacerte problema. Porque seguro ese alguien no era para ti. No tienes que complicar la vida de los demás ni tampoco tienes que permitir que alguien te haga la vida imposible por más que lo quieras. Tienes que saber que mas adelante viven mas personas. Si estás en pareja con alguien y el te ha maltratado más de una vez, eso quiere decir que, ya es una costumbre. Hay que dejarlo y si no lo quieres dejar entonces el te seguirá maltratando como un pasatiempo y con muchos gustos, porque eres masoquista y a ti te gusta sufrir

En esta historia podemos darnos cuenta de que, la primera mujer estaba demasiada enamorada de su hombre y ese amor le costó su vida. Ella no sabia ni tampoco pensaba que, romper las reglas de la vida siempre tiene un precio. Hoy en día, hay muchos casos parecidos en todos los países del mundo. Podemos ver a unas cuantas personas las que quieren romper la regla número 998. Desde que ellas se enamoran de alguien y al mismo tiempo no quieren escuchar ni ver la realidad. Hay que saber que, alguien que no te da lo que mereces entonces no es una persona que vale la pena, por lo menos para ti.

No encuentro ningún sentido por lo cual uno tiene que enamorarse de alguien sin conocerlo bien y hasta llegar a juntarse con ese alguien. En mi caso, si veo a una persona a la cual me gusta mucho, siempre trato de conocerla bien para poder saber que si por casualidad tenemos algo de químicas uno para otro. Porque yo se muy bien las consecuencias que hay en la vida cotidiana cuando uno se junta con una persona con la cual no tiene nada en común (me refiero a los gustos pero no a los que tienen que ver con los físicos ni el color de la piel). Por ejemplo, tú puedes ser la persona más dulce, más calmada y tener más paciencia del mundo pero te aseguro que si te casas con alguien al que le gusta hacer todo lo contrario de lo que a ti te gusta hacer, tarde o temprano te aburrirás de él. Son estos motivos por los cuales, debes saber que, para que un amor te funcione bien es muy importante que Ustedes dos tengan muchos intereses en comunes y para que puedas saber que alguien tiene algunas cosas en comunes contigo, primero debes tratar de conocerlo bien. Cuando hablo de conocerlo bien, quiere decir, en todos los sentidos. Ya que algunos individuos pensaban que ellos se habían conocido bien a su pareja antes de haberse juntado o casado con ella pero cuando ellos se dieron cuenta de que estaban muy equivocados de sus pensamientos era muy tarde para poder solucionar sus errores. ¿Por qué razón ellos se fracasaron en el amor? Era porque ellos conocían solamente el lado bueno de su pareja antes de haberse casado con ella y después de la boda se habían dado cuenta que su pareja había tenido también un lado malo. Es muy fácil disfrutar el lado bueno de alguien, lo difícil es conocer el lado malo de alguien. Son por estos motivos, podemos ver y escuchar todos los días que las parejas se están divorciando o separando. Porque ellas se han juntado o casado sin conocerse bien una a otra.

En muchas ocasiones, yo he visto a dos personas disfrutando mucho sus vidas estando de novios y después cuando se casan, rápidamente se separan en muy poco tiempo. Eso siempre me da mucho en que pensar. Porque no debería ser de esta manera. Si cuando ellos eran novios vivían muy felices uno con otro, entonces por qué razón cuando ellos se casan no pueden seguir siendo felices uno con otro. Me doy cuenta de que muchos jóvenes piensan que la convivencia es lo mismo que estar de novio, vale decir que, según ellos, todos los días son fiestas pero ellos se equivocan. Es por eso, ellos no se han preparado mentalmente antes de juntarse o casarse con su pareja. En otras palabras, ellos conocen y disfrutan siempre el lado bueno de su pareja siendo novios pero nunca piensan que su pareja también tiene un lado malo y la única manera para conocer ese lado malo es en la convivencia con ella. Te voy a contar la historia de una persona cercana mía la cual tenia 5 años de amor con su pareja y se duraron un solo año casado.

Dos amigos míos se pusieron de novios. De hecho, yo les conocí siendo novios. Para decirte la verdad, yo les tenía envidia de la forma que ellos estaban viviendo. Porque yo siempre decía que, el día que yo me pusiera de novio con una chica, querría vivir como esos dos amigos míos. En poca palabra, ellos eran un ejemplo para mí. Yo siempre les veía a ellos como una pareja perfecta. Eso era muy cierto cuando ellos estaban de novios. Por ejemplo:

- Ellos siempre andaban juntos

- Ellos siempre se pasean juntos

- Ellos siempre iban juntos a clases

- Ellos siempre iban juntos de compras

- Ellos siempre iban juntos al cine

- Ellos siempre iban juntos a bailar

- Ellos siempre iban juntos a la playa

- Ellos siempre iban a comer afuera

Hay una sola cosa la que ellos no hacían juntos: Cada uno de ellos dormía en su propia casa por separado, vale decir que, cada uno de ellos vivía en la casa de sus propios padres. Ellos se veían en el día y se enteraban uno de otro de las cosas que se hacían en el día. En otras palabras, cada uno de ellos se enteraba de todo lo que el otro hacia fuera de su casa pero no tenia la menor idea como era en su casa. Por ejemplo, cada vez que el novio iba a la casa de la novia entonces encontraba todo bien arreglado y organizado. Cada vez que la novia iba a la casa del novio, también encontraba todo en orden. Siempre eran muy bienvenidos uno en la cada del otro. Ellos llevaban una vida maravillosa cuando eran novios. Incluso

- Sus padres pensaban que ellos eran la pareja perfecta

- Sus amigos pensaban que ellos nacieron uno para otro

- Sus vecinos pensaban que ellos se iban a casar una vez y para siempre

- Sus hermanos pensaban que solamente la muerte los iban a poder separar

Pero al final todos se equivocaron porque todo eso era un sueño y los sueños no duran mucho tiempo. Esos dos novios pasaron cinco largos años en un paraíso. Porque las cosas que ellos se hacían uno para otro, todo el mundo las quería hacer también para su pareja. Ellos eran un modelo a seguir para muchas personas en mi ciudad, incluyendo yo. Yo vivía cerca de ellos y cada vez que iban a salir siempre pasaban frente a mi casa bien abrazados. La razón por la que yo los admiraba y les quería imitar era porque:

- Ellos siempre andaban con una cara de sonrisa

- Ellos siempre andaban con una cara de alegría

- Ellos siempre andaban con una cara de mucho amor

- Ellos siempre andaban con una cara de muchos amigos

- Ellos siempre andaban con una cara de mucho placer

- Ellos siempre andaban con una cara de buenos humores

- Ellos siempre andaban con una cara de paz

Ellos hacían todo lo que las verdaderas parejas deberían hacer. En pocas palabras, ellos se disfrutaban de todas las cosas bonitas y dulces en esos cinco años de amor. Cuando ellos se graduaron de la universidad y se decidieron casar. La boda de ellos fue maravillosa. Todos los invitados los que eran solteros soñaban tener una boda parecida a la de esos dos jóvenes. Igual que todas las bodas, cuando dos personas se casan, los amigos y la familia los acompañan en el día a los recién casados pero en la noche hay que darles a ellos su espacio para que puedan disfrutar su luna de miel. Por este motivo, esa noche de boda, después de brindar y celebrar, ellos dos se fueron a cama para poder festejar su luna de miel a su manera. Al día siguiente ellos no se amanecieron con la misma cara que tenían cuando se fueron a dormir pero nadie supo cual era el misterio hasta después del divorcio. Era después de sus separaciones, uno empezó a decir todo lo que el otro hacia mal. Quiere decir que, cada uno echaba la culpa al otro. Ellos eran unos buenos novios pero no eran buenos para ser marido y mujer. Porque ellos no se entendían uno a otro desde el segundo día de su matrimonio. Sin embargo, Ellos seguían viviendo juntos para no decepcionar a sus padres, amigos, hermanos y sus vecinos pero ellos se dejaban de andar juntos. Ellos vivían en la misma casa pero cada uno hacia sus cosas por separados. En otras palabras, antes de la boda ellos vivían en el paraíso pero después del matrimonio ellos vivían en el infierno. Su casa era un infierno para ellos. Lo que pasó fue que cada uno de ellos dos tenía un lado malo y ninguno de ellos conocía el lado malo del otro, entonces cuando se casaron y se chocaron uno con otro. Era un momento muy difícil para cada uno de ellos pero se aguantaron uno con otro para no separarse muy rápido. Ellos podían haber separado el día siguiente de la boda pero no lo hicieron para no defraudar a sus propios padres. Porque eso iba hacer una vergüenza para toda la familia. Nadie iba a poder entender que después de cinco años de amor y se separan tan rápido. Era por esos motivos, ellos esperaron un año viviendo en la misma casa antes de haberse divorciado uno de otro. Según la mujer ese año de casado era como si fueran 100 años en un horno de fuego y según el marido ese año de casado era como si fuera vivir día y noche en el infierno. Después de sus separaciones cada uno contaba la razón por la cual se divorciaron. La versión de la esposa, ella dijo que:

- La noche de la boda, cuando ellos se fueron a cama, el marido le pegaba muchas patadas mientras que el dormía. Porque el no estaba acostumbrado a dormir en la misma cada con nadie. Esa misma noche, ella tuvo que dormir en el piso de tantas patadas limpias que había recibido de parte de su esposo.

- El esposo siempre tenia mal olores en los pies y ella no lo aguantaba para nada

- El esposo siempre roncaba y hablaba dormido

- El marido no quería bañarse de noche antes de dormir

- El esposo comía mucho

- El marido se levantaba todos los días para ir a contar a sus propios padres los asuntos que pasaban en casa entre ellos dos.

- El marido no le abrazaba de noche para dormir

- El marido pasaba el tiempo jugando los juegos de niños

- El marido no podía olvidarse de sus padres, e incluso el parecía un bebe de mama

El marido también contaba la razón por la cual el tuvo que divorciarse de su mujer. El dijo que ella era muy buena mujer pero no era para vivir en la misma casa con ella por estos siguientes motivos:

- Ella dejaba sus ropas interiores muchas veces en la misma mesa donde ellos tenían que comer

- Ella siempre tenia olor a boca cuando se despertaba en la mañana

- A ella no le gustaba depilarse para nada

- Ella no sabía como guardar los secretos. Por eso, les contaba a sus vecinos las cosas de la casa

- La comida de ella no tenía sabor igual que la comida de su propia madre. Por esa razón, en muchas ocasiones el tenia que ir a comer en la casa de sus padres

- Ella siempre dejaba todo muy sucio

- Ella no hacia nada mas que mirar las novelas

- Ella compraba una ropa nueva por día. Porque a ella no le gustaba lavar las que estaban sucias

Todas estas cosas que han dicho la mujer y el hombre no son noticias para mis oídos. ¿Sabes por qué razón yo lo digo? Es porque, yo se muy bien que la culpa nace soltera y también morirá siendo soltera. Nadie quiere casarse con ella, porque nadie quiere tener la culpa de nada. Es la razón por la cual, después de sus divorcios, el marido ha dicho que toda la culpa la tiene su mujer y la mujer ha dicho que toda la culpa la tiene el hombre. En verdad te lo digo, estoy cansando de escuchar estas historias, cada vez que dos personas las cuales tenían una relación amorosa y después se han separado por algunos motivos personales. Una siempre echa la culpa a la otra y viceversa. La razón principal por la cual las parejas siempre se separan es porque ellas se han casado o se han juntado sin conocerse bien una con otra. Ellas piensan que la convivencia es lo mismo que estar de novios y cuando empiezan a convivir juntas entonces aparecen los problemas. Por ejemplo: la mujer quiere hacer algo y al hombre no le gusta o el hombre quiere hacer algo y a la mujer no le gusta para nada. Cada vez que aparecen estos tipos de problemas, la primera solución la que las parejas buscan es la separación. Porque ellas ya no se pueden soportar una a otra y no se quieren una a otra como antes. Es por esta razón principal por la que yo siempre digo que, es muy importante conocer bien a la persona con la cual uno quiere tener una relación amorosa para no tener que confundirse ni equivocarse de personas. Porque hay muchos amores los cuales no valen la pena para uno. Hay que saber que la mejor manera para enamorarte de alguien es siempre y cuando ese alguien tenga algunos intereses en comunes contigo.

No me puedes venir a decir que estás enamorando de alguien y el ni siquiera tiene una sola cosa en común contigo. Para mí, eso es un total fracaso buscar un amor el cual no tiene nada en común para compartir contigo. Es por eso, siempre yo me hago estas preguntas:

- ¿Qué tipo de amor sería eso, enamorarte de alguien al que le gusta hacer todo lo que a ti no te gusta hacer para nada?

- ¿Cómo sería tu vida si vivieras con tu pareja y a ella le gustara salir todos los días a bailar para poder divertirse pero a ti no te gustara eso para nada, porque no encuentras nada de diversión en el baile sino que eso te aburre?

- ¿Cómo sería tu vida si te casaras con la persona más tacaña del mundo y en cambio a ti, tu pasatiempo fuera dar y ayudar a las personas necesitadas, ya que lo disfrutas mucho cada vez que haces algo bueno para los demás?

- ¿Cómo te sentirías si te juntaras con tu pareja y los pasatiempos de ella fueran discutir, pelear y hacer escándalo todos los días por cualquier cosita que no tiene sentido, pero en cambio a tu, fueras una persona que siempre busca una solución para cada problema para no tener que complicar las cosas?

- ¿Cómo sería tu vida sí tu pareja fuera una persona que siempre hace la guerra pero a ti te gustara vivir siempre en paz?

- ¿Cómo te sentirías sí tu pareja malgastara todo tu dinero en los vicios y al final te dejara en bancarrota?

- ¿Cómo te sentirías sí tu pareja te hiciera trabajar todos los días como si fueras un esclavo pero en cambio ella se quedara en casa haciendo fiesta todo el tiempo con el dinero de tu sudor?

- ¿Cómo te sentirías sí tu pareja con la que vive, te pagara todos los días pero en cambio a ti, ni siquiera te gustara discutir?

- ¿Cómo sentirías sí vivieras con una persona a la que le gustara lastimar a los demás pero en cambio tú, tuvieras como pasatiempo ayudar a los demás?

- ¿Cómo te sentirías si vivieras con una persona a la que le gustara desordenar todo y hacer la casa un caos todos los días pero en cambio a ti te gustara ver y tener todos bien ordenado en su lugar?

- ¿Cómo te sentirías sí te casaras con una persona a la cual su pasatiempo fuera contar todo lo que sabe a los demás pero en cambio a ti, te gustara ser siempre una persona muy discreta?

- ¿Cómo te sentirías si te casaras con una persona sucia a la que le gustara ensuciar todo pero en cambio a ti, te gustara tener todo bien limpio?

- ¿Cómo te sentirías si te casaras con una persona sin vergüenza a la que le gustara hacerte pasar vergüenza delante de todo el mundo pero en cambio tu, fueras una persona muy vergonzosa?

- ¿Cómo te sentirías si vivieras con tu pareja a la que le gustara quejarse por todo y todo el tiempo pero en cambio tu, fueras una persona muy agradecida?

- ¿Cómo te sentirías si tu pareja fuera una de esas personas que no se conforman nunca en la vida pero en cambio tu, fueras una persona muy conformista la cual siempre disfruta de todo?

- ¿Cómo te sentiría si tu pareja fuera una ladrona que siempre roba a las personas inocentes pero en cambio a ti, no te gustara tener nada sin sacarte el sudor de tu frente?

Son todas estas razones por las cuales yo siempre digo que, tienes que buscar siempre un amor que te conviene. Dicho de otro modo, alguien que tiene por lo menos algunos de los gustos mas importantes en comunes contigo (para no decir todos los gustos, porque es imposible encontrar a alguien que tiene el mismo gusto que tu en todos los sentidos). Por ejemplo, si a ti no te gusta robar lo que no es tuyo, entonces no tienes que buscar a un amor el cual su pasatiempo es robar. Si lo piensas bien, tu verás que, el no es un amor que vale la pena. El tiene que buscar a otra persona que tiene el mismo pasatiempo que él, vale decir, otra persona ladrona para poder formar su equipo. O sea los dos ladrones serán una pareja perfecta. Es por eso, siempre he dicho que, un amor que no vale la pena para ti, seguro para otro si lo vale, quiere decir que, para otros, el es el amor perfecto. Hay que saber y memorizar que, por ningún motivo, tienes que enamorarte de una persona a la que le gusta hacer todo lo que a ti no te gusta hacer. Por lo general, siempre es muy importante saber los gustos que tiene la persona la cual te ha caído bien antes de enamorarte de ella, de lo contrario sufrirás y lamentaras mucho. Si no te llevas de mis consejos, tarde o temprano te caerás en tu propia trampa y estoy más que seguro de que, cuando llegarán los problemas tú dirás siempre estas frases:

- Si yo hubiera sabido, lo habría evitado

- Yo debí haberlo pensado mejor

- Yo debí haber elegido a otra persona para formar mi familia

- Si me hubiese dado cuenta a tiempo, yo habría hecho una mejor elección

- Si yo hubiese escuchado a mis padres, no me habría caído en esta trampa

- Si yo hubiese escuchado a mis hermanos, no habría hecho esta equivocación

- Si yo hubiese escuchado a mis amigos, no habría estado en esta situación

- Eso me pasa por no haber practicado las reglas de la vida

- Eso me pasa por haber sido un ignorante

- Eso me pasa por haberme llevado de los físicos

- Eso me pasa por haber sido una persona impulsiva

- Eso me pasa por haberme llevado de las cosas materiales

- Eso me pasa por haberme metido con una persona equivocada

- Eso me pasa por haber buscado un amor que no vale la pena

- Eso me pasa por haberme enamorado de un amor a primera vista

- Yo no habría estado en esta situación si hubiese sabido como hacer la cosa bien

- No me habrían roto mi corazón si no hubiese sido una persona tonta

- No me habrían engañado si yo hubiese escuchado a los que me aconsejaban para poder tomar el buen camino

- Las cosas no habrían sido de esta manera, si yo hubiese tomado el buen camino

- Mi vida habría sido otra, si yo no hubiese actuado como un loco

- Mi vida habría sido mejor, si yo no me hubiese quedado en la oscuridad

- Si yo no hubiese tomado la decisión equivocado, habría tenido otro tipo de vida

- Yo habría sido otro tipo de persona, si no hubiese malgastado todo mi tiempo detrás de alguien que no vale la pena

- No me habría pasado eso, si no me hubiese enamorado de alguien que tiene su compromiso con otra persona

- No me habría pasado eso, si no me hubiese metido con la pareja de mi vecino

- No me habría pasado eso, si hubiese respetado la pareja de mi amigo

- No me habría pasado eso, si hubiese aceptado un **NO** como respuesta

- No me habría pasado eso, si no hubiese obligado a mi pajera a estar conmigo

- No me habría pasado eso, si hubiese evitado los problemas

- No me habría pasado eso, si hubiese pensado como gente

- No me habría pasado eso, si hubiese respetado la decisión de los demás

- No me habría pasado eso, si hubiese comprado unos zapatos de la misma medida de mis pies

- No me habría pasado eso, si hubiese conocido bien a mi pareja antes de casarse con ella

Aun no conozco a ninguna persona que ha violado la regla 998 y no anda con estas frases todos los días como si fueran su himno nacional. Si escuchas por lo menos una de estas frases que acabas de leer en la boca de alguien, debes saber que el rompió esta regla. Ya que todo aquel que pasa por encima de esta regla vivirá para sufrir y arrepentirse de sus errores. De esta misma manera, será tu vida si tratas de andar siempre con esta excusa diciendo que: las reglas son para romperlas.

Yo mismo, hago mis reglas y también trato de cumplirlas de pies a cabeza para poder dar buenos ejemplos a los demás. No soy el mecía sino que soy de carne y hueso como cualquier tipo de personas, solamente trato de pensar bien y hacer las cosas como se debe. Yo se muy bien que no somos perfectos, quiere decir que, uno se puede equivocarse en algo pero no lo tomo como una excusa para hacer las cosas mal y decir a cada rato que nadie es perfecto. Debo tratar de dar siempre lo mejor de mí sin tener que andar con ninguna excusa día y noche. Porque antes de hacer algo es bueno pensar siempre en las consecuencias. En otras palabras, si no haces desde ahora las cosas bien entonces tendrás el resto de tu vida solamente para poder lamentar y arrepentirte de tus errores. Vale decir es bueno pensar en la mañana para poder descansar bien en la noche.

Yo también he fracasado en mi vida como todos los demás. Es por eso, estoy tratando de hacer la cosa como se debe, para no tener que pasar toda mi vida fracasando y lamentándome. Por ejemplo, si yo me fracaso en algo o he visto a mis amigos fracasando en algo entonces bajo ninguna circunstancia volveré a fracasarme en lo mismo de nuevo. Te voy a contar una historia de algo que me pasó a mí una vez.

Estuve saliendo con una chica para poder conocerla bien. Pero con el tiempo, yo ya había tenido muchos cariños para ella porque ella era muy buena persona. Tenía una buena personalidad. Me caía muy bien e incluso según mi opinión, ella era la mujer de mi tipo si no fuera por una sola cosa. *Para que se entienda mejor*, entre ella y yo, casi todo funcionaba a la perfección si no fuera por este problema: no nos entendíamos en nada que tiene que ver con la comida. Vale decir que, todo lo que a mi me gusta comer y a ella no le gusta para nada. En mi caso, puedo comer lo que sea pero a mi no me gusta lo que sea. Por ejemplo, si tengo hambre y veo comida rápida, yo me la como igual pero a mi no me gusta comerla si tengo otras opciones. En cambio a ella, le gusta comer solamente la comida rápida. Según lo que yo pienso, es muy incomodo tener una relación amorosa con alguien pero los dos nunca se pueden comer juntos. Quizás tienes tu pareja, a ella no le gusta comer la carne porque es vegetariana o por alguna razón personal, en cambio tú eres carnívoro porque a ti te gusta mucho comer la carne. En este caso no lo veo como un problema, Ustedes dos se pueden comer juntos, vale decir, se puede cocinar en casa, uno come su comida con carne y el otro come su comida sin la carne. Pero cuando se trata de dos personas, a una le gusta la comida sana y a la otra solamente le gusta la comida rápida, eso es un problema grande, porque es imposible comer juntos. Para un solo día está todo bien, pero para convivir en la misma casa todo el tiempo no es nada bueno. Por ejemplo, uno tiene que comer en casa o en el restaurante y el otro tiene que ir a otro lugar donde venden comida rápida. Eran por estas razones, me puse a pensar y decir de esta manera:

- Ella era una chica de mi tipo

- La quería mucho

- Me gustaba su forma de ser

- Me gustaba su manera de ver la vida

- Me gustaba su personalidad

- Me gustaba su forma de pensar

- Era muy simpática y amable

Me caía muy bien y la quería mucho pero a la misma vez, yo pensaba también en ese problema y decía yo: ¿Cómo sería nuestra vida si viviéramos juntos? Porque ella me escuchaba en todo pero menos en la comida, no había manera de hacerle comer la comida sana. Los peores de todos eran estas cosas:

- Ella sabia muy bien que tenia mas peso de lo normal

- Ella sabia muy bien que, cada vez que comía la comida rápida, al rato le dolía su estomago, pero no podía evitar esas comidas.

- Ella sabia muy bien que debía comer sana, pero nunca quería hacerlo

- Ella sabia muy bien la consecuencia que puede traer la comida rápida, pero a ella le daba igual comerla

Es decir que, ella estaba muy conciente de todo lo que hacia. Era una mala costumbre que tenia pero no había manera para ayudarla por más que yo intentara. La quería mucho, por eso trataba de ayudarle una y otras veces pero no funcionó. Al final, me di cuenta de que, era mejor terminar con esa relación. Porque yo había pensado que, si nos juntáramos sería una vida muy complicada para los dos, por ejemplo:

- No habría manera para poder desayunar, almorzar y cenar juntos.

- Habría que hacer una comida en casa e ir a comprar comida rápida por otro lado.

- Después de cada comida, habría que aguantar las quejas por el dolor de estomago

- No habría formar de compartir con ella ni siquiera una sola comida de las que a mi me gustan

Me dolía mucho al terminar nuestra relación pero al final me di cuenta de que era lo mejor para cada uno de nosotros. Dije que quizás ella encontrara alguien que le podrá complacer en la comida. Yo se muy bien que no hay nadie perfecto, quiere decir, no siempre vas a encontrar a alguien que te puede complacer en todo lo que a ti te gusta pero lo peor es estar con alguien y nunca se pueden poner de acuerdo en algo uno con otro. Son por estos motivos, siempre aconsejo a mis amigos, es mejor tratar de conocer bien a la persona de la cual están enamorado para poder saber si tienen algo en común antes de juntarse con ella. No es bueno casarse primero para poder conocerse bien después, ya que muchos lo han hecho de esta manera y al final terminan de la peor manera.

Por ejemplo, si tienes una relación con alguien, y Ustedes dos no tienen nada en común, no hay manera para que funcione y dure esa relación. Ya que la única y la mejor manera para que una relación de dos personas funcione es tener intereses en comunes para compartir una con otra. Por estos motivos, es bueno saber cuales son los intereses que tienes en comunes con alguien antes de enamorarte de esa persona, de otra manera tu serás un verdadero fracasado

Mis consejos para ti son: Si aun no sabes como reconocer a un buen amor es mejor que pidas consejos a los que saben mas que tu acerca de la vida, en vez de andar buscando todos los días unos amores que ni siquiera valen la pena. Quieres tener el amor de tu vida, entonces tienes que tratar de conocer bien a las personas las cuales te caen bien para poder saber con cual de ellas, tienes intereses en comunes. Quiere decir, tienes que buscar unos zapatos los que tienen la misma medida de tus pies para poder caminar sin ningún tipo de problemas. Pero si haces lo contrario entonces no vas a poder caminar bien y mientras más los uses, mas dolores tendrás. Es bueno saber que, cada zapato tiene su pie al cual le sirve. Es por esta razón, si estás buscando y aun no encuentras los que te sirven entonces tienes que seguir buscando sin tener que perder la fe en ti mismo ni tampoco hacer una mala elección. No tienes que andar desesperado ni comprar unos zapatos que no te servirán para nada. Es de la misma manera, funcionan los amores. Hay amores que te convienen pero sin embargo hay otros que no te servirán para nada. Sin duda ninguna, todos los amores que no te sirven a ti, le quedarán perfectos a alguien por allí. Por todas estas razones, si te das cuenta de que un amor solamente te hace sufrir, lo único que tienes que hacer es dejarlo libre para que el encuentre a la persona perfecta. Siempre yo he dicho que, alguien que no sabe ni tampoco a él le interesa pedir consejos a los demás, para mi es un necio. Hay que saber que, los necios no entienden, no ven ni tampoco escuchan. Son estos motivos por los cuales, las personas necias no paren de sufrir. Por mas que uno las saca a ellas de la miseria pero ellas vuelven a caerse de nuevo. Porque a ellas no les importa nada, incluso pueden ver cualquier tipo de problema pero nunca lo pueden evitar. Yo pienso que, hay cosas en la vida las cuales solamente un necio las hace. Ya que cualquier persona normal las evita tan solo al verlas. Debes abrir tus ojos para poder ver, cuando alguien no te quiere para nada, alguien que te maltrata, te humilla y te lastima. Pues, personas así, tienes que alejarte de ellas para no tener que sufrir, porque ellas no son unas personas de las cuales vale la pena enamorarte. Yo te prometo que, si tú dejas de enamorarte de alguien que no vale la pena, nadie podrá lastimar a tu corazón. Pero si no prácticas la regla número 998, algún día te van a romper el corazón y te vas a quedar sin el amor de tu vida. Estoy seguro, cuando llegue ese día vas a llorar como si fueras un bebe y los bebes siempre lloran cuando algo no va bien. Ellos siempre necesitan a alguien para que se los cuide y la única manera para que ellos puedan expresar sus problemas es llorando. Ellos siempre se ríen cuando no tienen problemas pero cuando tienen hambre o les duele algo entonces siempre lloran para que alguien les pueda ayudar. Eso me ha enseñado que uno, al nacer ya sabe como expresarse por algo bueno y por algo malo. Por ejemplo, un bebe con su estomago lleno siempre está muy alegre pero cuando tiene su estomago vacío siempre llora. Con referencia a lo mencionado, te quiero decir que, si te metes con un amor que no vale la pena, tarde o temprano te romperá tu corazoncito y lloraras como si fueras un bebe hambriento por su leche. Bajo ninguna razón, debes entregar tu corazón y tu amor a alguien para que el te haga sufrir. Mi lema es: Donde hay el amor, el sufrimiento no puede estar y donde hay el sufrimiento es porque el amor no está presente. Yo digo que si estás buscando el amor en el sufrimiento es porque eres una persona pesimista y sin futuro, la cual tarde o temprano va a tener que sufrir por un amor que no vale la pena o quizás se suicidará por un amor imposible. Para decir la verdad, si tu lloras y sufres por el amor imposible, quiere decir que, eres una persona negativa la cual no tiene amor propio y la única manera para serte feliz es suplicar a alguien para que el te ame. Según la regla 610: aquel que llora por es amor es una persona que tiene un corazón vacío sin el amor

Regla número 610: El que llora por el amor es alguien que no tiene el amor en su corazón

Antes de ir muy lejos, quiero hacerte saber que el amor es tan fuerte y es capaz de endurecer el corazón de uno. El que posee amor en su corazón siempre se luce feliz. Porque el amor por si solo quiere decir bendición y paz. Es por esto, alguien que tiene el amor propio es una persona bendecida la cual siempre anda con mucha alegría. Yo te aseguro que no encontrarás a nadie que tenga el amor por si mismo y anda con un corazón roto. No me vengas a decir que tienes el amor para dar a tu ex pareja, si en este momento estás llorando porque ella te deja e incluso dices que ella te ha roto el corazón. Eso no es cierto, nadie puede romper tu corazón si realmente lo tienes lleno de amor. Hay que saber que, aquel que posee el verdadero amor en su corazón para dar a lo demás, siempre tiene un corazón de acero y eso no se puede romper de fácil. Ya que todas las cosas las que son de acero entonces son muy difíciles de romperlas (Cuando hablo de un corazón de acero, no me refiero a alguien que no tiene nada de amor para dar a nadie sino que alguien que tiene un corazón el cual no se puede romper de fácil. Porque conozco a algunos los cuales tienen un corazón de huevo. En otros términos, ellos viven enamorándose todo el tiempo como si fueran unos locos y a cada rato, ellos siempre dicen que: **Fulano o fulana me rompió el corazón**).

El amor te hace más fuerte pero nunca te hará débil ni tampoco te hará llorar cuando alguien no quiere estar contigo. Según mi punto de vista, un corazón que tiene amor es una fuente de agua la cual alimenta a todo lo que está a su alcance. Porque el agua es vida, vale decir, ese corazón no se puede romper ni destrozar, ya que el se autoalimenta y también es capaz de auto-repararse. Ahora bien, si me dices que tienes el amor para dar a los demás, quiere decir que, eres una fuente de agua que alimenta a los seres vivos y en ese caso, tu no puedes llorar por un amor.

Yo entiendo muy bien que, quizás, tu estás en una relación amorosa con alguien y el te ha dado alguna sorpresa. Por ejemplo, el ha hecho algo que tu no esperabas que el hiciera pero eso no te puede romper el corazón si realmente lo tienes lleno de amor. Seguro que vas a estar muy sorprendido por lo que el te ha hecho, porque todos somos de carne y hueso pero no quiere decir que, tienes que andar llorando todos los días por ese hecho. Hay que saber que, el amor es una fuerza y eso te hará tomar siempre fuerte decisión en los momentos difíciles para poder seguir adelante. Te doy un ejemplo, si tu pajera o tu ex pareja te ha hecho algo fuera de lo normal, vale decir, algo que te puede lastimar. En este caso, es muy entendible que eso te puede doler mucho pero al mismo tiempo, el amor que tienes en tu corazón te hará saber y ver que ella te ha hecho estas cosas malas, es porque ella no te quiere ni te respeta ni tampoco te valora. De hecho, cada vez que te presentan estos tipos de problemas entre tú y tu pareja, lo primero que te hará el amor es tomar la decisión correcta sin tener que llorar ni tampoco lastimar a nadie. Cuando hablo de la decisión correcta, quiere decir, cuando se trata de un problema que no tiene solución es mejor que dejes libre a tu pareja para que ella pueda hacer su vida tal como ella quiera, pero bajo ninguna circunstancia, tendrías que ponerte a llorar todos los días sin poder disfrutar tu vida por alguien que te ha lastimado o te ha abandonado. Por lo tanto, yo opino que, si es cierto que eres una persona la cual tiene el amor en el corazón, no habrá ningún motivo para sufrir y mucho menos suicidarte por la causa del amor. Una de las cosas importantes que tienes que saber es: donde que hay amor no puede haber el sufrimiento sino que la alegría.

Si por casualidad, has visto por allí a una persona que está llorando porque su ex pareja la deja o porque ama a alguien y el no quiere estar con ella. En esta situación, si haces esta pregunta a ella: **¿Por qué razón estás llorando?** Estoy muy seguro de que ella te va a decir estas frases: **yo estoy llorando porque mi corazón se siente mucho amor y cariño por mi ex pareja. Es por este motivo que estoy llorando. La quiero tanto y no puedo olvidarla ni sacarla de mi mente**. Todas las personas las que no tienen el amor para dar a su pareja siempre usan estas excusas como un pretexto para poder llorar por alguien que las abandona o las rechaza. Cada vez que yo veo a alguien llorando por el amor, en lo primero que pienso es: el está llorando porque tiene un corazón vacío y por eso, el está buscando a alguien para que se lo llene de amor. Para poder hacerte entender mejor a lo que me refiero, te voy a contar una historia de dos personas que tenían una relación pero al final se separaron por razones personales. Espero que puedas pensar cual de ellas dos realmente tiene el amor en su corazón para dar a su pareja.

Primero vamos a darle un nombre a cada una de ellas, una se llama **fulana** y la otra vamos a llamarle **fulanita**

Fulana se separó de su ex pareja, por eso, ella se decidió hacer estas siguientes cosas después de su separación. Por ejemplo, ella:

- Siempre está muy histérica

- Anda todo el tiempo con muchas preocupaciones

- Deja de hacer sus actividades

- Está siempre muy pensativa

- No puede dormir ni de noche ni de día, porque sufre de insomnio

- No puede olvidarse del pasado porque lo está viviendo día tras día

- Deja de alimentarse, ya que la comida no le entra. Si ella trata de hacer un esfuerzo para poder comer algo, al ratito lo vomita porque su estomago lo rechaza todo

- Está perdiendo mucho peso cada vez mas y mas

- Está siempre nerviosa

- A ella, todo le molesta

- A ella, le da ataque de pánico

- Anda siempre muy estresada

- Anda con su corazón destrozado

- Tiene muchas angustias

- No quiere escuchar los consejos de nadie

- Pierde su razón, vale decir, ella pierde su cabeza por el amor

- Empieza a culparse a ella misma

- Anda siempre con la misma excusa: **yo no tengo la suerte con el amor, porque siempre doy todo de mi pero mira con que me lo pagan**

- Se siente que todo está en contra de ella

- Se siente que el mundo está sobre su cabeza

- No puede dejar de llorar

- Solamente piensa en su ex pareja, ya que en su cabeza no hay lugar para otra cosa. Ella ni si quiera puede pensar en si misma

- Piensa que no va a poder encontrar a nadie mas como su ex pareja

- No quiere entender que la vida sigue

- No quiere entender que amar es dejar libre

- No quiere entender que cada cosa siempre pasa por algo especial

- Ella echa todo a perder todo lo que tenia por delante, porque piensa que el mundo se está por acabar

- No quiere entender que mas adelante vive mas gente

- Siempre dice esta frase: **No puedo sacar a mi ex pareja de mi cabeza**

- Piensa que la vida ya no tiene sentido para nada

- Decide renunciar a todo en su vida, es la razón por la cual quiere suicidarse para poder salir de eso

En cambio, Fulanita, después de la separación de su ex pareja se decidió seguir adelante con su vida porque ella sabe muy bien que, la vida sigue y más adelante vive gente. Son por estos motivos, ella siempre trata de olvidarse de su pasado para poder vivir su presente, quiere decir, ella empieza a quererse como nunca. Por ejemplo, después de la separación de su ex pareja, ella siempre hace estas siguientes cosas. Por ejemplo, ella:

- Duerme y descansa muy bien todos los días

- Se levanta todos los días y disfruta cada minuto como si fuera lo ultimo

- Anda siempre con una mejor cara y bien vestida

- Se alimenta cada vez mejor

- Trata de pensar siempre como gente normal

- Trata de ver siempre el lado bueno y positivo de cada cosa

- Se disfruta de todo, incluso de todas las cosas sencillas y pequeñas

- Trata de mantener su mente ocupada siempre en algo para no tener que pensar ni darle la mente a su ex pareja

- Empieza a amarse, quererse, adorarse, apreciarse y valorarse a ella misma porque sabe muy bien que nadie lo puede hacer por ella, si ella misma no los hace

- Vive la realidad y el mundo real, en poca palabra, ella se convierte en una persona muy realista

- Ella sabe muy bien que, el pasado ya pasó y no volverá nunca, por eso, ella lo toma como una historia y una experiencia en su vida

Ahora bien, te hago la siguiente pregunta: ¿Según tu punto de vista y tu opinión, cual es de esas dos personas realmente tiene el amor en su corazón para poder dar a su pareja, **fulana** o **fulanita**?

Si crees que **fulana**, es la persona que tiene el amor para dar a su pareja, te puedo decir que estás muy equivocado. Porque según lo que he vivido, me doy cuenta de que nadie puede ni debe amar a otra persona si el no es capaz ni siquiera de amarse a si mismo. Por ejemplo, puedes hacer lo que quieras pero tú no te puedes engañar a ti mismo. Yo me explico mejor, si tu ex pareja o otra persona a la que amas mucho y ella niega estar contigo es porque no se siente muy conforme contigo. Quizás lo que busca esa persona no lo encuentra en ti. Tienes que entender que, si alguien no se siente nada por ti es porque no eres la persona indicada para él, en ese caso, no te queda otra que tratar de olvidarlo y sacarlo de tu mente por más que lo quieras. No hay ninguna razón por la cual debes andar todo el tiempo llorando por alguien el cual no te ama ni te valora. Si lo haces es porque no te quieres ni te amas, vale decir, tu crees que, para poder sentirte feliz, esa persona tiene que darte la felicidad que necesitas y si ella te deja, en ese caso te sentirás solo en el mundo, incluso tu pensarás que la vida no tendrá sentido para ti. Yo siempre he dicho que, si alguien no tiene amor por si mismo, no hay manera para que el pueda amar a otra persona. Tú que sueles llorar sin parar cuando alguien te abandona o te rechaza, tienes que dejar de engañarte a ti mismo. Ya que según mi punto de vista, tú te estás haciendo daño a ti mismo. Quizás, esa persona por la cual estás llorando, ella está muy feliz de haber podido estar lejos de ti y sin embargo tú te pasas todo el tiempo llorando por ella sin hacer nada más y hasta pensar en suicidarte por ella. ¡Que tonto eres tú!

- ¿Cuando vas a poder entender las cosas de la vida y como vivir tu propia vida?

- ¿Cuándo vas a empezar a dedicarte tiempo a ti mismo?

- ¿Cuándo vas a entender que no debes llorar por alguien que no te quiere ni tampoco te valora?

- ¿Cuándo vas a entender que no puedes dar amor a tu pareja si ni siquiera lo tienes por ti mismo?

- ¿Cómo crees que, los demás te pueden entender si tú ni siquiera te entiendes a ti mismo?

- ¿Cómo crees que alguien te va a querer si tú ni siquiera te quieres a ti mismo?

- ¿Cómo crees que puedes resolver los problemas de los demás, si los tuyos son un desastre?

- ¿Cómo puedes sentir amor por alguien si nunca te has amado a ti mismo?

- ¿Cómo y por qué regalarías una casa a alguien si tu aun vives en la calle?

- ¿Cómo y por qué comprarías unos zapatos a alguien si aun andas de calzo?

- ¿Cómo crees que tu ex pareja va a volver contigo, si vives asustándola?

- ¿Cómo crees que tu ex pareja va a volver contigo, si vives amenazándola?

- ¿Cómo crees que tu ex pareja va a volver contigo, si vives criticándola?

- ¿Cómo crees que tu ex pareja va a volver contigo, si vives culpándola?

- ¿Cómo crees que tu ex pareja va a volver contigo, si vives obligándola?

- ¿Cómo crees que tu ex pareja va a volver contigo, si ya no eres el mismo de antes?

- ¿Cómo crees que tu ex pareja va a volver contigo, si ahora andas con una cara de miseria?

- ¿Cómo crees que tu ex pareja va a volver contigo, si ahora andas con una cara de mal de amor?

- ¿Cómo crees que tu ex pareja va a volver contigo, si ahora andas con una cara de espantapájaros?

- ¿Cómo crees que tu ex pareja va a volver contigo, si ahora estás más feo que nunca?

- ¿Cómo crees que tu ex pareja va a volver contigo, si ya estás por perder tu propia cabeza?

- ¿Cómo crees que tu ex pareja va a volver contigo, si las cosas que estás haciendo ahora, ni siquiera los niños las hacen?

De algo estoy más que seguro es que, si tú tuvieras el amor por ti mismo, jamás llorarías por alguien que no te quiere ni tampoco quiere estar contigo. Nadie te va a querer hasta que sepas como quererte y amarte a ti mismo. Tienes que saber que, todo lo que quieres hacer por los demás, primero tienes que hacerlo por ti mismo para poder saber que si es bueno o malo, vale decir, el mejor y el primer regalo, tienes que regalártelo a ti mismo antes de todo.

En caso de que, eres una de esas personas las que siempre lloran por el amor, aprovecho para aclararte este asunto: el hecho de que tú estés engañando a los demás y a ti mismo, diciendo que tienes el amor en tu corazón para dar pero a mi no me puedes engañar con eso. Porque, si supieras lo que es el amor y si lo tuvieras en tu corazón para dar a alguien, sin duda ninguna lo primero que harías después de separarte de tu ex pareja sería empezar a quererte a ti mismo como nunca, en vez de pasar todo el tiempo llorando por alguien que no quiere estar contigo.

No veo ni tampoco entiendo por qué razón tú siempre andas de mal humor por un amor el cual no te merece. Me parece que tu problema es mal de amor y no creo que nadie te pueda ayudar a resolver ese asunto si no quieres hacerlo tu mismo. Ya que, con esta cara que tienes después de la separación con tu ex pareja, cualquiera que te vea así de esta manera saldrá corriendo de ti. Dicho de otra manera, tienes la cara de un fantasma de tantas preocupaciones por el amor y por eso, das mucho miedo a las personas. Mis consejos para ti son los siguientes:

- Si acabas de terminar una relación con tu ex pareja o amas a alguien y el no quiere estar contigo por alguna razón, ya es hora para empezar a dedicarte todo tu tiempo y quererte a ti mismo.

- Hay que disfrutar tu vida como si fuera lo ultimo.

- No tienes que darte por vencido bajo ningún motivo.

- Tienes que disfrutar lo poquito amor que tienes en tu corazón.

- Nadie te puede hacer feliz si tú no lo haces tu mismo.

- Nadie te amará si tu no te amas

- Nadie te va a poder llenar el vacío que tienes en tu corazón si tu mismo no tratas de hacerlo

- Tienes que hacer todo lo posible para poder hacerte feliz contigo mismo

- Debes amarte siempre por lo que eres

- Tienes que ser siempre muy conformista contigo mismo

- Tienes que tratar de ser siempre tu mismo

- Tienes que dejar de complacer a los demás si no eres capaz de complacerte a ti mismo

- Tienes que dejar de llorar por el amor y tienes que saber que, el amor que se te va es porque no era tuyo.

- Debes dejar la costumbre de obligar a alguien a que esté contigo o a que te ame a la fuerza.

- Tienes que repetir esta frase todos los días: **el que llora por el amor es porque no lo tiene en su corazón**

- Tienes que saber que algún día llegará a tus pies el verdadero amor por el cual naciste

¿Por qué razón habría que hacer tantos problemas y hasta llorar por alguien si algún día llegará el amor de tu vida a la puerta de tu casa cuando menos esperas?

En algunas ocasiones, he visto a unos individuos en la oscuridad pero no hay manera de hacerles ver la luz para poder salir de allí. Ellos creen que todo lo que ellos hacen está muy bien pero según mi opinión, ellos están muy equivocados. Ya que echar todo a perder a causa de un amor imposible no es ninguna opción para poder ser feliz. De hecho, yo pienso que una persona que está llorando por el amor es alguien que está en la oscuridad. Es la razón por la cual, cuando alguien cae en esta situación se vuelve ciego, sordo y tonto a la vez y por mas que tu le aconsejes a salir de ese problema, el no te va a hacer caso porque no puede ver la realidad ni tampoco entender la verdad. Hablando de esto, ¿De que manera uno puede darse cuenta de que alguien está en la oscuridad a causa del amor? El que está en la oscuridad buscando el amor de su vida siempre hace las siguientes cosas cuando se enamora de una persona, por ejemplo:

- Si el está enamorado de una persona, siempre quiere tener un **SI** como la respuesta, pase lo que pasen.

- Si el se enamora de una persona, la quiere conseguir de cualquier manera

- El nunca quiere entender ni tampoco aceptar cuando su pareja le dice estas frases: **El amor ya se acabó y no quiero seguir contigo más.**

- El nunca respeta la decisión de los demás.

- Si su pareja lo deja entonces el empieza a llorar sin parar todo el tiempo

- El siempre anda con estas frases: **Quiero que mi pareja vuelva conmigo, yo la amo, siempre le he dado todo de mi pero ahora me deja y no quiere saber nada de mi**

Permítame decirte una cosa muy importante. Yo, cada vez que escucho a alguien diciendo estas frases que acabas de leer, le hago siempre esta pregunta: ¿Tú que estás llorando y sufriendo por una persona que no te ama pero por casualidad tú te amas a mismo? A todas las personas a las cuales yo he hecho esta pregunta, siempre me han contestado de esta manera: **yo estoy llorando por ella, es porque la amo más que a mi propia vida**. Esa es la respuesta más ridícula que he escuchando en toda mi vida. Hay que ser muy tonto para decir algo así. Porque nadie puede amar a los demás mas que a su propia vida. Te voy a dar un ejemplo de la historia de unos vecinos de mis padres para que veas que ningún ser humano puede amar a otra persona más que a su propia vida.

En el pueblito donde yo me críe, allí vivía una señora la cual pensaba en su mente que amaba a su marido más que a su propia vida. Ellos dos no paraban de pelear día y noche. De hecho, la pelea era la principal diversión para ellos. A veces, en mi casa todos teníamos que madrugar a causas de las peleas de nuestros vecinos en la madrugada. El marido siempre le pegaba y la maltrataba mucho a esa mujer sin ningún tipo de motivos. Nos parecía muy raro ver a esa pobre mujer aguantando todos los días tantos golpes pero según la opinión de ella, eso era su manera de amar y de vivir con su marido. Vale decir, la felicidad de ella estaba en las discusiones y las peleas. En otros términos, ellos dos vivían como si fueran lengua y dientes los cuales siempre pelean pero al mismo tiempo nunca se pueden separarse uno de otro. Así mismo, eran esos dos vecinos nuestros, por mas que mis padres y otras personas fueran a la casa de ellos para poner la paz pero no había manera de hacerlo. Por ejemplo, todos los vecinos tenían muchas penas para esa mujer pero ella era muy masoquista. En varias ocasiones, ellos la sacaban a ella de la casa para mandarla a vivir en otro lugar pero unos días después, ella siempre encontraba una excusa para poder regresar a la casa de su marido. Cuando la preguntaban los vecinos a ella: ¿Pero Señora, por qué razón Usted ha vuelto a la casa de nuevo después de todo lo que su marido le había hecho a Usted? Estas son sus respuestas, o sea son estas excusas que ella siempre daba a todos los que le habían hecho la pregunta anterior:

- Yo he vuelto porque no quería dejar a mi gatito sin comida

- Yo he vuelto porque no quería abandonar a mi perro. Soy la que tiene que cuidarlo, nadie lo puede cuidar mejor que yo

- Yo he vuelto porque no me sentía bien en el lugar donde yo estaba

- Yo he vuelto porque la casa donde yo estaba era difícil vivir allí

- Yo he vuelto porque no quería dejar solo mi marido

- Yo he vuelto porque debo cuidar a mi esposo

- Yo he vuelto porque yo se que el se va a cambiar su forma de ser conmigo

- Yo he vuelto porque yo se muy bien que el me va a tratar mejor ahora

- Yo he vuelto porque yo se que el me ama mucho, pero solamente a veces se le mete cosa en su cabeza y por eso, el me pega a veces pero no mucho

- Yo he vuelto porque el es un buen hombre

- Yo he vuelto porque no puedo olvidar a mi hombre

- Yo he vuelto porque no puedo sacarlo de mi cabeza

- Yo he vuelto porque yo lo amo

- Yo he vuelto porque nadie me quiere como el

- Yo he vuelto porque no voy a poder encontrar otro hombre como el

- Yo he vuelto porque no puedo vivir sin el

- Yo he vuelto porque no puedo dejar de llorar día y noche por el. Yo lo quiero mucho por eso le doy todo de mi aun que a veces, el me trate mal pero no tengo razón para dejar de amarlo. No quiero seguir llorando y prefiero estar a su lado.

¿Acaso, tú me vas a decir a mí que, esa mujer tenia el amor en su corazón para dar a alguien?

Según mi opinión, ella no era una de las personas las que tienen el amor en su corazón para dar sino que una persona infeliz y aburrida. Mejor dicho, ella era una persona la cual buscaba la felicidad en el sufrimiento. Porque era la única manera para poder vivir bien con su marido. Era la razón por la que ella no podía deshacerse de su marido. Sus amigos, su familia y sus vecinos podían hacer lo que ellos quisieran pero menos apartarla a ella de su marido. Incluso, ellos muchas veces intentaban separarla de su hombre pero ella siempre tenia sus mejores excusas para volver a su casa. *Para que se entienda mejor,* ella ya estaba muy acostumbrada con los maltratos y los golpes. Los maltratos eran su placer. Su marido tenía que pegarle toda la noche para poder dormir bien y aun que el no quisiera pegar a ella pero ella misma siempre buscaba un motivo para que él la pegara, de otra manera ella no dormía. Después de los golpes, siempre yo escuchaba a ella gritando y diciendo estas palabras:

- Yo lo quiero mucho pero mira como el me está tratando

- Yo le doy todo de mi, pero mira con que me está pagando

- Yo le doy todo mi amor pero el no lo entiende

- Yo lo amo pero el me demuestra lo contrario

- Últimamente el no me está tratando bien como antes

- Me parece que el está con otra mujer, es por eso me está maltratando tanto

- Si el sigue así de esta manera, pronto yo lo voy a dejar solo

- No lo voy a denunciar ahora es porque lo quiero pero si sigue maltratándome, lo voy a denunciar pronto

- El no sabe amar es por eso que me trata de esta manera pero yo si sé como amarlo y el no quiere entender que yo lo amo con todo mi corazón

Yo me pregunto ¿Qué tipo de amor es eso?

Lo mismo que había pasado a esa mujer masoquista la que buscaba su felicidad en los maltratos de parte de su propio esposo, es lo mismo que hoy en día, podemos ver por todo lado. Algunas personas no quieren separarse de su pareja y la única manera para poder logarlo es siendo un muerto. Hay personas que viven quejándose de su pareja todo el tiempo pero por ejemplo, si tu les aconsejas a ellas para que se separen de su pajera para poder vivir una vida mejor, seguro que te van a decir de esta forma: **yo le voy a dar un tiempo para que piense y si no se cambia su forma de ser entonces la voy a dejar, estoy todavía con ella es porque la amo mucho pero si no quiere cambiarse conmigo, yo me voy a separar de ella**. Esos tipos de personas siempre tienen una excusa perfecta para no separarse de su pareja y no hay forma de hacerlo. Lo que yo creo es: permitir que alguien te maltrate no quiere decir que amas a ese alguien sino que eres una persona muy masoquista la cual no puede vivir sin el dolor, o sea tú eres una persona que busca el placer en el sufrimiento.

Algunos dicen que si alguien llora cuando su pareja lo deja es porque el tiene mucho amor en su corazón para dar a ella. Yo diría que eso es una mentira. De hecho el que llora después de una separación es porque extraña a su pareja y sabe bien que sin ella no puede ser feliz. Dicho de otra forma, el es una persona insegura y muy pesimista. ¿Cómo me vas a decir a mí que, alguien que está llorando por su ex pareja es una persona que tiene amor en su corazón para dar? Hay que saber que nadie llora por lo que tiene sino por lo que le hace falta y lo necesita. Por ejemplo:

- Una persona que tiene su estomago lleno no tiene razón para llorar por la comida

- Un bebe con el estomago lleno no tiene razón para llorar por su leche

- Un perro con su estomago lleno se duerme o se pone a jugar pero no ladra por la comida

- Una persona con un corazón lleno de amor nunca lloraría por el amor

Es imposible encontrar una persona que tiene amor en su corazón llorando por otro amor. Ella jamás lloraría por el amor porque tiene el corazón lleno de amor para dar. Ella sabe muy bien que, por ejemplo, si ella está en una relación con alguien y el se la deja entonces es el que tiene mucho que perder pero ella no tiene nada que perder y cuando alguien no tiene nada que perder tampoco tendrá ningún motivo para llorar. Todas estas razones nos enseñan que si una persona está llorando por el amor es porque tiene un corazón vació y el que tiene un corazón sin amor no tiene forma de amarse a si mismo y mucho menos saber como amar a alguien mas. Yo me explico mejor: una persona con el corazón vacío es capaz de olvidarse de si mismo o destruir su propia vida por alguien que la abandona o alguien que le dice que no quiere tener una relación con ella pero en cambio, una persona que tiene el amor en su corazón jamás haría estas tonterías.

Te voy a contar la historia de alguien que vivía llorando porque su ex pareja le había abandonado. Esa persona no solamente lloraba sino que también quería quitarse su propia vida por un amor que no valía la pena. Son cosas que pasan todos los días, incluso hay miles de personas que viven llorando porque alguien no las ama. Ellas no entienden que, el que llora por el amor es porque no tiene amor en su corazón para dar.

Hace unos años atrás, cuando yo estaba tomando clase de informáticas, descubrí toda la importancia que tenia el Internet. Por ese motivo, yo no hacia nada mas que chatear todos los días por Internet. En poca palabra, yo era un vicioso en el chat, no podía vivir sin eso. Porque yo lo encontraba muy practico para poder conocer a otras personas de todos los países del mundo. Yo tenía muchos contactos en muchos países. Una de mis contactos era una chica muy hermosa la cual era una llorona por el amor. Ella y yo, nos hicimos buenos amigos por Internet y nosotros hablábamos más de dos veces por día, los 7 días de la semana, las 4 semanas del mes y los 12 meses del año. De hecho, chatear era nuestro pasatiempo y nuestra pasión. Ella no tenia nada que hacer en su casa y yo trabajaba las 24 horas del día con una computadora. Teníamos la razón perfecta para estar conectados todo el tiempo y comunicarnos uno con otro. Dos semanas después de haber conocido a esa chica por Internet, me di cuenta de que ella no estaba feliz por la forma que ella siempre me contestaba, cada vez yo la saludaba. Un día dado, yo la saludé y vi que su saludo estaba mas frío que lo normal y aproveché para preguntarle que lo que le estaba sucediendo pero ella no quiso contarme sus problemas. Ella tenia todas sus razones para no contarme su vida porque hacia muy poco que nos conocíamos uno a otro. Ella no me tenía confianza y por eso, me hizo esta pregunta:

- Ella me dijo: ¿Por qué razón tu me has hecho esta pregunta si aun no me conoces en persona para saber como yo soy?

- Yo le dije a ella: No hace falta conocer a alguien en persona para saber que algo anda mal porque uno se conoce por sus palabras

Ella no me quiso decir nada porque según ella, yo no era más que un desconocido. Ella tenía muchos amigos por el Internet pero ella no le contaba su problema a ninguno de ellos. De hecho, ella no confiaba en nadie. Dicho de la manera correcta, nadie sabía nada acerca de ese infierno en el cual ella estaba viviendo por causas amorosas. Ella no paraba de llorar día y noche porque su ex novio la había dejado. Por sus respuestas, yo sabía muy bien que ella tenía un problema muy grave pero yo no sabia cual era su problema. Yo estaba muy dispuesto a ayudarla en todo lo que yo podía. Sin embargo, ella no me quiso dar su confianza, por eso yo tuve que pensar en buen plan para poder ganarle la confianza. Porque yo sabía muy bien que si yo le llegara a ganar su confianza entonces ella me contaría todos sus problemas. Mi plan era primero contarle a ella una de mis historias amorosas. Ya que la mejor manera para ganarle la confianza de alguien es darle a ese alguien toda tu confianza. Era por este motivo que yo decidí contársela. Después de haberle contado una de mis historias amorosas a esa chica. Ella se quedo asombrada porque se dio cuenta de que mi historia era muy parecida a la suya. Pero antes de que ella me empezara a contar la suya, ella me hizo otras preguntas.

- Ella me preguntó: ¿Cómo hiciste para poder superar tus problemas, porque me imagino que no fue nada fácil para ti?

- Yo le contesté y le dije: Es cierto, eso no fue nada fácil para mí, pero me han dicho que la vida siempre sigue y mas adelante vive más gente para conocer. Todo eso me da fuerza para poder seguir adelante sin mirar atrás.

- Ella dijo: Es muy fácil decirlo pero no es lo mismo hacerlo

- Yo le pregunté: ¿Por qué razón piensas que no es lo mismo hacerlo?

- Ella me contestó y me dijo: Te lo dije, porque tu historia es muy similar a la mía, y hace tiempo que estoy tratando de superar mis problemas pero no puedo, de hecho estoy a punto de darme por vencida.

Al escuchar estas cosas, me di cuenta de que su problema era más grande de lo que yo me imaginaba. Yo le pedí que me lo contara para ver en que le podía ayudar. Fue entonces ella se decidió contarme sus problemas amorosos por los cuales ella no paraba de llorar día y noche, desde que su ex novio le había abandonado. Ella me contó que su ex novio fue su primer novio y no había conocido a ningún otro hombre en toda su vida. Ella había estado con el, desde cuando ella cursaba en el sexto curso en la escuela primaria hasta terminar la escuela secundaria. Ella me contó también que lo amaba tanto a ese chico y no pudo sacarlo en su mente. Y tampoco no quería tener otro novio que no fuera su ex novio. Quiere decir que, ese chico fue su primer novio y también será el último, porque ella no iba a quedarse con vida para amar a ningún otro hombre más. Cuando ella me dijo esas cosas, yo me quedé aturdido. Porque yo vi que ella tenia malas intenciones en su mente. Había que buscarle ayudas rápidamente pero lo malo era que no teníamos ningún amigo en común. Vale decir, yo no conocía a ninguno de sus amigos. Yo no tenía otra opción que decidirme yo mismo a ayudarla en lo que podía. Yo tomé el coraje y le hice estas preguntas.

- Yo le pregunté: ¿Por qué razón me has dicho que tu ex novio fue el primero y también será el último?

- Su respuesta era: Es porque yo no quiero seguir adelante con mi vida. Porque el era todo para mi, y después de haberme dejado, yo no he podido encontrar ningún motivo para poder seguir viviendo en este mundo. Ya que yo le había entregado toda mi confianza, todo mi amor y mi corazón. Pero el no me valoró para nada, es por eso me ha engañado con otra chica.

- Yo le dije: ¿Pero tus padres se han enterado de todo lo que está ocurriendo?

- Ella me dijo: Claro que si, mis padres se han enterado de todo. De hecho, ellos me han buscado ayudas de los profesionales pero yo dejé de ir porque vi que eso era muy aburrido.

Ella no solamente dejó de buscar las ayudas de los profesionales sino también ella echó a perder todo lo que tenia por delante. Mejor dicho, ella abandonó a todo en su vida por la causa de su ex novio. Por ejemplo:

- Ella dejaba de comunicarse con sus amigos como de costumbre

- Ella no hablaba ni siquiera con sus padres ni sus hermanos

- Ella dejaba de alimentarse

- Ella abandonaba a todos sus estudios

- Ella dejaba de salir afuera de su casa. Ella pasaba todo el tiempo encerrada en su habitación llorando sin parar. Incluso, ella había intentado suicidarse en varias ocasiones dentro de su habitación.

Era la primera vez en mi vida que yo hablaba con alguien que quería quitarse su vida. Yo no tenía ninguna experiencia en ese asunto. Para decir la verdad, ese día en el que, ella me había contado sus historias, yo estaba muy preocupado por ella sin haberla conocido en persona. Su historia amorosa me hizo saber que ella no tenía el amor propio en su corazón. Ella había regalado todo el amor que tenia a su ex novio y al final ella andaba con un corazón vacío y destrozado. Y por estos motivos, yo aproveché para hacerle algunas preguntas personales antes de que fuera muy tarde.

- Yo le dije: ¿Por qué te has renunciado a todo en tu vida, eso quiere decir que tú no te amas, por lo menos si tuvieras el amor por ti misma, nunca harías algo así?

- Esta era su respuesta: Yo le había dado a mi ex novio todo el amor que tenía en mi corazón, en este momento yo ni siquiera tengo el amor propio. De hecho me he quedado con el corazón vacío y ya no sé que es el amor. Esta es la razón por la cual yo me quiero suicidar para salir de todos mis sufrimientos.

- Yo le dije: ¿Entonces a ti no te importa tu propia vida, según todo lo que me has dicho?

- Ella me dijo: A mi no me importa mi vida, ya que no tengo ni siquiera un corazón para amar a nadie ni tampoco puedo sentir la felicidad ni el deseo de vivir. Según mi opinión es mejor destruir completamente la vida que vivir sin el amor. Ya que eso es la mejor manera para uno deshacerse de todos los problemas para siempre.

- Yo le dije: Yo lo pienso diferente pero respeto tu decisión.

- Ella me dijo: Yo lo pienso así y así será

- Yo le dije: Pero si tienes algo y no lo quieres más, en vez de desperdiciarlo es mejor que lo regales a alguien. Quizás lo que no te sirve a ti servirá seguramente a las otras personas.

- Ella me dijo: No te entiendo, ¿A que te refieres con eso?

- Yo le dije: Yo me explico mejor, por ejemplo, si tienes algo, no lo estás usando para nada ni tampoco lo quieres entonces cualquier otra persona que lo necesita puede tomarlo para hacer lo que ella quiera con eso y no te vas a molestar para nada porque no te hace falta ni tampoco lo quieres.

- Ella me contestó y me dijo: Por supuesto, es así mismo como tu lo dices

- Pero ella no sabia a que yo me refería y por eso le dije: En este caso, me doy cuenta de que, a ti no te importa tu vida entonces ¿Me la puedes regalar?

- Ella se sorprendió al escuchar esta pregunta la que yo le hice y ella me dijo: ¿Acaso tu estás de broma pero te estoy hablando en serio y que lo que me quieres decir con regalarte mi vida?

- Yo le dije: yo también te estoy hablando en serio, quiero que me entregues tu vida en vez de destruirla porque a mi me servirá.

- Ella me dijo: Yo aun no te entiendo, ¿Cómo que a ti te servirá si no es un objeto y por mas que yo quiera regalártela pero como se hace?

- Yo le dije: No hay que complicar la vida, eso es muy fácil y simple, todo lo que tienes que hacer es dedicarme tu propia vida. En pocas palabras, vale decir que, cada vez que quieres suicidarte, primero tienes que pensar que no debes destruir algo que no es tuyo. Porque eso es un delito y un pecado imperdonable a la vez.

- La respuesta de ella era: Yo he hablado con varias personas acerca de mis problemas, de hecho, he ido a la casa de varios profesionales para buscar ayudas pero nadie me había pedido algo así en toda mi vida.

- Yo le dije: Siempre hay una primera vez, y lo que te he dicho es algo propio mío. Yo pienso y veo la vida de esta manera, por ejemplo, si alguien se deja de querer y no quiere seguir adelante con su vida, entonces antes de destruirla yo se la pido.

- Ella me dijo: A mi me parece muy bien la idea pero aun no sé como se hace porque según mi punto de vista eso es imposible.

- Yo le dije: yo pienso que nada es imposible si realmente quieres intentar, y con respeto a eso, quiero hacerte una pregunta

- Ella me dijo: ¿Qué me quieres preguntar?

- Yo le dije: ¿En toda tu vida, has visto a alguien morirse dos voces?

- Ella contestó y me dijo: Por supuesto que no, jamás he visto a nadie morirse más de una vez. Hasta donde sé que todos los que se han muerto, se murieron una sola vez y para siempre. Es la razón por la cual yo me he decidido suicidar para no tener que llorar ni sufrir más por el amor.

- Yo le dije: imagínate que, tú estás muerta y yo me he quedado con tu cadáver. Tú no puedes hacer nada con tu cadáver, ya que no estás viva para decidir lo que quieres hacer ni tampoco no vas a poder suicidarte de nuevo. Es lo mismo que pasará si me dedicas tu vida a mí. Tienes que pensar que tu vida no es tuya sino mía. Tú tienes derecho para hacer todo lo que quieras y cuando quieras pero menos suicidarte porque tu vida no te pertenece a ti sino a mí. Si alguien día cuando seas vieja y te mueres es porque Dios lo quiso de esa manera pero no será porque tu lo has decidido así de esa manera.

- Ella me dijo: Entonces ¿Eso es todo lo que tengo que hacer y nada más?

- Yo le dije: Tienes que hacer exactamente lo que acabo de decirte y nada mas

- Ella me dijo: Entonces si es así como me lo has dicho, yo quiero intentar desde hoy mismo.

- Yo le dije: Así mismo, desde hoy mismo, tienes que tratar de disfrutar cada segundo en tu vida como si fuera lo último. No tienes que dar mente a ninguno de tus problemas. Desde ahora vives para disfrutar y hacerte feliz pero no para sufrir ni tampoco pensar en nada negativo.

Ese mismo día, nos quedábamos hablando hasta la madrugada. Yo me quedé con ella hablando porque no me quería ir a cama sin poder convencerla. Después de haberlo hecho, me fui a cama con una alegría que yo jamás había tenido antes en toda mi vida. Al día siguiente, me levanté temprano y me conecté para hablar con ella pero no la encontré en el Chat. Yo dije que raro, porque ella siempre estaba conectaba cada vez que yo entraba al Chat. Le dejé un mensaje para saber como andaba. Recién en la tarde, ella me contestó y me dijo que había salido a caminar un rato después de tanto tiempo encerrada en su habitación sin salir afuera. Ella quería respirar el aire puro porque le hacia mucha falta. Desde entonces ella se ha decidido y empezado a quererse, amarse, valorarse ect… Dicho de otro modo, ella estaba a punto de suicidarse pero yo le di una razón para poder seguir adelante con su vida. Yo lo hice porque yo se muy bien que nadie se conforma con lo que tiene y cuando se lo pierde entonces entiende su valor y su importancia. Es por este motivo, después de haberle pedido a ella su vida como un regalo entonces ella ha podido entender lo importante que es la vida.

Desde entonces yo gané toda su confianza y hablaba siempre con ella porque yo tenía que seguir dándole el apoyo mental todo el tiempo. En muy poco tiempo después de estos hechos, ella se ha transformado en una belleza. Quiere decir, ella se pasó de ser una persona pesimista, cobarde, vencida, negativa, incompetente y deprimida a una persona muy atractiva, talentosa, valiente, aplicada, competente, positiva, optimista, soñadora ect.. Hay muchas cosas las cuales yo no le he dicho a ella pero con el tiempo ella misma se ha dado cuenta de todo lo que iba a echar a perder si no fuera por mi. Hoy en día, ella está viviendo y disfrutando su vida con alguien que ama y el también la está tratando a ella como una reina.

Todos esos problemas que mi amiga tenia a causa de un amor imposible son los mismos los que están acabando con la vida de muchas personas últimamente sin poder darse cuenta de que, el que llora por el amor es porque no lo tiene en su corazón. La única manera para llorar por el amor es teniendo un corazón vacío. Mi amiga tenía un corazón vacío, era por eso, ella no paraba de llorar. De hecho, por poco ella iba a quitarse la vida por un amor que no le convenía. Ella pensaba que quería mucho a su ex novio pero estaba muy equivocada. Lo que ella pensaba era todo lo contrario de amar a alguien. Ella quería estar con el para poder ser feliz. Ya que sin el, ella no tenia vida ni ningún motivo para seguir adelante. La única razón de vivir que ella tenia era estando con su ex novio. Pero en este momento, ella anda con los ojos abiertos para poder ver la realidad y vivir el mundo real. Antes ella vivía en un mundo de fantasía y de sueño. Ella estaba metida en la oscuridad y no podía ver nada con claridad. Desde que yo le había abierto sus ojos, ella se ha dado cuenta de que, todas las cosas que ella hacia después de perder a su ex novio eran puras tonterías. Porque esas cosas, solamente los tontos se las hacen. Nadie que tenga algo de cabeza haría algo así por alguien. Hay que saber que una persona que se quiere suicidar por el amor es una persona anormal.

Con muchas frecuencias, mis amigos me han hecho esta siguiente pregunta para **examinar**me y ver mis maneras de pensar acerca del amor: ¿Cómo tu haces para no llorar por alguien que tu realmente amas con todo tu corazón y el te rechaza porque no quiere tener nada contigo?

Para empezar, esta es una buena pregunta. Es tan buena, todo el mundo quiere tener su respuesta. **En primer lugar** para ser sincero, en muchas ocasiones me he enamorado de algunas personas las cuales no quieren tener nada conmigo. Eso siempre me ha causado muchos dolores en mi alma, por ejemplo cuando alguien que yo amo me rechaza, eso no es nada fácil para mí. Siempre se me ha hecho muy difícil entenderlo en el momento que alguien me ha rechazado pero con el tiempo trato de superarlo yo mismo. Porque yo siempre trato de ponerme en el lugar de la persona la que yo amo para poder pensar como ella. Vale decir, trato de ver las cosas a través de los ojos de ella. **En segundo lugar**, estoy muy consciente de que no debo obligar a una persona para que me ame o esté conmigo si ella no siente nada en su corazón por mí. **Y en tercer lugar**, cada uno tiene derecho a disfrutar su vida como y con quien el quiera. Esta es primera razón por la cual yo siempre les dejo libre a todas las personas las que me han rechazado sin hacerles la vida imposible. La otra razón es que: Yo siempre me he valorado a mi mismo. Porque me he dado cuenta de que nadie me puede hacer feliz si yo mismo no lo hago. *Para que se entienda mejor*, yo no me siento más importante que nadie ni tampoco me siento inferior a ninguna persona. Estos motivos me obligan a tomar decisiones muy fuertes y a la vez ser muy realista en la vida. Por ejemplo:

- Si alguien no quiere tener una relación amorosa conmigo, eso me da igual

- Si alguien no quiere estar a mi lado, eso me da igual

- Si hablo con alguien y veo que el no tiene ganas de hablar conmigo, yo también lo dejo de hablar

- Si doy todo de mi a alguien y el no me valora. Yo lo abandono sin pensarlo dos veces

- Si amo a una persona y ella me demuestra todo lo contrario, en ese caso trato de no perder mi tiempo y mis energías en ella. Prefiero dedicar todo mi tiempo a mi mismo para hacerme feliz y también pasarlo bien con las personas las que realmente me aman.

Me he dado cuenta de que si yo me paso todo mi tiempo llorando por alguien que no me quiere para nada, con el tiempo tendré yo mismo que pagar las consecuencias por haber sido un tonto. ¿De que manera tendré yo que pagar las consecuencias? Por ejemplo, si en vez de hacerme feliz conmigo mismo y vivo llorando por alguien que no me ama, en ese caso estoy haciendo un gran daño a mi mismo. Con el tiempo yo me enfermaré y seguramente moriré por alguien que ni siquiera me ha valorado como gente. Yo siempre he dicho y repito que, llorar por alguien que no vale la pena es una cosa la que hacen solamente las personas tontas y ciegas. Yo no la hago porque yo me amo y me valoro mucho. Si yo tendría que echar lágrimas en mis ojos, lo haría solamente por las personas que han llorado por mí pero bajo ninguna circunstancia lo haría por alguien que no me ama. Yo siempre trato de alejarme lo más lejos posible de todas las personas las que no me aman a fin de que yo pueda olvidarlas. Es por este motivo siempre tengo esta frase para todas las personas las que me han rechazado: **Hasta la vista muchacha**. Algunas de ellas se han dado cuenta de que yo también las rechazo, por eso a veces ellas mismas vuelven a buscarme para poder darme una oportunidad pero desafortunadamente siempre se les ha hecho muy tarde porque si amo a alguien el cual me ha tratado mal o me ha decepcionado entonces el jamás tendrá otra oportunidad de mi parte. A mi no me gusta volver a vivir en mi pasado. Es por esta razón, no soy de llorar por nadie porque el que me ha abandonado lo tiene que hacer una vez y para siempre. Según mi opinión, el que llora por un amor es alguien que ha abandonado a su presente para poder vivir el pasado. En mi caso, prefiero hacer todo lo contrario, por ejemplo, prefiero olvidarme del pasado y disfrutar mi presente. Ya que mi pasado está muerto y no volverá jamás.

Pero ¿Como puedes creer que alguien puede amar a otra persona más que a su propia vida? Eso no es cierto sino una mentira ¿Cómo alguien puede amar a los demás si ni siquiera sabe que es el amor? Hay que tener siempre mucho cuidado con estas personas que siempre andan llorando por el amor. Ellas son capaces de hacer lo que sea posible para poder conseguir al amor de su vida y si no pueden lograr sus objetivos entonces se dan por vencidas, vale decir, ellas piensan que el mundo no tiene sentido, por eso, entran en pánico hasta suicidarse. Según mi opinión, si yo tendría que elegir a alguien como mi pareja, jamás elegiría a una persona que suele llorar por el amor porque yo sé muy bien que ella no tiene amor en su corazón sino que ella busca a alguien para que llene el vacío que ella tiene por dentro. Por todos estos motivos, por favor, si tienes que mentir entonces a mi no me mientas porque no te voy a creer nada de lo que dices. Si te veo llorando por alguien que amas, me voy a dar cuenta de que lo haces es porque no tienes amor propio en tu corazón. Yo se muy bien que no puedes amar a nadie mas que a ti mismo. De hecho, si sabes como amarte a ti mismo entonces se te hará fácil amar a alguien más. Ya que según la regla número 25: para poder amar a alguien primero tienes que amarte a ti mismo

La regla número 25: para poder amar a alguien primero tienes que amarte a ti mismo

Por mas que tu no creas pero es cierto lo que dice esta regla. Si quieres amar a alguien primero tienes que amarte a ti mismo. El verdadero amor es el que sale de tu corazón y para poder dar amor alguien debes tener el amor propio. Si no tienes el amor en tu corazón, todo lo que tú dices no es cierto sino que solamente falsa palabra. La mejor manera para enseñar a alguien cuanto y como lo amas es amándote primero a ti mismo. De tal manera, el se dará cuenta de que eres capaz de amarlo. Ya que es imposible amar a los demás si aun no sabes como amarte a ti mismo. Es bueno saber que, la primera fruta que sale de tu árbol, debes comértela para poder saber el sabor de tus frutas antes de repartirlas con amigos o venderlas a otras personas. Serias tú un verdadero tonto si repartieras todo lo que tienes a otras personas y no guardaras nada para ti. Tienes que saber que, el que sabe como amar es aquel que se ama y se quiere a si mimo. Por ejemplo, las personas que me han dicho que me quieren o me aman pero si veo que ellas no tienen el amor por ellas mismas, no las creo porque yo sé muy bien que ellas no me pueden amar si aun no saben que quiere decir: **el amor propio**. Yo, hace rato que no me he dejado llevar más como antes por las cosas que dicen y las falsas promesas las que me hacen las personas. A mi me gustan mas los hechos que las palabras, por eso prefiero que me demuestren el amor real en los actos cotidianos. Yo siempre me pregunto:

- ¿Qué tipo de amor me quieres dar si aun no sabes que significa la palabra amor?

- ¿Qué tipo de amor me puedes dar si todos los que dices son palabras?

- ¿Qué tipo de amor me quieres dar si nunca tienes tiempo para poder amarte a ti mismo?

- ¿Qué tipo de amor me puedes dar si todo lo que me dices a ami y también dices lo mismo a los demás?

- ¿Qué tipo de amor me puedes dar si hoy me dices una palabra y estoy seguro de que mañana me vas a decir otra diferente?

- ¿Qué tipo de amor me puedes ofrecer si todos los que dices son solamente falsas promesas?

- ¿Qué tipo de amor me puedes dar si todo lo que dices ni tu mismo lo crees?

Me di cuenta de que, algunas personas viven prometiendo a los demás algo que ni siquiera ellas mismas tienen. Nadie puede dar amor a nadie si aun no sabe como amarse a si mismo. Si eres uno de esas personas que siempre suelen decir que aman a alguien con todo su corazón sin tener aun el amor propio, yo te puedo decir que te estás engañado a ti mismo. No todos somos unos tontos para creerte cuando dices que eres capaz de amar a alguien pero todavía no eres capaz de demostrárselo con hechos sino con palabras. En esta situación, todo lo que dices es una gran mentira, y persona como yo, siempre busca los hechos pero nunca las palabras. Hay personas que te pueden creer por un tiempo limitado pero al final se van a dar cuenta de que, todo lo que has dicho no es verdad. Si sigues haciendo falsa promesa sin poder cumplirla, te hará muy difícil encontrar el amor de tu vida, ya que vives engañándote a ti mismo. Es la razón por la cual, siempre te estás quejando y diciendo que nadie te ama. De hecho, en muchos casos, los demás no tienen la culpa sino que tu mismo la tienes. Desde ahora mismo, tienes que empezar a revisarte a ti mismo y a tu propia casa para poder encontrar los problemas y los errores por los cuales siempre te has fracasado en el amor. No es bueno culpar siempre a los demás por algo sin que ellos sean culpables de nada, ya que muchas veces, tienes a tus propios obstáculos y problemas bajo de tu nariz y sigues echando la culpa a alguien más sin poder pensar que eres tu mismo el problema.

Permítame contarte lo que le pasó a una de mis tías por haber amado a un hombre

Una de mis tías se enamoró de un hombre de tal manera ella se descuidó y se olvidó de si misma para poder amar a su hombre. Ella llegó a un tal punto se volvió loca para el, quiere decir que, ella había echado a perder todo lo que tenia por delante e incluso su propia vida por la causa de aquel hombre. Yo se muy bien que el amor es algo indiscutible y no tiene limite pero hacerte ciego por el amor es lo peor que te podría pasar en toda tu vida. Eso era el caso de mi tía. Ella no quería ni tampoco aceptaba nada más en su vida que no fuera ese hombre. En otros términos, ella quería estar todo el tiempo con el y por eso, ella abandonó a sus propios hijos y su propia casa para andar detrás de ese individuo. Ella pasaba días sin comer ni beber nada por causas amorosas. Mi familia y todos los amigos de mi tía, siempre le aconsejaban para que abriera sus ojos para poder ver la realidad y poder salir en ese mundo de fantasía en el cual ella vivía. A pesar de todos estos consejos pero sin embargo ella no hacia caso a nadie. Su lema era: **estoy ciegamente enamorada de mi dulce hombre**. Ella se adelgazaba cada vez mas y mas sin poder entender que, para uno amar a alguien entonces uno tiene que amarse primero a si mismo. Todos esos sacrificios que mi tía estaba haciendo por ese hombre eran en vano **¿Por qué?** Era porque ese señor no quería a mi tía para nada, ya que tantas locuras que ella había hecho sin pensar entonces el se dio cuenta de que ella no era una persona normal sino que era una loca. Mejor dicho, ella era una enferma por el amor. Ese hombre tenía toda su razón para pensar de esta manera. Era muy cierto que mi tía tenia unos problemas mentales a causa del amor. Porque sus hechos hablaban por ella y nadie que está bien de cabeza haría las locuras que hacia mi tía por un amor. De hecho, Ella pasaba meses en esa misma condición, ya que ella no entendía ni tampoco veía otra cosa en su vida que no fuera aquel hombre. Había una sola cosa la que mi tía no sabia era que, la ignorancia tiene su precio y eso siempre se paga al contado. Por consiguiente, después de par de meses en esa misma condición, ella tuvo anemia porque no quería ni tampoco tenia tiempo para alimentarse. Cuando se dio cuenta de su problema de salud, ya estaba demasiada desnutrida, no solamente por no haberse alimentado bien sino que también por haber perdido su cabeza por un amor imposible. Por casualidad, ella seguía caminando pero no tenia ni siquiera fuerza para hacerlo bien. Vale decir que, ella era un zombie en vida. De hecho, su cara le daba miedo a la gente. Ella estaba pagando un precio sin darse cuenta de nada. Mi tía se veía tan fea incluso su propio hombre le tenia miedo. Era por eso, en muchas ocasiones el se escondía de mi tía para no tener que verla ni hablar con ella en persona. Yo no puedo culpar a ese hombre porque era mi tía la que tenia toda la culpa. Estoy muy consciente de que, nadie quiere tener una relación amorosa con un zombie y mi tía era un zombie en vida. Es decir, ella era un esqueleto caminando y respirando. El mal de amor estaba acabando con ella viva. Según la opinión de ella, amar es olvidarse completamente de si mismo para poder amar al otro pero sin embargo ella estaba muy equivocada, era por eso mismo que estaba pagando las consecuencias con muchos intereses por haber sido una tonta la cual andaba con la cabeza metida en la oscuridad sin poder ver nada. Un día dado, ella se fue muy temprano a ver si se encontraba con ese hombre, porque ella había tenido muchos días sin poder ver al amor de su vida. Mis abuelos y mis tíos estaban muy preocupados por mi tía y por eso, ellos no querían que ella fuera sola a la casa de su hombre pero no había forma de explicarlo a mi tía. Ella se levantó muy temprano en la mañana y se fue en lo de su amor pero pasaban muchas horas y ella no regresaba a su casa. Sus hijos empezaron a preocuparse por ella. Ellos avisaron a mis abuelos y mis otros tíos. Ellos salieron a buscar a ella por todos lados y no la encontraban por ninguna parte. Después de 3 horas de búsqueda, alguien le informó a uno de mis tíos acerca de una mujer que estaba en el hospital. Ellos se fueron corriendo a ver quien era esa mujer. Cuando llegaron al lugar y vieron que era mi tía la que estaba internada. Lo que pasó fue que ella se desmayó en camino y una ambulancia se la llevó al hospital. Ella estaba inconciente y en estado muy critico porque su salud estaba en peligro. Nadie sabía quien era ella y por eso, los que trabajaban en ese hospital no tenían como avisar a los parientes de ella. Por suerte al final, mis tíos y mis abuelos la encontraron. Ella se tuvo que pasar más de 4 meses internada para que pudiera recuperarse porque estaba muy desnutrida y con mucha anemia. En otras palabras, ella estaba cerca de la muerte por un amor que no estaba a la altura de ella. Por otro lado, aquel individuo por el cual mi tía estaba sufriendo supo de todo lo que estaba sucediendo con mi tía pero el ni siquiera fue a visitarla en el hospital. Pero de algo estoy muy seguro, mi tía tuvo suficiente tiempo en la cama de un hospital para que pudiera pensar como un ser humano y ver la realidad en el mundo que ella estaba viviendo, quiere decir que, durante ese lapso de tiempo en la cama, ella logró entender que la unica manera para poder amar a alguien mas es amándote a ti mismo primero. Este era el punto que toda mi familia y sus amigos querían hacerle entender a mi tía desde el principio antes de que sucediera esa desgracia pero ella no les hacia caso. Porque ella era muy incrédula y muy terca a la vez. Ella no quería practicar la regla número 25, de hecho ella quería romperla pero al final tuvo que pagar la consecuencia al contado. Con referencia a lo mencionado, me he dado cuenta de que, las cosas siempre suceden por algo muy especial, vale decir que, ella tenia que llegar hasta ese punto para que pudiera entender que, es malo amar a alguien mas que tu propia vida. Después de haberse recuperado bien mi tía, los médicos le dieron de alta para que fuera a su casa. Al regresar a su casa, mi tía le echaba la culpa todos los días a su hombre pero después de haberlo pensado muy bien, ella se ha dado cuenta de que el hombre no tenia la culpa de las locuras y los problemas de salud de mi tía sino que ella misma era el problema. Fue a partir de allí que ella ha tomado conciencia de sus propios errores que había cometido por hacer sido una ignorante. Desde entonces ella ha puesto la regla número 25 en la entrada de su casa para poder verla cada vez que salga o entre en su casa. Vale decir que, ella empezó a amarse y quererse más que nunca. Ya que ella se ha dado cuenta de que la única manera para dar amor a alguien es teniendo el amor propio. Ella se ha dedicado su tiempo para hacer gimnasio, comer comidas saludables y llevar una vida tranquila. Dicho de la manera correcta, ella pasó de ser una enferma mental por el amor a una de las mujeres más deseables en su barrio con el tiempo. Todos los hombres de esa zona, solamente al ver a ella, ellos la deseaban pero ella no quería volver a pasar por el mismo camino de antes, sino esperar hasta que llegara alguien que valía la pena. Pero dicho y hecho, tal como ella lo planeaba así mismo fue que le sucedió. Un día, ella fue a la playa y conoció a un hombre que era de otra ciudad. Ellos se conocieron y se quedaron en contactos. Después de unos 6 meses conociéndose uno a otro, ellos se enamoraron y se casaron. Hoy en día, ellos están juntos y el lema que ellos siempre usan es: **hasta que la muerte nos separe**

Esta historia nos enseña que, no hay razón para poder amar a alguien mas si aun no sabes como amarte a ti mismo. Porque el que no tiene el amor propio y aun así quiere amar a alguien más, no es mas que un enfermo mental. Por este motivo, hay que saber estas cosas de memoria, por ejemplo: primero es saber como amarte a ti mismo y después amar a los demás.

Tú que vives siempre quejándote por el amor sin poder entender que en muchos casos, eres tú mismo el principal problema en todos tus fracasos por el amor. Es decir que no tienes que seguir culpando a los demás sino que tienes que revisarte a ti mismo, porque quizás eres tu mismo el problema por el cual todos los demás te tienen miedo, ahora bien, te hago estas preguntas:

- ¿Cómo crees tú que fulanito te va a amar si el ya sabe muy bien que todo lo que dices es pura mentira?

- ¿Cómo crees tú que fulanita te va a amar si ella ya sabe muy bien que todo lo que dices, solamente lo dices por decir pero nada sale de tu corazón?

- ¿Cómo crees tú que tu ex pareja te va a volver a amar si ella ya se ha cansado de todas tus falsas promesas?

- ¿Cómo crees tú que tu pareja te va a seguir amando si ella ya ve y sabe muy bien que no posees nada de lo que le estás ofreciendo?

- ¿Cómo crees tú que novio te va a amar si el ya sabe muy bien que eres toda una falsa?

- ¿Cómo crees tú que tu novia te va a amar si ella ya sabe muy bien que tú ni siquiera te amas a ti mismo?

- ¿Cómo crees tú que puedes amar a alguien más en tu vida si tú solamente vives para engañarte a ti mismo?

A mi no me gusta cuando alguien siempre anda con la misma excusa todo el tiempo. Tienes que saber que, alguien que te ha dejado o alguien que no quiere esta contigo, generalmente es por una razón muy especial. Quizás, tu mismo eres el problema principal por lo cual siempre te abandonan. Por todos estos motivos, hay que dejar de culpar a los demás, porque ellos también están libres para elegir como y con quien vivir su propia vida. Los que te puedo decir son: antes de amar a alguien tienes que tratar de amarte a ti mismo, e incluso, debes dejar de engañarte a ti mismo porque no vale la pena. El día que tengas el amor propio entonces las otras cosas se te harán mucho más fáciles de conseguir, porque el amor es la puerta que nos facilita caminar hacia la felicidad. No me hace falta que me digan que alguien tiene amor propio o no. Porque yo siempre me doy cuenta con mucha facilidad. Por ejemplo, las personas que no tienen el amor propio, siempre tienen en su boca estas excusas, ya que ellas siempre viven quejándose y diciendo de esta forma:

- Yo amo a fulanito con todo mi corazón pero el no me ama

- Yo amo mucho a mi pareja pero ella no me quiere ni me ama para nada

- Me muero por fulanita pero ella no siente nada por mi

- Yo adoro a mi ex pareja y no puedo dejar de pensar en ella pero ella no me ama

- Tengo mucho amor para dar a mi novia pero ella ni siquiera me quiere

- Mi corazón está lleno de amor para mi novio pero el no siente nada por mi

- Yo amo a mi pareja mas que a mi mismo pero ella no me valora para nada

- Yo amo tanto a fulanito y soy capaz de hacer cualquier cosa para poder estar con él pero yo siento que el no me ama

- Le doy a mi pareja todo de mi, pero me doy cuenta de que ella no me ama para nada

- Yo amo a mi ex pareja pero ella se aburró de mi

- ¿Qué puedo hacer yo para poder dejar de amar y de querer a mi ex pareja?

- ¿Qué puedo hacer yo para poder olvidar a mi ex pareja?

Cada vez que escucho estas palabras en la boca de alguien, vale decir, alguien que se está quejando por el amor. He aquí, las preguntas que yo siempre le hago a él:

- Estás diciendo que fulanito no te ama pero ¿Tienes amor propio?

- Estás diciendo que fulanita no te ama pero ¿Alguna vez, has pensando en amarte a ti mismo?

- Estás diciendo que tu ex pareja no te ama pero ¿Sabes cual es el significado de la palabra amor?

- Estás diciendo que tu pareja ya no te ama como antes pero ¿Te has amado a ti mismo?

Son estas preguntas que yo suelo hacer a las personas que siempre se están quejando por el amor pero todavía nadie me ha contestado a mis preguntas, incluso cada vez que les hago estas preguntas siempre se quedan con la boca abierta porque no saben que contestarme. Por todos estos motivos me he dado cuenta de que:

- Es muy fácil decir que alguien no te ama

- Es muy fácil quejarte de alguien que no te ama

- Es muy fácil criticar a alguien que no siente el amor por ti

- Es muy fácil culpar a alguien que no quiere tener una relación contigo

- Es muy fácil ver el lado malo de alguien el cual no te quiere

- Es muy fácil hacerle daño a alguien que no quiere estar contigo

- Es muy fácil maltratar a alguien que te dice que no te ama

- Es muy fácil reprochar a alguien que te dice que no quiere seguir en una relación amorosa contigo

- Es muy fácil hacerle la vida imposible a alguien que amas mucho y el no siente lo mismo por ti

Todas estas cosas son fáciles de hacer cuando realmente amas a alguien y el no siente lo mismo por ti en su corazón pero al final yo me pongo a pensar y me doy cuenta de que, lo difícil es saber como hacer las cosas bien en este mundo, por ejemplo:

- Lo difícil es saber como amarte a ti mismo

- Lo difícil es ver la realidad

- Lo difícil es entenderte a ti mismo

- Lo difícil es saber como quererte a ti mismo

- Lo difícil es ver el lado bueno de alguien que no te ama

- Lo difícil es darle la razón a quien que la tenga

- Lo difícil es ver la oscuridad en la cual estás tu

- Lo difícil es saber lo equivocado que estás tu

- Lo difícil es dejar libre a alguien que realmente amas

- Lo difícil es aceptar un **NO** como la respuesta cuando realmente amas a alguien

- Lo difícil es respetar la decisión de alguien que amas de verdad

- Lo difícil es darle a alguien todo lo crédito que se merece, aun que el no te ame como antes

- Lo difícil es reconocer a alguien por todo lo que ha hecho por ti en el pasado, aun que el no quiera estar mas contigo

- Lo difícil es desearle lo mejor a alguien que tuvo una relación contigo pero ahora te dice que no quiere seguir contigo

- Lo difícil es amar a alguien que te odia

- Lo difícil es dejar de complicar tu propia vida por un amor que no te merece

- Lo difícil es tratar bien a alguien que te ha maltratado

- Lo difícil es dejar en paz a alguien que no quiere seguir teniendo una relación contigo

- Lo difícil es darle su libertad a alguien que te dice que ya no quiere ser tu pareja

- Lo difícil es entender que cada uno está libre para elegir con quien vivir su vida

- Lo difícil es entender que no tienes ningún derecho a obligar a alguien para que te ame o este contigo de cualquier manera

- Lo difícil es aceptar cuando no tengas la razón en algo

- Lo difícil es entender que muchas veces, los demás no tienen la culpa de nada sino que tu eres el que siempre la tiene

- Lo difícil es saber que no debes amar a nadie mas que a ti mismo

¿Cuáles son las ventajas que tienen todas las personas las que poseen el amor propio?

Para decir la verdad, aquel que tiene el amor propio tiene también muchas ventajas en su camino hacia el éxito, dicho de otro modo, es una persona muy afortunada. Para hacerte entender mejor acerca de lo que estoy hablando, te voy a dar unos ejemplos para que veas y entiendas bien, por qué razón es siempre bueno tener el amor propio. Por ejemplo, si sabes como amarte a ti mismo entonces:

- De la misma manera sabrás como amar a los demás

- De la misma manera sabrás como dejar libre a alguien que realmente amas

- De la misma manera sabrás como respetar la decisión de los demás

- De la misma manera sabrás que no debes dar a alguien lo que no tienes

- De la misma manera sabrás que la limpieza debe empezar siempre por casa

- De la misma manera sabrás que no debes obligar a alguien para que te ame

- De la misma manera sabrás que no hay ninguna razón por la cual debes hacerte problemas sino que resolver todos los problemas

- De la misma manera sabrás como ponerte a ti mismo siempre en el primer lugar antes de todo en la vida

Estas son las cosas que siempre hacen las personas que tienen el amor propio y si tú ha visto a alguien haciendo lo contrario, tienes que saber que no es una persona que tiene el amor propio. Ya que la palabra **amor** quiere decir, la luz que ilumina el camino de todo aquel que se ama a si mismo. Yo opino que, si tu te amas a ti mismo, eres una persona que anda con la suerte por delante, vale decir que, los problemas que tienen que ver con las relaciones sentimentales nunca te perseguirán porque eres una persona sabia y harás siempre la cosa bien como se debe. Son por estos motivos, me he dado cuenta de que, en el amor están todas las ventajas que uno necesita para vivir feliz pero con una sola condición: **siempre y cuando uno tenga el amor propio.** En otros términos, el que tiene el amor por si mismo, sabe muy bien todo lo que debe hacer y lo que no debe sin que nadie se lo diga, porque según las leyes de la vida, el amor propio es la disciplina que nos guía en nuestro camino y siempre nos enseña lo bueno y lo malo para poder distinguirlo uno de otro con muchas facilidades. Por lo tanto, debes saber que, cualquier tipo de persona que tenga el amor propio en su corazón es una persona sabia.

¿Cómo uno puede distinguir las personas que tienen el amor propio de las que no lo tienen?

Es muy fácil de hacer la diferencia, porque las personas que no tienen el amor por si mismas siempre hacen cosas que no valen pena, vale decir, cosas sin sentidos pero en cambio las que realmente tienen el amor propio saben muy bien que deben vender a los demás con la misma medida que ellas siempre compran. *Para que se entienda mejor*, ellas no hacen a los demás las cosas que a ellas no les gusta que alguien se las haga. Por ejemplo, una persona que sepa como amarse a ella misma:

- Sabe muy bien que amar es dejar libre, por esta razón, ella siempre deja libre a su pareja cuando el amor se acaba

- No complica su propia vida ni tampoco complica la de las otras personas

- Si ama a alguien, ella es capaz de aceptar un **NO** como respuesta, en caso de que ese alguien no sienta lo mismo por ella

- No pierde su tiempo detrás de un amor que no vale la pena, porque sabe muy bien que debe dedicar su tiempo a ella misma en vez de malgastarlo en alguien que no se lo merece

- Piensa siempre con la cabeza antes de tomar una decisión

- Siempre busca una solución simple para cualquier tipo de problemas

- No mata a nadie por el amor

- Nunca obliga a nadie para que la ame, porque ella siempre se ama

- No tiene ni una sola razón para poder sufrir por el amor, porque su corazón siempre produce el amor

- Siempre tiene suficiente amor para dar a los demás

- No hace sufrir a nadie por causas amorosas

- Respeta los compromisos

- Sabe muy bien cuales son los tipos de amores que le convienen

- No se mete con los amores ajenos

- Siempre trata de no romper el corazón de nadie

- No engaña a su pareja porque ella sabe bien que eso duele mucho

- Siempre evita las peleas y las discusiones

- Siempre busca la paz en vez de la guerra

- Todas las cosas que ella hace para los demás siempre salen de su corazón

- Respeta la opinión y la decisión ajena

- Quiere siempre lo mejor para todo el mundo

- Todas las cosas las cuales a ella no le gustan , tampoco se las hace a nadie

- No envidia a nadie por lo que posee

- No se aprovecha de los demás

- Siempre tiene suficiente tiempo para ayudar a sus prójimos

- Se conforma siempre con ella misma, ya que sabe muy bien que nadie mas puede hacerlo por ella

- Cuida siempre su salud

- Evita siempre los caminos malos

- No hace daño a nadie

- No dice nada en la espalda de alguien si no lo puede decir en la cara de el

- Es muy feliz con ella misma

Según mi opinión y mi punto de vista, son estas clases de personas las que saben amar porque ellas tienen el amor propio. Ellas siempre dan lo mejor de ellas, por eso es muy fácil de reconocerlas desde lejos. Tú también puedes hacer lo mismo, pero con una sola condición: siempre y cuando te dediques tu tiempo para poder amarte como se debe. Ya que no podrás encontrar la formula para poder amar a alguien si todavía no tienes el amor por ti mismo, según la regla 33: La mejor limpieza se hace, empezando desde tu casa

Regla número 33: La mejor manera para limpiar es empezando desde tu casa

No debes ir a limpiar la casa de tu vecina si la tuya está sucia. Si realmente quieres ayudar a los demás con la limpieza entonces tienes que levantarte temprano para limpiar primero tu propia casa y sacar toda la basura para tirarla al basurero antes de salir de tu casa para ir a limpiar la casa de otras personas. Hoy por hoy, he visto lo contrario, algunas personas se dejan llevar por lo material y por lo tanto, se descuidan de sus cosas personales para poder cuidar a las de los demás. Cuando hablo acerca de sus cosas personales, me refiero a todas las cosas importantes en la vida de uno, principalmente la salud. Hay que saber que, la limpieza por si sola es salud. Si no te haces la limpieza terminarás contagiándote a tu propia vida y tarde o temprano morirás a causa de la suciedad. Mejor dicho, debes saber que si no haces la limpieza en tu casa, en un futuro cercano tendrás problemas de salud y si tienes problemas de salud no vas a poder conseguir ningún tipo de trabajos. Porque alguien que no anda bien de salud no vale nada. Todos sabemos muy bien que, alguien puede ser el mejor empleado en su trabajo pero si el se enferma, lo primero que piensan los jefes es mandar a esa persona enferma a su casa y poner a alguien mas en su lugar para poder ocuparse del puesto de aquella persona que está enferma. ¿Sabes tu por qué razón siempre pasan estas cosas? Es porque, el que está enfermo no vale nada. Los demás siempre buscan a uno por su salud pero no por sus enfermedades. Con referencia a lo mencionado, yo siempre digo que, empezar a limpiar desde tu propia casa tiene muchas ventajas, por ejemplo, si antes de ir a limpiar una casa ajena, te levantas siempre y limpias la tuya como se debe, entonces:

- Te llevaras una vida saludable

- Tu casa siempre estará muy fresca y vas a poder respirar aire fresco

- Vivirás mas tiempo y disfrutarás mas

- Estarás siempre muy sano para poder ayudar a los demás con sus problemas

- Las otras personas siempre te buscarán, ya que a ellas siempre les hace falta persona como tu

- Darás siempre buenos ejemplos a los demás para que puedan cuidar el medio ambiente

- Te hará más fácil limpiar una casa ajena, ya que por tus experiencias sabes en que parte de la casa siempre se acumulan más polvos y basuras. Hay que saber que, la experiencia es todo en la vida. si no la tienes entonces no eres nada porque en todos los trabajos siempre buscan personas con experiencias

La limpieza es la higiene que todos nosotros necesitamos para poder llevar una vida mejor y la mejor posibilidad para tener una buena higiene está en la perseverancia. Quiere decir que, para tener una buena higiene, hay que dedicar siempre tiempo para limpiar todos los días. Tienes que practicar día tras día porque si no tienes una buena dedicación en la limpieza tampoco tendrás higiene. La limpieza es todo lo que necesitamos en este mundo y la mejor manera para obtenerla es practicando todos los días en nuestra propia casa. En caso de que, eres una de las personas a las que les gusta criticar a los demás por la basura que tienen en su casa, lo que te puedo decir es que: si tienes la costumbre de limpiar tu propia casa al menos un vez por día, eso te hará fácil entender que, para poder tener una casa limpia hay que seguir haciéndole la limpieza todos los días, porque por mas que la limpie pero si pasas unos días sin limpiarla, cuando vuelvas a limpiarla de nuevo, vas a encontrar muchas basuras en ella. A veces, uno dice pero por que razón mi casa tiene tanta basura si hace poco que yo la limpie sin poder pensar que uno tiene que limpiar siempre su casa sino de otra manera estaría muy sucia.

Yo he tomado el tema de la limpieza como un ejemplo para poder hacerte entender que, debes hacerte la limpieza siempre en tu propia casa, eso solamente una forma de explicar pero mi punto es hacerte comprender como funcionan las cosas de la vida cotidiana. Ya que muchas veces, uno vive criticando y culpando a otros sin saber que en muchas ocasiones, los errores y los problemas están en la propia casa de uno. Vale decir que, algunos siempre ven los problemas en las casas ajenas pero no pueden ver los suyos porque ellos nunca tienen tiempo para hacerse la limpieza y sacar afuera todas las basuras que están en su propia casa. Es la razón por la cual ellos siempre echan la culpa a las otras personas. Es la misma cosa que siempre sucede en el amor, por ejemplo, si ya has tenido relaciones con varios tipos de personas pero tu relación amorosa nunca se ha funcionado bien con nadie, entonces en ese caso, debes darlo por seguro de que tienes algunos problemas los cuales siempre te impiden tener una buena relación amorosa con alguien y todo lo que tienes que hacer es empezar a limpiar tu casa para poder encontrar las basuras y tirarlas al basurero. Dicho de otro modo, tienes que empezar a hacerte una revisión de punta a punta para ver donde está el problema por lo cual todas las personas siempre te dejan, en vez de echarles la culpar a todas tus ex parejas. Hay que hacer todo lo posible para encontrar ese problema y deshacerte de el, antes de empezar en una nueva relación con otra persona. Estoy muy seguro de que tu vida será mejor si empiezas desde ahora a limpiar tu casa y sacar todas las basuras que tienes, a fin de que puedas respirar un mejor aire y tener una mejor vida. Si eres capaz de encontrar una solución para tus propios problemas entonces no te hará difícil solucionar los problemas de tus amigos, tu familia y tu pareja, porque tu serás completamente una persona con mucha experiencia y en este tiempo, lo que todos nosotros buscamos es alguien que tenga muchas experiencias resolviendo problemas para poder resolver también los nuestros.

No hay que romper la regla número 33, porque ella es la clave fundamental para poder resolver los problemas internos. Sin ella, nuestra vida no tendría sentido. Todo aquel que rompa esta regla no solamente sufrirá sino también lamentará para el resto de su vida. Antes de continuar, Permítame hacerte estas preguntas:

- ¿Por qué razón criticas tanto a los demás por las basuras que tienen en su casa si la tuya es el mismo basurero?

- ¿Por qué razón siempre echas la culpa a los demás si eres tu mismo el culpable?

- ¿Por qué razón sigues hablando mal de los demás, si eres un verdadero fracasado?

- ¿Por qué razón criticas a alguien que no quiere tener una relación contigo, si nunca tienes tiempo para abrir tus ojos y ver el mundo en el cual tú vives?

- ¿Por qué razón criticas tanto a tus ex parejas, si eres tu mismo que siempre complicas la vida ellas.

- ¿Cómo piensas solucionar los problemas de los demás, si el problema está en ti mismo?

- ¿Cómo piensas que alguien te aceptará tal como eres, si eres un caos?

- ¿Cómo piensas conseguir el amor de tu vida, si sigues en esta misma situación que estás ahora?

- ¿Cómo piensas que alguien se va a enamorar de ti, si eres una vergüenza para la naturaleza?

- ¿Cómo piensas que alguien se va a enamorar de ti, si todos ya saben muy bien que eres un dolor de cabeza?

- ¿Cómo piensas que alguien se va a enamorar de ti, si nunca cumples con tus palabras?

- ¿Cómo piensas que alguien se va a enamorar de ti, si jamás te dedicas tiempo para cuidar a tu propia vida?

- ¿Cómo piensas que alguien al que amas va a seguir contigo, si cada día tu vida se va de mal en peor?

Serías tú un verdadero tonto si no supieras que, antes de buscar una persona para formar una relación de pareja, primero tienes que dedicarte mucho tiempo a ti mismo para amarte y quererte. Porque si no tienes una buena salud ni tampoco una vida tranquila, nadie va a querer tener una relación contigo, ya que nadie quiere ser pareja de un enfermo. Yo te aseguro que, por ejemplo, si estás enfermo y te enamoras de alguien, el te dará un NO como respuesta porque todos sabemos muy bien que, el que está enfermo esta en camino a la muerte si no busca una solución rápidamente. Antes de ir más lejos, te voy a contar la historia de un amigo mío el cual abandonaba a su propia casa para poder ir a limpiar la de los demás.

En un tiempo pasado, uno de mis amigos era un verdulero. El tenia su propia verdulería en la cual el mismo atendía a los clientes porque no era una verdulería grande, ni tampoco el tenia mucho dinero para contratar a algunos empleados para trabajar con el. Vale decir, el estaba empezando con su negocio y tenia que hacer todo el mismo. En ese negocio, a mi amigo, las cosas le iban bastante bien en el principio y quizás el podría haber llegado muy lejos con su verdulería sino fuera por un problema: **El se enamoró de una vecina la cual siempre iba a comprarle verduras todas las tardes y en consecuencia, el cometió un gran error, quiere decir el mezcló el amor con el negocio.** Eso fue su peor fracaso, porque de otra manera el podría haber logrado el éxito pero sin embargo ese error lo arruinó todo. Lo que le pasó fue que, cada vez que ella iba a comprarle las verduras, el nunca la quería cobrar por mas que ella lo quisiera pagar. Hay un viejo refrán que dice: **donde las dan, las toman**. Ella no tenia la culpa de nada porque era el mismo dueño que le estaba regalando muchas frutas y verduras a ella todos los días. De hecho, llegaba a un tal punto, a ella le daba pena por el y por eso, ella trataba de no ir a comprarle mas verduras pero el sabia todo lo que a ella le gustaba comprar y por lo tanto, cuando el se daba cuenta de que ella dejó de ir a comprarle como de costumbre entonces el mismo se lo llevaba a ella todo el tiempo a su casa sin que ella tuviera que pedírselo. El hacia lo mismo todos los días y durante meses. Quiere decir, el regalaba todo a ella a cambio de nada, porque ella no era su mujer ni tampoco su novia. Con el tiempo, las frutas se acumulaban en la casa de esa chica. Ella tenía tantas verduras en su casa, muchas veces no tenia tiempo para comérselas todas, por eso ella terminaba regalándolas a sus amigos y amigas. Ellos siempre le preguntaban a ella, **¿Pero por qué siempre tienes tantas verduras y frutas en tu casa, de hecho tu casa parece una verdulería?** La respuesta de ella fue: **hay un tonto que está enamorado de mi y me ha dado de todo, por mas que yo le diga que no quiero sus verduras pero sin embargo sigue trayéndomelas todos los días, yo no tengo la**

culpa de nada, el es muy grande para saber lo que le conviene. En varias ocasiones, ella tenía que botar en la basura algunas frutas y verduras las cuales estaban en mal estado porque ella no tenía suficiente tiempo para comer todas. Vale decir que, ella tenia suficientes verduras para regalar a sus amigos y también para tirar a la basura pero a cambio de mi amigo, el estaba yendo de mal en peor. *Para que se entienda mejor*
, en vez de progresar el estaba retrocediendo para atrás porque siempre regalaba toda su ganancia e incluso parte de su capital. Hasta algún límite mencionado, el dejaba de alimentarse para poder seguir manteniendo a su propio negocio porque no tenia casi dinero para comprar mas verduras. De hecho, el pasaba los días enteros en su negocio sin comer nada. Su dieta era solamente tomar agua. El no se podía comer ni siquiera una fruta porque el siempre elegía y guardaba todas las mejores verduras y frutas para regalar al amor de su vida en la tarde. Después de haberse pasado una semana sin alimentarse bien, El se veía cada vez mas delgado pero nadie sabia la razón por la cual el estaba adelgazando tanto. El era un hombre con un buen estado físico pero después de haber establecido su propio negocio entonces el perdió su imagen. Todos tratábamos de hablar con el, para saber en que podíamos ayudarle pero nunca nos quiso decir la verdad. El nos decía cualquier cosa pero menos la verdad. De hecho, nosotros vivíamos adivinando de algunas cosas que podían haber sucedido a mi amigo por lo cual el estaba adelgazando tanto. Lo peor de eso fue que, nosotros adivinábamos todo pero menos el verdadero motivo por el cual el estaba perdiendo tanto peso en poco tiempo. Para decir la verdad, no nos podíamos imaginar que un verdulero estaba muriendo de hambre. Era por ese motivo, nos imaginábamos todos los tipos de problemas que podían haberle afectado su salud pero nunca pensábamos en los problemas que puede tener uno cuando deja de alimentarse. Esa misma chica también se dio cuenta de que algo no andaba bien con mi amigo, porque cuando ella lo conoció por primera vez, el era un hombre muy fuerte pero unos meses mas tarde, el no tenia ni siquiera fuerza para llevar las verduras a la casa de ella. Muchas veces, ella se escondía en la tarde para no verlo ni hablar con el, ya que llegaba un tiempo en el cual ella le tenia miedo a mi amigo

porque el se parecía un muerto respirando, vale decir que, el estaba caminando pero solamente con los huesitos. El no tenia nada de carne como antes. Al final, todos los problemas le llegaban juntos. Por ejemplo, el se adelgazó mucho, se enfermó y por lo ultimo perdió a su negocio porque el se había quedado en bancarrota. El no tenía más dinero para seguir comprando y vendiendo. De hecho, el no tenia ni siquiera dinero para comprarse medicamentos para su propia salud. Un día dado, el se acostó y no tenia mas fuerza para levantarse de la cama. Lo llevemos al medico y los doctores nos dijeron que su problema era que el no comía nada durante semanas y su cuerpo se había quedado sin energía. Al escuchar eso, nos quedábamos muy asombrados porque nadie podía creer algo así. Desde entonces todo el mundo le llevaba comida todos los días. El tardó más o menos unos 2 años en tratamiento y con muchas comidas antes haberse recuperado por completo. Unos meses después de su recuperación, el fue a visitar al amor de su vida para ver como estaba ella. Cuando llegó a la casa de ella, el vio que ella ya había tenido marido e incluso hijos. El se quiso matar porque el no sabia nada de eso ni tampoco esperaba eso de ella pero mi amigo no tenia otra opción que vivir la realidad. Ya que el estaba viviendo en un mundo de fantasía y por eso tuvo que pagar las consecuencias muy caras. Ese mismo día, al regresar a su casa, el estaba muy enojado consigo mismo y no sabia que hacer con su vida. Le preguntábamos que lo que le estaba pasando de nuevo porque recién acabó de recuperarse de unos problemas de salud y estaba tan molesto ese día. Fue entonces, a partir de allí, el nos empezó a contar la historia de su vida, vale decir, la razón por la cual el estaba sufriendo mucho hasta echar a perder todo lo que tenia por delante. Esa lección le ha enseñado a mi amigo como abrir sus ojos para ver la verdad y entender lo importante que era la regla número 33, es decir que, nadie debe abandonar a su propia casa con basuras para ir a limpiar las casas ajenas. El que se lo hace de otra manera tarde o temprano tendrá una muerte segura. Mi amigo, después de haber recibido esa experiencia entendió que uno siempre tiene que limpiar primero su propia casa y después puede irse a limpiar la de los demás. El perdió todo lo que tenia por delante a causa de una mujer que no estaba a su alcance. Según mi opinión, ella no tenia la culpa nada pero mi amigo era el problema. Porque el era el que estaba enamorado de ella y el quería romper las reglas: 2, 799, 998, 25 y 33 pero hay una sola cosa la que el no sabia era que: el que rompe las reglas de la vida sufrirá. Yo no creo que él vaya a querer seguir rompiendo las reglas porque él sabe muy bien las consecuencias las que uno debe pagar por cada regla que rompa. No se puede negar que, un hombre enamorado es capaz de hacer hasta lo imposible para conseguir a su amor pero yo digo que, un hombre que echa a perder todo lo que tenia por delante e incluso su propio negocio a causa de un amor imposible es un verdadero fracasado. El quería comprar un amor pero al final, eso se le salió carísimo y el no pudo comprarlo. A consecuencia, en el intento, el perdió su negocio y si no fuera por poco, también podría haber perdido su propia vida pero por suerte y las ayudas de los amigos, el logró tener una solución a tiempo para sus problemas.

Después de todo lo que le aconteció a ese joven, se dio cuenta de que, las cosas siempre le pasan a uno por algo muy especial. El jamás olvidará de esa lección. Estoy muy seguro de que el va a tener que contar esta historia a sus propios hijos para que ellos no pasen por ese mismo camino. Hoy en día, el tiene otro tipo de negocio y sigue teniendo muchos clientes pero él no se atrevería a romper la regla número 33 de nuevo, ya que el siempre tiene en cuenta de que todos los que han intentado romper las reglas de la vida son muy pocos de ellos los que han vivido para contárselo a sus amigos. De hecho, el es uno de esos afortunados los que aun siguen con vida después de haber intentado romper las reglas de la vida. Por todos estos motivos, el ahora dedica su tiempo para enseñar a sus amigos para que no vayan a limpiar las casas ajenas mientras que tengan basuras en su propia casa. En pocas palabras, hay que limpiar primero tu propia casa y después puedes irte tranquilamente a limpiar la de los demás, pero bajo ninguna razón, debes dejar tu casa sucia para ir a limpiar la de otra persona. Ya que según la regla 33: la mejor manera para hacer las limpiezas es empezando desde tu casa.

Yo no me comparo con una persona egoísta pero es lógico lo que dice esta regla. Porque nadie debería abandonar sus propios deberes para poder ir a hacer los trabajos de otros. Según mi opinión, esta regla es tan clara, por eso no hace falta explicarla a alguien para poder comprenderla. Ya que cualquier persona que tenga los sentidos comunes jamás abandonaría a su propia casa llena de basura para ir a hacer la limpieza en la de su prójimo. Cada vez que yo vea a alguien lo cual se descuida de si mismo para poder cuidar a otra persona, siempre me hago estas preguntas:

- ¿Alguien que se olvida de si mismo para poder cuidar a otra persona, acaso el quiere ser el Mesías?

- ¿Alguien que abandona a sus propios deberes para ir a ayudar a otra persona, acaso el quiere ser un buen Samaritano?

- ¿Alguien que nunca tiene tiempo para limpiar su propia casa pero siempre se hace tiempo para ir a limpiar la de su vecino, acaso el quiere ser la persona mas amable del mundo?

- ¿Alguien que nunca tiene tiempo para alimentarse pero siempre se hace tiempo para ir a alimentar a otra persona, acaso el quiere ser el mismo Dios?

- ¿Alguien que deja de quererse a si mismo para poder querer a otra persona, acaso el es alguien que sepa amar?

- ¿Alguien que, en el examen, no toma su tiempo para contestar las preguntas pero se dedica su tiempo para ayudar a su compañera para que termine su examen, acaso el es un buen Samaritano o un fracasado?

- ¿Alguien que se descuida de si mismo para poder amar a otra persona, acaso el es alguien que tenga amor propio?

Por la experiencia que tengo en esta vida, yo aprovecho para decirte que, alguien que abandona a sus propios deberes para poder hacer los de su prójimo, es una persona tonta la cual quiere romper la regla numero 33 y según las leyes de la vida, el que rompe esta regla es sinónimo de fracaso. Yo te voy a decir por que razón practico esta regla para que entiendas mejor todas sus importancias. Desde que yo estaba estudiando en el quinto curso de la escuela primaria, yo ya tenía esta regla bien clara en mi cabeza y la cumplía siempre de pies a la letra. En todos los cursos, yo siempre tenía muchos amiguitos los cuales yo quería mucho pero al mismo tiempo, en mis exámenes yo no podía romper la regla número 33. Por este motivo, cada vez que ellos me pedían algunas respuestas para poder completar sus exámenes, siempre yo les decía que tenían que esperar hasta que yo terminara de completar primero el mío. Porque mi deber era terminar primero lo mío y después para poder ayudarles a ellos con los suyos. Yo siempre les ayudaba pero con una condición muy simple: **Primero terminar de completar mi examen y después ayudarles a ellos en lo que yo podía**. De hecho, una de mis compañeras de clase era mi novia y también yo tenía como responsabilidad ayudarla siempre. Incluso, ella también tenía que aceptar mi condición. Es decir que, yo la ayudaba siempre pero después de haber terminado el mío. A pesar de que la quería mucho a ella pero mi examen era mi deber y uno tiene que hacer siempre sus deberes antes de todo. Sin embargo, mi chica no quería entenderlo y por esta razón muchas veces, ella se enojaba conmigo. Por ejemplo, cuando el tiempo limite para terminar el examen se acercaba y ella aun no había hecho nada entonces se enojaba mucho conmigo pensando que yo tenia la culpa. Algunos exámenes eran muy difíciles de completarlos incluso para todos mis compañeros de clase. Yo siempre trataba de terminar el mío mas rápido que pudiera para ayudar a ella pero en muchas ocasiones ella no quería comprenderlo. Lo único que ella quería era: por ejemplo, yo tenia que ayudarla primero a completar todo su examen y después yo tenia que hacer el mío pero yo nunca quería hacerlo de esta manera. Desde que ella se puso de novia conmigo, dejó de estudiar como antes en su pasado. Porque ella sabía muy bien que mi deber era ayudarla con sus exámenes. Era muy cierto, pero no tanto para abandonar a mi examen y completar lo de ella completo. En varios exámenes, yo me equivocaba en muchas cosas fáciles. Porque yo tenía muchas presiones encima de mí. Por ejemplo, yo tenía que pensar en las preguntas las que yo tenía que responder y por otro lado, uno grupo de amigo e incluso mi propia chica presionándome. Todos sabemos muy bien que, lo peor de todo en un examen es el tiempo. Las horas siempre pasan como si fueran los minutos. Imagínate que te dan una hora y media para poder completar un examen lo cual tiene unas 30 preguntas difíciles. En muchas ocasiones, tienes todas las respuestas de las preguntas en la punta de tu lengua pero las presiones te hacen olvidar todo lo que tienes que escribir y lo más duro es cuando tu rompes las regla 33. Quiere decir que, cuando dejas tus exámenes sin terminar para poder ayudar a alguien con los suyos. Al final de la cuenta, tú vas a ver a todos los demás con un buen resultado y tú te quedas atrás con un titulo de perdedor. Lo que más duele es que, a todos los que tú ayudabas con sus exámenes están felices por haberlos logrado pero sin embargo tú que eres más inteligente que ellos has fracasado por haber roto la regla número 33. Por lo tanto, te voy a contar la historia de un compañero de clase el cual había roto esta regla, al fin y al cabo, sus propios compañeros de clase le cambiaron su apellido por uno nuevo: EL FRACASADO

En la secundaria, uno de mis compañeros tenia una relación amorosa con una de las nuestras compañeras de clase. El estaba muy enamorado de su novia y era por eso que el quería hacer milagros para ella. Quiere decir que, en los exámenes el siempre ayudaba primero a su chica a completar toda su prueba y el no escribía nada en su propio examen hasta que ella no llenara todo lo suyo. El era un chico muy inteligente pero no quería practicar esta regla y el que no practica esta regla tarde o temprano tendrá un titulo con un nuevo apellido: EL FRACASADO. Pues, en el en examen final del año escolar, el quiso ayudar como de costumbre a su chica para que ella pudiera obtener una buena nota. El tenía una buena técnica para poder ayudar a su novia. De hecho, su técnica era tan buena ni el mismo profesor podía darse cuenta de todo lo que mi compañero hacia en el examen. Pero había un solo pequeño problema: mi compañero sabía contar muy bien sin embargo no sabia calcular bien. En otros términos, el hacia lo imposible para que su chica pudiera obtener una buena nota pero en cambio, el no tuvo la misma suerte que ella. **He aquí las razones por las cuales el había logrado tener un titulo de perdedor**. En cada materia, cuando el profesor nos entregaba la hoja del examen, el agarraba la hoja de ella y le hacia el examen de ella. Pero en cambio, ella por otro lado con la hoja del examen de mi compañero en su mano, haciendo como si fuera escribiendo en la hoja para poder engañar al profesor. Porque si ella no escribía entonces el profesor le iba a preguntar por qué razón que no estaba escribiendo. Bueno, ese compañero mío siempre completaba todo el examen de ella primero y después el hacia el suyo pero en las dos ultimas materias, el no llegó a completar casi nada de sus exámenes porque eran unas preguntas muy difíciles. El tomaba mucho tiempo para poder terminar el examen de su novia y cuando trataba de terminar el suyo, ya no le quedaba mas tiempo. Lo peor que le pasó fue que, en esas dos últimas materias una de ellas era la matemática y teníamos dos horas para completar ese examen. De costumbre, el siempre hacia el examen de su chica y después el hacia lo suyo, así mismo fue que el lo hizo ese día, pero tuvo un problema, en ese examen. Lo que ocurrió fue que, el profesor se dio cuenta de que el estaba con la hoja de su novia. El profesor les anuló esa materia a los dos (a el y a su novia) pero ella tuvo suerte porque en las demás materias le fueron muy bien pero el no tuvo la misma suerte que ella. Porque había dos materias mas aparte de la matemática en las cuales el obtuvo muy mala nota. Por todas estas razones, su novia aprobó para ingresar al próximo curso pero en cambio el no. De la misma manera, allí se terminó la relación de ellos dos. Vale decir que, En el otro curso ella se enamoró de otro, ya que ella no quiso seguir teniendo una relación con un perdedor. Según la opinión de ella, el era un fracasado y los fracasados, por ley, no tienen que enamorarse de una persona exitosa sino que de una perdedora para poder tener una relación amorosa. Era muy cierto, ella tenía toda su razón. El se quedaba en un curso inferior al de esa chica por haber sido un ignorante el cual había intentado romper la regla número 33

Ese compañero mío quiso romper la regla número 33 pero sin embargo, fue esta regla la que le dio a una lección a el. En su opinión, el quería ser el mejor novio pero a fin de cuentas, el mismo tuvo que pagar toda la consecuencia. Lo que mas le dolía a ese muchacho era que, el hacia de todo para ayudar a esa muchacha y ella lo abandonó después de haberla ayudado a aprobar sus exámenes. Eso nos enseña que, en esta vida, uno tiene que ser siempre muy responsable por sus actos. Por ejemplos, si tú cometes un error, eres tu mismo el que va a tener que pagar por ese error. A este efecto, tienes que ser muy responsable con tus deberes. Porque lo mismo que le ha sucedido a mi compañero con esa muchacha, también es lo mismo que les está sucediendo a muchas personas hoy en día en el mundo entero. Son unas personas las que se enamoran de alguien y rápidamente abandonan a todos sus deberes que tenían que hacer para poder estar al lado de ese alguien o ayudar a su enamorado. Hay que saber que, si dejas tus deberes sin terminar para ir a ayudar a otras personas con los suyos entonces tarde o temprano vas a tener que lamentar mucho de haber abandonado a tu propia casa con todas las basuras para ir a limpiar la casa de tus vecinos.

¿Cómo puedo yo saber que alguien está rompiendo la regla número 33?

Las personas que suelen romper esta regla son fáciles de reconocer, porque ellas siempre hacen cosa fuera de lo normal. Yo me refiero a todas las cosas las cuales alguien que tenga celebro no las hace. Por ejemplo, las personas que quieren romper esta regla son las siguientes:

- El que deja su examen sin terminar para ayudar a su prójimo a completar lo suyo

- El que deja de alimentarse para poder hacer buenos regalos a los demás a cambio de nada

- El que pasa meses sin comer bien para poder darle un buen gusto a una persona la cual ni siquiera vale la pena

- El que niega poner a su propia vida en el primer lugar antes que todo

- El que cosecha todas sus frutas y se las regala al amor de su vida sin comer ni una sola de ellas

- El que hace regalos a alguien para poder recibir su amor a cambio. Es decir que, el que quiere comprar un amor

- El que malgasta todo su dinero en un amor imposible pero después va y duerme sin cenar por falta de dinero

- El que se descuida de su propia espalda para poder cuidar la espalda de alguien

- El que anda sin ropa con el objetivo de poder ahorrar dinero y comprar ropas para el amor prohibido

- El que se olvida de si mismo para poder dedicar todo su tiempo a un amor imposible

Ellas son las personas las que no quieren practicar la regla número 33 y no hay formar de poder hacerles entender la realidad hasta que les pase una desgracia. Es decir que, ver la muerte frente a frente es la única manera para que esas personas puedan tomar consciencia de sus errores. Pero para ver la muerte frente a frente, tiene que ser una persona muy afortunada para sobrevivir y contárselo a alguien más. Por hoy, muchos ignorantes viven rompiendo las reglas pero no todos son capaces de pagar las consecuencias de sus errores. Todos los seres humanos deberían saber como hacer las cosas bien para no sufrir en el futuro pero algunos no hacen caso a nada ni a nadie. Mi consejo para ti es: si quieres a alguien y quieres ayudarlo pero primero tienes que ayudarte a ti mismo, vale decir que, si tu y tu amigo se han caído al agua, para poder ayudarlo tienes que saber como defenderte en el agua de otro modo los dos se ahogarán. Porque según la regla 107: nadie puede dar ni reglar lo que no tiene

Regla número 107: Tú no puedes dar lo que no tienes

Creo que no hace falta explicarte esta regla la cual está más clara que el agua. Por ejemplo, si quieres dar un regalo a alguien, primero debes tener ese regalo, al menos que tú seas una de esas personas que siempre hacen falsa promesa. Vale decir que, ellas siempre prometen a los demás pero nunca pueden cumplir sus palabras. Con referencia a lo mencionado, tienes que saber que para poder dar algo a alguien, primero debes tratar de obtenerlo y después lo puedes dar a quien te da la gana.

Yo vivo en la realidad y todo lo que escribo es porque lo he vivido día tras día. A mi no me gusta hablar por hablar, ni decir algo que no sé, ni tampoco prometer a alguien algo que no tengo. Por lo tanto, todas las cosas las que te digo a ti, te las digo por experiencia. Por ejemplo, varias veces, he tenido las ganas de hacer un regalo a alguien pero al final me doy cuenta de que ni siquiera yo mismo lo tengo para mi y si quiero cumplir con mi deseo, en ese caso no me queda otro remedio que tratar primero de conseguir ese regalo y después para poder regalárselo a alguien que yo quiera. Hacer falsa promesa es un pecado. A mi me lo han hecho muchas veces y eso me ha dolido muchísimo. Esos dolores me han enseñado que es malo prometer algo a al alguien sin poder cumplir esa promesa. Es la razón por la cual, últimamente, siempre trato de hacer las cosas sin prometer nada a nadie. *Dicho de otra forma*, prefiero dar una sorpresa a mis seres queridos cuando ellos menos esperan que prometerles algo sin poder cumplir mis promesas. Por ejemplo, si quiero regalar algo a alguien, no se lo prometo nada sino que voy y se lo doy. En este sentido, a mi me fascina dar las sorpresas a mis seres queridos para hacerles felices. Ya que a mi me encanta quedarme bien con las personas. Es por eso, dejo de prometer porque a mi no me gusta quedarme como un charlatán delante de nadie. Visto que mucha gente me había prometido algo sin poder cumplirlo y a fin de cuentas se termina escondiendo de tanta vergüenza sin que yo tenga que decirle nada. Todas estas experiencias en esta vida me hacen entender que:

- Es bueno tener primero el regalo en un lugar muy seguro antes de empezar a prometer

- Es muy bueno tener primero el amor propio en tu corazón antes de decir a alguien que lo amas

- Es muy bueno saber como perdonarte a ti mismo antes de decir a alguien que lo perdonas

- Es bueno saber como hacerte un auto regalo antes de decir a alguien que le vas a regalar algo

- Es bueno saber como ayudarte a ti mismo antes de empezar a ayudar a alguien mas

- Es bueno averiguarte bien toda la verdad antes de asegurarle a alguien acerca de lo que dices

- Es bueno asegurarte bien tu espalda antes de empezar a ser el guardaespaldas de alguien

- Es bueno tener primero suficiente fuerza antes de empezar a levantar a alguien que se ha caído al suelo sino de otra manera, tú vas a empeorar las cosas.

- Es muy bueno ver y saber por donde estás caminando antes de empezar a guiar a un ciego, porque si un ciego guía a otro ciego, tarde o temprano los dos se caerán juntos

Mi consejo para ti es: no tienes que prometer nada a nadie si sabes que no vas a poder cumplir con tu promesa para que no tengas que esconderte ni andar con tu cara en las manos después. Yo conozco a muchos los cuales siempre andan con este mismo problema por haber hecho falsas promesas a los demás. Hay que saber que, si una persona es esclava de su palabra entonces siempre andará con la frente en alto delante de quien sea pero sin embargo aquel que hace falsa promesa siempre anda escondiéndose para que no lo vean. Según mi punto de vista, no importa que seas pobre pero si cumples con tus palabras, los demás te darán todo el respeto que te merece.

Sabemos muy bien que la mayoría de los hombres suele mentir a una mujer para poder estar con ella. Para esos tipos de hombres, mentir a una mujer es un pasatiempo. Quiero darte un ejemplo acerca de lo que estoy hablando, por eso te voy a contar una historia que se ocurrió en vida real y hoy en día les sigue sucediendo a muchos. Porque hay muchas personas que viven ofreciendo y prometiendo algo a alguien que ni siquiera ellas mismas lo tienen

Una vez, un joven estaba muy enamorado de una chica. El pensó que la única manera para poder tener a ella como su novia era ofrecerle el cielo con todo lo que tiene. *Para que se entienda mejor* , el decidió mentir a ella, diciéndole que el era de una familia rica y tenia de todo. (Todos sabemos muy bien que en este mundo, hay muchas personas interesadas las cuales solamente buscan y aman a alguien por lo que posee pero en el caso de esa joven, era diferente porque ella buscaba la sinceridad en vez de lo material). A ella no le interesaba a alguien por lo que posee sino por lo que es. Un buen día dado, el joven la invitó a ella para ir al cine y ella aceptó la invitación para ir con el pero la mala suerte para el, ese día no dejó de llover en toda la jornada. El no tenía ni siquiera dinero para poder pagar un taxi. Ella lo llamó para saber si iba a ir de toda manera al cine. Pero el le dijo a ella que no iba a poder porque a el no le gustaba manejar auto y el chofer de su familia tenia problema, por eso no había manera de ir a cine. La joven se lo creyó todo lo que el le decía, porque ella pensaba que, todo lo que el decía era la verdad. Una semana después, el volvió a invitarla a ella a comer un helado para poder recompensarla con lo del cine. Ella aceptó de nuevo la invitación y se fueron juntos a una heladería pero había un problema. Lo que pasó fue: la ultima vez que ese joven fue a comprar helado en ese lugar hacia mas o menos dos años atrás pero el no había pensado que los precios de los helados se subían y por eso el fue con el dinero justo. Vale decir que, la ultima vez que el compró un helado en ese lugar, entonces el pensó que iba a poder comprar con el mismo precio que el pagaba por un helado hacia dos años atrás. Era la razón por la cual el llevó el dinero justo, ya que el se olvidó que estamos en un mundo donde los precios de las cosas suben todos los días. (No estamos hablando de un día a otro sino que estamos hablando de dos años después de haber comprado el último helado) y ese tonto no usó su cabeza para saber que los precios suben todos los días y es malo mentir a alguien porque tarde o temprano uno se dará cuenta de todo. Bueno, ese día, cuando ellos dos llegaron a la heladería, el fue el primero que miró los precios porque el fue el que invitó a ella a comer helado, por supuesto el tenia que pagar por el helado, por eso al llegar a esa heladería el estaba muy atento a los precios. Pero el problema era que, el precio que el pagaba por un kilo la ultima vez que el compró en esa misma heladería, ese día el precio de un kilo ya estaba como 5 veces mas caro. Es decir, lo que el gastaba para comprar un kilo de helado hacia dos año atrás, pero ese día, eso no daba ni para comprar un cuarto de un kilo. Así que, al llegar a ese lugar cuando el vio lo caro que estaba el kilo de helado se asustó porque no tenia suficiente de dinero para poder comprar ni siquiera un 4to de helado. Sin embargo, para poder engañar a ella de nuevo, lo primero que el hizo fue que, el se metió la mano en sus bolsillos y dijo estas palabras: **Oh Dios mío, no puedo creerlo, yo había sacado el dinero pero lo olvide en mi cama.** Pues ella al escuchar eso, se lo creyó y le dijo: **todo está bien de mi parte, no hay problema, volveremos otro día por el helado.** Se fueron de paseo con las manos vacías y hablando uno con otro como si fuera nada hubiese pasado. A pesar de todo eso, ella aun no se había dado cuenta de nada de lo que estaba ocurriendo con ese joven. Ese mismo día, después del paseo, el acompañó a la joven hasta la puerta de su casa para poder saber donde vivía ella. Ya que el no sabia donde ella vivía ni ella tampoco no sabia donde el vivía. Cuando el llego allí y vio la casa en la cual vivía ella, el se asustó porque la casa donde el vivía no estaba en condición ni siquiera para poder compararla con la cocina de la casa en la cual vivía esa chica. Mejor dicho, ella vivía en una mansión y el vivía en una casita muy humilde. Después de ver esa mansión que tenia ella, el trató de pensar en un plan perfecto para poder engañar a ella. Porque a el le daba pena llevar a ella a su casa para saber donde el vivía. Todo eso le pasó a el, por haber mentido a ella. Si el fuera sincero con ella, no habría razón para andar escondiéndose todo el tiempo. Hubiese sido más fácil decirle toda la verdad a ella desde el principio y el no habría estado en una situación semejante. Para decir la verdad, ese joven era un mentiroso el cual quería regalar algo que ni siquiera el mismo lo tenia. A pesar de que el se había dado cuenta de que esa chica era de una familia muy rica pero el no quiso darse por vencido sino que el quería seguir jugando su juego sin importarle la consecuencia. Ya que el no quería perder a ella. Desde entonces el buscaba otros planes para poder engañarle a ella. El pasaba todo el tiempo pensando como mentir a ella, (sabemos muy bien que, decir la verdad es muy fácil pero para decir la mentira hay que usar el celebro) entonces eso era el caso de ese joven. El tenia que pensar día y noche en todo lo que el tenia que decir a ella. Dos semanas después de los engaños del helado, ella lo invitó a el para que le acompañara a una fiesta de cumple de su mejor amiga. Ella era un poco tímida, no quiso ir sola a esa fiesta y por eso le invitó a él. El le dijo que si a ella pero era una falsa promesa porque el tenia otro problema por el cual el no iba a poder ir a esa fiesta. Todos tenían que ir a esa fiesta bien vestidos. Vale decir, los hombres tenían que vestirse con traje formal pero ese muchacho no tenía nada de eso ni tampoco tenía dinero para comprarse uno. El fue a pedir prestado un traje a sus amigos pero nadie quería prestárselo. Porque todos sabían muy bien que él era un mentiroso. Ese día de la fiesta, ella se levantó temprano y se preparó todo para ir a festejar. Ella estaba muy emocionada. Una hora antes de la fiesta, el llamó a ella, diciéndole que el no iba a poder ir porque su madre se había descompuesto y el tenia que llevarla al medico. Ella le preguntó que si podía acompañarle para ir al medico con su madre y el le dijo que no. Entonces ella fue solita a la fiesta. Cuando ella volvió a su casa y le llamó de nuevo a el, para saber como seguía su madre. El la contestó y le dijo que su madre se había mejorado mucho. El día siguiente, ella lo llamó otra vez para saber que si podía ir a visitarlo a el y a su madre en su casa pero el le dijo que ya todo andaba a la perfección y no hacia falta que fuera a visitarlos. El no quería darse por vencido por eso la mala suerte siempre lo seguía por todo lado. Lo peor fue que, el vivía en una casita con sus padres los cuales eran unas personas que cuidaban el terreno de un señor, y ese señor quiso deshacerse de ese terreno, por eso lo puso en venta. El primer comprador que fue a ver ese terreno para comprarlo era el padre de la chica a la cual ese joven estaba mintiendo. El comprador fue, lo vio y le gusto. El se puso de acuerdo con el dueño para comprarlo. Pues, como los padres de ese joven no tenían otro lugar para vivir entonces decidieron preguntarle al comprador que si ellos podían seguir viviendo allí y cuidándole el terreno. El lo aceptó pero con una sola condición: antes de todo, el quería hacer una reunión con su familia y los que iban a cuidar el terreno para que todos se conocieran. Ya que el comprador quería que su familia supiera del nuevo terreno que el había comprado y también conociera a los que iban a cuidarlo. Por otro lado, el chico todavía no sabia ni tampoco se imaginaba que el comprador de ese terreno era el mismo padre de la chica a la cual el estaba engañando. Llegó el día de la reunión tal como lo habían planeado. El chico estaba en el patio de su casa limpiando todo antes de la llegada del nuevo dueño de ese terreno porque el trabajo de ellos era limpiar todo y mantener todo en orden. Mientras que el estuviera limpiando, de repente llegaba un auto en el cual estaban el nuevo dueño del terreno y su familia. Es decir que, el comprador, su mujer y la joven a la cual el chico estaba metiendo. Para ese joven, la llegada de esa chica era inesperada porque ese muchacho no tenía ni la menor idea de que ella era la hija del comprador. Puesto que si el hubiese sabido que esa chica era la hija del comprador el no se habría quedado en casa y mucho menos haciendo la limpieza. La primera que se bajó del auto fue la joven. El chico al levantarse la cabeza y vio a esa chica saliendo del auto. El tiro todo lo que tenia en sus manos y salio corriendo del terreno sin mirar atrás. Al llegar a esa casita, desde adentro del auto la chica lo vio a el pero ella no tuvo tiempo ni siquiera para decirle HOLA, y mucho menos para mirarlo a los ojos y preguntarle: ¿Pero muchacho, tú eres tú?

Ese joven no quería cumplir las reglas. Era por eso mismo el vivía prometiendo sin poder cumplir su promesa y no sabia que, el que miente en algún momento tendrá que esconderse para que no lo vean. Todo eso nos ha enseñado bien claro que, la mentira tiene un solo pie pero ese joven no se había dado cuenta de eso. Por lo tanto el quería ofrecer a esa chica algo que ni siquiera el mismo lo tenia. De esta historia puedes entender y saber que no es nada bueno para uno darle a alguien algo que uno no tiene. Quizás, tú también eres uno de los que quieren romper la regla número 107, en este caso, todos los que te puedo decir son:

- Así mismo será tu vida si sigues mintiendo a los demás

- Así mismo será tu vida si no dejas de engañar a alguien que amas

- Así mismo será tu vida si no quieres decir al amor de tu vida que eres pobre y humilde

- Así mismo será tu vida si quieres regalarle a alguien algo que no tienes

- Así mismo será tu vida si no dejas de hacerles las falsas promesas a las otras personas

- Así mismo será tu vida si todavía no sabes que la mentira tiene una sola pata

- Así mismo será tu vida si piensas que puedes romper la regla número 107

- Así también vas a tener que correr sin mirar atrás, después de haberle mentido tanto a alguien, cuando el te agarre en la verdad

Yo opino que si realmente quieres a alguien es mejor que le digas la verdad en vez de mentirle. No importa que el te acepte o no, pero de tu parte serás muy sincero. Es mejor perder a alguien que amas por decirle la verdad que perderlo por ser un mentiroso. Estoy muy seguro que ese joven perdió a esa chica por haber sido un mentiroso. Yo me pregunto:

- ¿Por qué razón, si tu no eres rico y le dices a alguien que lo eres?

- ¿Por qué razón, si tu no tienes una cosa y le dices a alguien que la tienes?

- ¿Por qué razón, tienes vergüenza para decir a alguien que eres pobre?

- ¿Por qué razón quieres conseguir un amor con la mentira?

- ¿Por qué razón si no tienes algo para dar a alguien y se lo prometes con mucha seguridad?

- ¿Por qué razón, siempre quieres dar lo que no tienes?

Por todos estos motivos podemos darnos cuenta de que es malo dar a alguien lo que uno no tiene. En mi caso, a mi no me gusta ni siquiera decir a alguien todo lo que yo sé y mucho menos prometerle algo que no puedo cumplir. Prefiero ser humilde en vez de agrandarme. Si alguien me va a amar, quiero que sea siempre por lo que soy pero nunca por la mentira y la falsa promesa. Porque a mi me gusta ser como soy, vale decir, a mi me gusta ser yo mismo y por eso no me gusta vender una imagen que no tengo, ni tampoco ofrecer a alguien algo que no puedo cumplir. El que me quiera aceptar tal como yo soy entonces de mi parte está todo bien pero el que no me quiere aceptar que se vaya bien por su camino.

¿Cuáles son estos tipos de personas que suelen dar u ofrecer a alguien algo que no tienen?

Para empezar, hay muchas razones por las cuales las personas tratan de ofrecerle a alguien algo que no tienen. Es decir que, ellas tratan siempre de presentarle a alguien una imagen que no es propia de ellas para poder engañarlo y hacerle caer en sus trampas. Muchos de estos casos han sido a causa del amor. Porque cuando uno está muy enamorado de una persona es capaz de hacer salir sangre de una piedra para poder conseguir una respuesta afirmativa en la boca de esa persona. En otros términos, el es capaz de hacer hasta lo imposible para lograr tener ese amor. Son por estos mismos motivos que muchas personas, cuando se enamoran de alguien tratan de presentarle una imagen la cual ellas no tienen. Te voy a dar unos ejemplos más comunes en el mundo actual y son muy pocas personas las que pueden resistir para no caerse en esa trampa cuando alguien viene a ofrecerles una imagen falsa. Porque hoy en día, todo se hace por interés de alguna manera. Eso hace que las personas se vuelvan muy interesadas. Por ejemplo, ellas andan buscando a alguien para tener una relación pero que sea alguien que tenga de todo (dinero, casa, autos, fama, belleza, etc...). Estas demandas hacen que alguien que no tiene riqueza ni belleza mienta a la persona la cual el ama a cambio del amor. Cuando hablo de personas interesadas me refiero a ambos sexos (hombre y mujer). Porque estoy viendo que los hombres buscan una mujer con dinero y las mujeres también buscan un hombre con dinero. Yo me pregunto: ¿el que no tiene dinero qué sería de su vida? El no va a poder encontrar a alguien que le ama porque todos buscan alguien que tenga dinero. Lo peor es que, en el mundo hay más pobres que ricos. El que no tiene nada entonces no le queda otra opción que mentir para poder estar con alguien que el ama. Si no eres uno de los que viven haciendo falsas promesas sin poder cumplirlas o los que se han caído en los engaños por haber comprado una imagen falsa, te puedo decir que eres una persona muy afortunada. Ya que son muchos los que se han pasado por estas situaciones. Antes de ir mas lejos, te voy a dejar algunos tipos de engaños más conocidos que las personas siempre usan para poder conseguir tener un amor:

- Algunas personas no tienen ni siquiera para comprarse ropas y vestirse pero cuando se enamoran de alguien entonces van a la casa de sus amigos y les piden ropas prestadas para poder lucirse delante de ese alguien.

- Algunas mujeres, en su propia casa ellas son un desastre. Vale decir que, ellas no limpian ni lavan ni tampoco arreglan donde duermen pero cuando se trata de conquistar a un hombre, ellas andan en la calle como si fuera una princesa solamente para poder llamar la atención a ese hombre y hacerle caer en la trampa.

- Algunos hombres para poder conquistar a una mujer, ellos van a robar un auto de lujo o si tienen amigos que tienen un auto lindo entonces ellos van a pedirles su auto prestado para poder ir a enseñar a ella que ellos tienen auto nuevo. Todos sabemos muy bien que muchas mujeres no pueden resistir cuando un hombre anda en un auto de lujo y las pide que suban a ese lindo auto.

- Algunas personas no tienen una casa hermosa para dormir pero cuando se enamoran de a alguien buscan una manera para poder engañarlo. Por ejemplo, si uno de sus amigos tiene una casa hermosa entonces van y le piden esa casa prestada para poder traer a ese alguien de visita para enseñar que ellas viven en una casa hermosa

- Algunas personas ni siquiera son empleadas pero cuando se enamoran de alguien para poder engañarlo. Ellas van a pedir a uno de sus amigos su oficina prestada para poder mostrar a ese alguien que ellas son empresarias y tienen oficina, empleados, títulos de algunas carreras, etc....

- Algunos hombres roban un arma o piden a un amigo un arma prestada para poder enseñar a su chica que tienen un arma. Ya que muchas mujeres se entregan solitas cuando vean un hombre con arma. Muchos dicen que el arma es uno de los puntos débiles de muchas mujeres.

- Algunos hombres para hacerse lucir delante de una chica la que ellos aman. Ellos toman muchas pastillas o hacerse las cirugías para poder tener un físico a la perfección. Porque ellos saben muy bien que hay muchas mujeres que buscan a un hombre por los bíceps, tríceps, los abdominales y las piernas

- Algunos hombres para hacerse lucir delante de una chica la que ellos aman. Ellos piden a sus amigos un yate prestado para dar un paseo en el agua con ella y enseñarle que ellos son unos hombres ricos

- Algunos hombres son capaces de matar a uno delante de la chica la cual ellos aman para darle miedo y hacerle saber que ellos tienen muchos poderes para hacer todo lo que ellos quieran

- Algunas mujeres para poder conquistar a un hombre, se ponen los pechos y glúteos. En algunos casos ellas también hacen cirugía para sacar las grasas y tener una cara mas linda, aun que muchas veces, algunas de ellas lleguen a perder su figura por haber contrato a un falso medico o por haber usado productos baratos. Ellas son capaces de hacer todos esos sacrificios porque saben muy bien que muchos hombres buscan la belleza y esa es la mejor manera para hacerles caer.

- Algunos hombres suelen decir estas cosas a la chica la cual ellos aman: yo tengo casas, autos, barcos, aviones, helicóptero, aun que nunca puedan comprobárselos a ella

- Algunas personas son capaces de hacer algunos desafíos más allá del Record Guinness para poder llamar la atención a alguien que ellas aman. Aun que a veces muchas de ellas mueran en el intento de hacerse lucir por falta de practicas

- Algunos hombres suelen gastar todo su dinero para poder dar un gusto a una mujer la que ellos aman. Aunque después tengan que andar en bancarrota

- Algunos hombres suelen decir a la mujer que: ellos la aman con todo su corazón y ofrecerle a ella incluso todo lo que ellos no tienen. Es solamente para poder lograr tener a ella, porque no van a poder cumplir nada de sus palabras. Ya que son todas falsas promesas

Hay que tener mucho cuidado con todo lo que tiene que ver con el amor. Porque algunos pueden venir a venderte una imagen la cual no es de ellos. Dicho de otra manera, ellos te quieren dar lo que ellos no tienen para poder engañarte y hacerte caer en sus trampas. Casi todos mienten para conseguir el amor. Yo no puedo negártelo incluso yo también lo hice en mi adolescencia para poder conseguir a una muchacha la que yo amaba mucho.

A los 13 años de edad, yo me enamoré de una muchacha la cual vivía no muy lejos de mi casa. Lo peor de todo fue que, yo estaba muy enamorado de ella pero a la misma vez, no tenía valor para acercarme a ella y decirle que la amaba. De hecho, ese fue un gran reto para mí en esa época. Yo hacia todo lo posible para verla a ella todos los demás pero desde lejos. Porque cada vez que la veía, de repente yo entraba en pánico y me temblaba el cuerpo entero. Incluso todas las noches yo ensayaba en mi casa todo lo que tenía que decirle a ella en el día siguiente pero era muy fácil para mí ensayar en casa, lo difícil era acercarme a ella y decirle que yo la amaba. Todos esos problemas me obligaban a pensar en un plan perfecto para poder conquistarla. Mi mejor plan era ofrecer a ella una imagen la cual no era mía. Vale decir que, yo quería hacer hasta lo imposible para poder conseguirla y por eso, traté de darle a ella algo que yo no tenia. Ella era de una familia que tenía dinero pero yo tenia lo justo para poder sobrevivir y hay algunas cosas las cuales no estaban a mi alcance. Yo no tenia ni siquiera muchas ropas para salir pero sin embargo quería lucirme delante de ella. Con referencia a lo mencionado, en varias ocasiones les pedía a mis amigos ropas prestadas para poder andar siempre limpio y también todo el dinero que yo conseguía en aquel tiempo era solamente para comprarme ropas. Uno de mis planes era pasar frente a la casa de ella más de 10 veces por día y los 7 días de la semana. Yo no era capaz de acercarme a ella pero trataba de llamarle la atención. Ella sabia muy bien que yo la amaba incluso me daba cuenta de que también a ella yo le caía muy bien porque cada vez que ella me veía se quedaba mirándome. Por un tiempo, yo pensaba que ese plan iba a funcionar pero me equivoqué porque ella se cansó de verme todos los días con ropas diferentes cruzando a cada rato frente a la puerta de su casa como si yo fuera un loco sin el rumbo. Por esta razón, me decidí cambiar el plan. En aquella época, en mi barrio, eran muy pocas las personas las que sabían montar bicicleta porque en mi niñez, yo vivía en un barrio pobre y las personas no tenían dinero para comprarse una bicicleta. Yo tampoco no tenía una bicicleta pero por casualidad, la madre de uno de mis amigos le regaló una bicicleta para su cumpleaños. Pero había un problema, nadie de mi grupo de amigos sabia como montar una bicicleta. Desde el primer día que le trajeron esa bicicleta, no parábamos de montarla día y noche. Nunca nos cansábamos de montarla y andar por toda parte en ella. Cada uno de nosotros tenía un turno limitado en esa bicicleta por 15 minutos. Después de ese tiempo, tenia que entregarla a otro. Ninguno de nosotros sabía montarla bien y por esta razón cada vez que uno subía a esa bicicleta entonces había dos amigos mas, uno a cada lado para poder sujetarlo y guiarlo para que no se cayera al suelo. Mi nuevo plan era perfeccionarme bien en esa bicicleta para ir a lucirme todos los días frente a la casa de mi chica. Al final por desgracia de uno de mis amigos, ese plan tampoco me funcionó. Porque el tuvo un accidente con esa bicicleta en el cual el pudo haberse quedado paralizado si no fuera por un milagro. El iba en ella sin mirar adelante y estaba pedaleando como un loco cuando el chocó con un muro y la bicicleta se partió en dos. Se lo llevaron al hospital y tuvo que tardar como dos meses para poder recuperarse bien. Mis padres y los de mis amigos vieron lo que sucedió a uno de mi grupo entonces ellos se pusieron de acuerdo para no volver a comprarnos mas otra bicicleta ni tampoco repararnos la que estaba dañada. Desde ese momento, me daba cuenta de que el plan de hacerme lucir en la bicicleta para poder conquistar a mi chica no me iba a funcionar porque yo no tenía bicicleta ni mis amigos tampoco. Había otro problema aun más grande por el cual yo estaba muy preocupado. El problema era que, yo tenía muchas competencias, vale decir, en mi pueblo había más jóvenes los cuales también estaban enamorados de esa misma chica. De hecho, muchos de ellos tenían más posibilidades que yo, de poder conquistarla. Porque algunos de esos jóvenes eran hijos de personas que tenían dinero y ellos podían pedir lo que fuera a sus padres sin ningún tipo de problema. En cambio yo, no tenía esa oportunidad pero a pesar de todo eso, no quería darme por vencido. Tres meses más tarde, casi todos los jóvenes de mi pueblo tenían su propia bicicleta y la sabían montar mejor que yo. Para ser sincero, al ver todo eso, yo estaba muy decepcionado conmigo mismo por no haber tenido la oportunidad de lucirme primero frente a la casa de mi muchacha en bicicleta. Yo me pasé todo ese tiempo, pensando en que podía yo hacer para poder conquistar a esa muchacha. Por suerte, un mes más tarde, yo vi otra oportunidad para poder lograr mi sueño. Un día yo fui a clase y vi a una de mis compañeras con una bicicleta nueva. Le pregunté de quien era esa bicicleta. Ella me dijo que era suya. Su madre se la había regalado por haber tenido buena nota en la escuela. Ella no era muy buena en la matemática porque a ella no le gustaban los números pero en cambio yo era muy bueno en eso. Incluso en el examen, yo siempre ayudaba a ella para que aprobara con buena nota. Por esa razón, yo decidí hacer un trato con ella. Yo le dije que le iba a seguir ayudando en la matemática para que me prestara su bicicleta. Ella lo aceptó porque sabía que yo era muy bueno en los números y sin mi ayuda, ella no iba a logar nada en los exámenes. Pero había otro problema más, ella estaba enamorada de mí sin darme cuenta de nada. En realidad, yo no la amaba, solamente quería ayudarla a cambio de su bicicleta para poder hacer lucir delante de la chica por la cual yo inspiraba.

Todos los días, en el recreo, ella siempre me prestaba su bicicleta para que yo pudiera practicar en el patio de nuestra escuela. Después de muchas caídas y heridas en todo mi cuerpo, por fin logré a equilibrarme solito en esa bicicleta. Aproveché la ocasión para pedirle a ella que me prestara su bicicleta por un fin de semana. Ella no podía decirme que no, por dos motivos: uno era que, sin mi ella no podía obtener buena nota y el otro era que ella estaba muy enamorada de mí. Ella me la prestó desde el viernes después de la clase hasta el domingo en la tarde. Yo me pasaba el sábado entero practicando en mi casa con mis amigos para poder perfeccionarme bien. Ya que yo tenía planeado el día siguiente irme a lucir frente a la casa de mi chica y yo no me quería pasar vergüenza delante de ella. Ese domingo, me levanté muy temprano, me vestí y me fui a pasear cerca de la casa del amor de mi vida. Fue el primer día en mi vida en el cual yo pasaba solito frente a la casa de mi chica en una bicicleta. *Para que se entienda mejor*, era la primera vez que yo andaba en la calle en una bicicleta sin ayuda de nadie porque yo siempre tenía a alguien a mi lado para empujarme antes. También fue el primer día que mi chica me vio en una bicicleta la cual era tan nueva y bonita, nadie de mi barrio tenía algo parecido. En otras palabras, mi chica nunca había visto una bicicleta parecida a la que yo andaba ese día. En mis primeras dos vueltas en bicicleta frente a su casa, ella se quedó mirándome mas que nunca. En la tercera vuelta, ella salio de su casa para pedirme un favor y eso era justamente lo que yo estaba buscando de esa princesa. Por primera vez en mi vida, ella me acercó y me preguntó que si la bicicleta era mía. Yo, para poder agrandarme y hacerme lucir delante de ella, le dije que hacia un día desde que mis padres me la regalaron. Todo eso era pura mentira y la mentira nunca llega lejos porque tiene una sola pierna. Le dije esa mentira para poder engañarla y hacerla caer en mi trampa. Quiere decir que, yo le estaba dando a ella algo que ni siquiera yo mismo lo tenia. En esa misma ocasión, aproveché para preguntarle a ella que si sabia montar bicicleta. Ella me dijo que no sabía ni tampoco quería intentar porque tenía miedo de caerse. Yo le dije que no había problema y era muy fácil montar una bicicleta. También le dije que yo mismo iba a enseñarla y cuidarla para no caerse. Ella lo aceptó porque no podía resistir a no probar esa bicicleta tan hermosa. Ese día, yo estaba muy feliz por dos cosas: una era que, toda la atención de mi chica estaba en mí y la otra era que, yo fui el primero en mi barrio que llegaba a enseñar a ella como montar una bicicleta. Pero eso no iba a durar mucho, porque yo estaba dando a ella una imagen la cual no era mía. Mejor dicho, yo quería lucirme delante de ella y la mentí para poder engañarla. Yo le decía que la bicicleta era mía pero eso no era la verdad sino que una gran mentira. En ese momento yo estaba muy feliz enseñando a mi chica como montar bicicleta hasta que llegara otro problema para romper y meter fin a todos mis planes. Es decir que, era tiempo para que todo el mundo se enterara de la verdad. Mi compañera de clase la cual era la dueña de la bicicleta fue esa tarde a mi casa a buscar su bicicleta. Cuando ella llegó a mi casa y no me encontró. Uno de mis hermanos le dijo a ella por donde yo andaba y ella fue a buscarme. Al llegar en el lugar donde yo estaba, ella no pudo creer lo que estaba viendo. Ella era muy celosa. Lo peor de todo era que, ella fue la que me prestó la bicicleta para yo practicar en casa pero al final descubrió que yo no solamente estaba practicando sino que yo estaba enseñando a otra chica como montar la bicicleta. Mi compañera estaba muy enojada al vernos. Ella nos acercó y dijo: ¿Pero esa no es mi bicicleta y quien es ella la que esta montando mi bicicleta? Yo me quedé con la boca abierta, no pude decir ni una sola palabra. De hecho, no sabia que decir a ninguna de esas dos chicas. Mi compañera tomó su bicicleta y se fue a su casa. Mi chica se quedo mirándome muy avergonzada y me dijo: **Eres un mentiroso, me engañaste, me dijiste que la bicicleta era tuya y ahora me tuve que pasar vergüenza delante de su dueña por tu culpa. No quiero volver a hablar contigo más en mi vida.** Al escuchar estas palabras saliendo de la boca de mi chica, yo no sabia que hacer ni donde meterme. Todo fue la culpa mía por haber roto la regla número 107. Quise dar a ella algo que yo no tenia, por ese mismo motivo, al fin de cuentas la perdí a ella por haberle engañado. También perdí la confianza de mi compañera de clase pero eso no me importaba mucho. Lo que me importaba era mi chica la cual era el amor de mi vida pero la perdí por haber intentado darle a ella algo que yo no tenia.

Esta historia es la razón por la cual yo tomé la decisión de escribir la regla número 107: Tú no puedes dar ni reglar a nadie algo que no tienes. Lo mismo que me sucedió a mi, también te puede suceder si intentas dar a alguien algo que tu no tienes. Pues después de haber perdido al amor de mi vida, me di cuenta de que uno tiene que ser siempre uno mismo. Desde entonces, yo he tratado de ser yo mismo y el que me quiere tiene que aceptarme tal como yo soy. Porque no quiero volver a dar a alguien algo que no tengo. Me he dado cuenta de que la mentira no puede correr y si lo hace entonces seguro lejos no llegará. Hoy en día, prefiero ser humilde que agrandarme por algo que no tengo. Si alguien quiere estar conmigo, tiene que aceptar las condiciones de mi vida. Por todo lo que me sucedió a mi, ahora no me atrevería volver a mentir a nadie por el amor. **Mejor dicho**, todas las cosas que yo hacia por el amor cuando yo era niño, ya dejo de hacerlas porque soy un hombre. No debo hacer las cosas que hacen los niños. Pero por lo que veo no todo el mundo piensa de esta manera. De hecho, algunos individuos están dispuestos a ir hasta el infierno para poder conseguir el amor de su vida si es que eso fuera posible. A lo mencionado, hay que estar siempre atento para que nadie te pueda engañar. La vida da muchas sorpresas y si uno se descuida entonces fácilmente se caerá en su propia tumba para sufrir el resto de su vida. Yo siempre digo que muchas veces, hay personas que se caen en algunas trampas, es porque ellas son unas personas necias y ciegas. Ellas no quieren entender ni tampoco ver la realidad. Es obvio que, algunos te pueden mentir durante mil años y nunca te vas a dar cuenta de nada porque ellos son unos profesionales mintiéndole a uno, pero hay otros que te mienten, y tan solo al abrir su boca, te darás cuenta de que todo lo que te están diciendo es pura mentira.

Mis consejos para ti son: Si eres una de esas personas a las que les gusta mentir para poder tener una relación amorosa con alguien entonces pronto lamentarás. Me refiero a todas las personas que suelen dar a alguien algo que ni siquiera ellas mismas lo tienen a cambio del amor, en ese caso, si eres una de ellas tarde o temprano pasarás muchas vergüenzas delante del amor de tu vida.

Por otro lado, si eres una de esas personas que andan detrás del amor todo el tiempo, lo único que te puedo decir es que, te van a engañar con muchas facilidades porque hay muchas personas que te van a querer dar una imagen la cual no es de ellas. Por todos estos motivos, hay que tener mucho cuidado y tomar todo con mucha calma. En fin, no tienes que preocuparte mucho por el amor. El tuyo está a la vuelta de tu casa, algún día llegará a tus pies pero tienes que tratar de estar siempre en el lugar adecuado. Porque según la regla número 140: No debes correr detrás del amor, algún día el caerá a tus pies.

Regla número 140: No hay que correr detrás del amor, tarde o temprano el caerá a tus pies.

Quizás, tú no quieres perder tu tiempo y por eso quieres hacer lo imposible para poder conquistar a alguien el cual tú amas pero lo que te puedo aconsejar es que, para poder conseguir el amor verdadero hay que tener mucha paciencia. Es buen ser siempre paciente porque de otra manera, te hará muy difícil conocer el verdadero amor. Déjame hacerte una pregunta ¿A ti que te gusta correr todo el tiempo detrás del amor, aun no te has dado cuenta de que mientras mas corras entonces el amor siempre se aleja más de ti? Puesto que el te tiene miedo porque tu siempre le asustas cada vez que tu corras para poder agarrarlo. Tienes que saber que, la mejor manera para conseguir un amor es dejarlo libre pero muchas veces, tu haces lo contrario. Por ejemplo, tu ves un amor y quieres conseguirlo por eso tu corres para poder agarrarlo pero al mismo tiempo el se asusta y se aleja de ti. Es la razón por la cual tú siempre dices que no tienes suerte con el amor. Es muy cierto lo que dices porque no quieres entender que, no hay que correr detrás del amor. Si lo haces de esta manera entonces jamás conocerás al amor de tu vida. Ya que, cada vez que el verdadero amor te acerca para poder caerse a tus pies, tu intención es correr para asustarlo y hacerlo alejar más de ti.

En nuestro mundo, los amores sobran. Vale decir que, hay amores para cada uno de nosotros pero el problema es que, tú no tienes paciencia para esperar a tu verdadero amor. Quieres conseguirlo de cualquier forma y muy rápido. Pero según las leyes de la vida, las cosas no funcionan como tú piensas. Yo me pregunto:

- ¿Por qué tienes tantos apuros y tantas desesperaciones por el amor si algún día el mismo va a tener que caerse a tus pies?

- ¿Acaso se te ha olvidado que la vida no es para complicarla sino que vivirla como se debe?

- ¿Cómo piensas conquistar el corazón de alguien si siempre quieres obligarlo a estar contigo de cualquier manera?

- ¿Cómo piensas tener el amor de tu vida si cada vez que el te busca y tu nunca estás en el lugar donde deberías estar?

- ¿Hasta cuando vas a entender que, la mejor manera para poder conquistar a alguien es hacer las cosas con calma?

- ¿Por mas que corras detrás del amor pero como piensas agarrarlo si el corre mil veces mas rápido que tu?

- ¿Hasta cuando vas a saber que, para ser un buen cazador, hay que tener muchas paciencias y darles mucho tiempo a tus presas para que se caigan en tus trampas?

- ¿Por qué razón tu pasas tu vida asustando a las presas las cuales quieres cazar?

- ¿Hasta cuando vas a poder saber que, el verdadero amor caerá a tus pies algún día cuando menos lo esperas?

Abandona la esperanza si piensas correr detrás del amor para poder agarrarlo. Ya que nuestros antepasados lo han hecho y se fracasaron. Es imposible atrapar a un amor de esta manera. Por eso, hay que dejar de perseguirlo. Tienes que esperarlo y no importa cuanto tiempo tardará en llegar pero seguro tarde o temprano el va a caer a tus pies.

Según mi opinión, si quieres tener suerte en el amor entonces debes tomar a las arañas como un ejemplo a seguir. De hecho, su manera de atrapar a sus presas es única. Ellas tienen muchas confianzas en si mismas y también tienen muchas paciencias para esperar. Porque saben muy bien que la única manera para cazar a sus presas es esperar hasta que ellas se caigan en sus redes. Las arañas no pueden volar detrás de una mosca pero están seguras de que algún día una mosca caerá en sus redes. Tú también debes hacer lo mismo, por ejemplos tienes que tratar de ser como una araña. Es decir que, tú serás la araña, la paciencia será tus redes y el amor será la mosca que va a caer a tus redes. Después de hacer tu trampa, puedes ir tranquilamente a dormir (dormir siempre aun que sea con un ojo abierto porque es muy bueno estar siempre atento). Seguro al despertarte, encontrarás a tu presa en tus redes esperándote. Tienes que saber que correr no es una opción si no sabes como cazar a una presa. Yo te doy un ejemplo de una araña para hacerte entender como funciona el amor verdadero. En otros términos, no tienes que obligar a nadie a estar contigo o a amarte a la fuerza. Ya que un amor por obligación no durará mucho. Si amas a alguien y ves que el no quiere estar contigo es mejor que lo dejes libre para que se vaya. No hay que luchar con ese amor ni tampoco debes correr detrás de el. Tienes que entender que, todo lo que se te fue es porque no era tuyo. Hasta los animales que suelen cazar saben eso. O sea todos los depredadores saben muy bien que la mejor formula para cazar está en la paciencia y por eso yo me pregunto.

- ¿Por qué razón tendrías que malgastar todas tus energías corriendo detrás de un amor imposible?

- ¿Tú, por qué razón no puedes entender que el amor que se te va es porque no era el tuyo?

- ¿Por qué razón nunca estás en el lugar adecuado donde deberías estar para esperar al amor de tu vida?

- ¿Cómo piensas recibir al amor de tu vida cuando el llegue a tu casa, si sigues corriendo de esta manera para desperdiciar todas tus energías?

- ¿Acaso aun no sabes que si no tienes fuerza para disfrutar el amor de tu vida entonces alguien mas lo hará por ti?

Si sigues corriendo de esta manera detrás los amores imposibles, te aseguro que, cuando llegue el verdadero amor no tendrás ninguna fuerza para disfrutarlo. Hay una cosa muy importante la cual quiero dejar bien clara para que sepas como funciona el amor: Si tienes el amor de tu vida pero no tienes fuerza ni energía para disfrutarlo entonces alguien mas lo hará en tu lugar. Con referencia a lo mencionado, tienes que saber que, no vale la pena desperdiciar tus energías en vano detrás de un amor que nunca vas a poder tener en toda tu vida. Por lo tanto, es mejor que hagas tus redes y guardes todas tus fuerzas para poder disfrutar al verdadero amor, el día que el caiga en tus trampas.

Yo también era uno de los que suelen correr detrás del amor para asustarlo pero tuve que tomar unas clases en la escuela de las arañas. Lo primero que me enseñaron era tener fe en mi mismo. Dicho de otro modo, no tengo que correr ni malgastar mis energías detrás de ningún amor. Gracias a esta clase que me dieron, ahora puedo controlar mis impulsos. Es la razón por la cual, hoy en día, yo trabajo de la misma manera que las arañas. Yo dejo de perder mi tiempo y malgastar mis energías en vano detrás de nada. Tengo mucha fe en mi mismo y estoy muy seguro que algún día el amor verdadero caerá a mis pies. Por lo tanto, no tengo ni siquiera un solo motivo por lo cual yo debería correr detrás de un amor imposible. Prefiero conservar todas mis fuerzas y mis energías para poder disfrutarlo como se debe cuando el llegue a mis pies.

Después de haber recibido estas clases en la escuela de las arañas, yo me maduré mucho y deje de hacer todas las tonterías las que yo hacia antes por el amor. Vale decir que, en el pasado yo corrí mucho detrás del amor para asustarlo. Yo pensaba que era la mejor manera para obtenerlo hasta que las arañas me enseñaran lo equivocado que yo estaba. Comparándome ahora con mi pasado, hoy soy otro. Trato de liberar a todos los amores prohibidos para que se vayan donde los están esperando. Antes de ir muy lejos, me gustaría contarte dos historias de mi vida en las cuales dejé de correr detrás del amor y al fin de cuentas el mismo cayó por su cuenta a mis pies cuando yo menos lo esperaba.

La 1ra historia:

Cuando yo tenía más o menos unos 15 años, me enamoraba de una de mis vecinitas. Ella tenía alrededor unos 14 años de edad. Ella era una chica muy hermosa y a la vez muy tímida. Era casi imposible conquistarla porque ella no hablaba con ninguno de los muchachos de mi vecindario. Yo siempre la miraba todos los días desde mi patio. Porque su casa estaba al frente de la mía. De hecho, cada vez que ella salía a su patio y se daba cuenta de que yo estaba en mi casa mirándola, ella se metía a dentro de su casa de nuevo para yo no verla. En pocas palabras, ella siempre se escondía de mí. Porque ella se daba cuenta de que yo la amaba. Incluso, muchas veces, yo me quedaba en mi patio todo el día para ver que si ella salía pero por otro lado, si ella se sospechaba de que yo estaba en mi casa, no salía para afuera. Ella salía a su patio cada que se dada cuenta de que yo no estaba en mi casa para mirarla a los ojos. Lo único que yo hacia era mirarla a sus ojos porque yo no tenía como acercarla para decirle lo que yo sentía por ella. Según mi punto de vista, yo era una pesadilla para ella. Porque ella no quería saber nada de mí. En muchas ocasiones, yo me preguntaba a mi mismo, por que razón, ella me tenia tanto miedo. Yo la quería mucho pero era imposible tener algo con ella.

Lo peor fue que cada vez que ella se escondía de mi y yo estaba mas enamorado de ella (todos sabemos muy bien, mientras mas difícil que sea un amor, uno se enamora mas). Eso era mi caso. Yo no sabia que hacer porque no tenía ningún amigo en común con ella para poder enviarle unos mensajes. Ella estudiaba en una escuela muy lejos de nuestro Barrio y ninguno de sus compañeros de clase vivía en mi Barrio. A este efecto, me di cuenta de que ella era un amor imposible para mí. Llegué en un tiempo en el cual yo decidí no pensar más en ella para poder sacarla de mi mente. Yo había pasado más de dos meses sin estar pendiente a ella. Un día dado, yo estaba sentado muy tranquilo dentro de mi casa escuchando música pero con las puertas abiertas. De reflejo yo vi que alguien estaba por llegar a mi puerta. Cuando yo miré con mas atención y me di cuenta que era ella misma, mi vecinita de la cual yo me enamoraba. Yo me asusté porque no podía creer lo que estaba viendo con mis propios ojos. De hecho, para mi eso era como soñar pero despierto. Por eso, yo miré para otro lado para no mirarla a los ojos ni mucho menos asustarla. Yo escuché a ella diciendo de esta manera: hola, ¿Yo puedo pasar? Le contesté y le dije: obvio, por supuesto que si. Pero yo estaba tan sorprendido, muy nervioso y me quedé con la boca abierta sin mirar a ella. Yo estaba temblando de susto. Antes yo era la pesadilla de ella pero en ese momento era ella la pesadilla mía. Yo estaba completamente paralizado y no sabia que decirle a ella. Porque yo no esperaba algo así. Ella se dio cuenta de que yo estaba fuera de lo normal.

- Lo primero que ella mi dijo era: Discúlpame la molestia ¿Me puedes hacer un favor?

- Yo le dije: ¿Quieres solamente un solo favor?

- Ella me contestó y me dijo que si

- Yo le pregunté: ¿Cuál es el favor?

- Ella me contestó y me dijo: Yo tengo que enviar un examen hoy por Internet pero tengo problema con mi Internet. Por eso no puedo enviarlo. Vine a ver que si me puedes ayudar con eso. Ya que no puedo perder más tiempo. Tengo que hacerlo hoy mismo.

- Yo le dije: ¿Eso es el problema que tienes?

- Ella me dijo que si

- Le dije que: Entonces tu problema está resuelto. Esta es mi computadora, tú la puedes usar cuando quieras como si fuera la tuya. Me levanté de mi silla y ella se sentó para poder usar mi computadora.

- Ella miró a mi computadora y me dijo: Me parece que hay otro problema más

- Yo le dije: ¿Cuál es el otro problema?

- Ella me dijo: A mi me parece que tu Windows está mas avanzado que el mío, yo no se como usarlo para hacer todo lo que tengo que hacer

- Yo le dije: No hay problema, aquí estoy yo a tus órdenes. Entonces yo me senté de nuevo y la ayudé a hacer todo lo que ella tenia que hacer. Cuando yo termine de ayudarla

- Ella me preguntó: ¿Cuánto te debo por ayudarme?

- Yo le dije: absolutamente nada

- Ella me dijo: Muchas gracias por tu ayuda, de verdad tu no sabes cuanto te agradezco por este favor, porque yo no sabia que hacer

- Yo le dije que: Soy tu vecino y los vecinos siempre se ayudan uno a otro, por eso no tienes que darme las gracias.

Pero no pregunté a ella por que razón que, siempre se me escondía antes cada vez que yo la miraba. Ella misma se dio cuenta de que yo dejaba de mirarla para asustarla entonces por eso ella me buscó a mi cuando yo menos la esperaba. Desde entonces, empezábamos a hablar uno con otro frecuentemente como amigos. Ella iba a mi casa cada vez que quería. Con el tiempo tuvimos una buena relación amorosa.

Esta historia es una de las razones por las cuales me di cuenta de que no hay motivo para correr detrás del amor. Ya que algún día el va a caerse a tus pies cuando menos lo esperas.

La 2da historia:

Una vez, yo estuve charlando con dos de mis amigos en frente de mi casa y por casualidad, vino una hermosa joven a preguntarnos una dirección de una casa a la que ella quería ir pero no sabia como llegar allí. Porque ella era nueva en ese Barrio. Vale decir que, ella se había mudado en ese Barrio hacia menos de un mes. Ella era muy hermosa, yo no conocía a ninguna muchacha en mi Barrio que podía igualar a ella. Para decirte la verdad, al verla a ella, yo me enamoré de ella. Era mi amor a primera vista. De hecho, los dos amigos míos y yo estábamos muy enamorados de ella. Pero ella me preguntó a mí por esa dirección entonces yo tenia prioridad sobre mis otros dos amigos para poder enamorarme de ella. Nos dimos cuenta de que ella no era de nuestro barrio entonces era la excusa perfecta para poder hablar con ella y contarle un poco mas acerca de nuestra vida y de nuestro vecindario. Ese mismo día, en el medio de la charla, ella nos contó que no era de nuestro barrio pero hacia muy poco desde que se había mudado en ese vecindario con su familia porque tenia que estudiar en la facultad y en su pueblo natal, había escuelas pero no había universidades. También nos contó que no tenía ningunos amigos ni conocidos en ese nuevo Barrio. Dicho de la manera correcta, todo era nuevo para ella. Era como empezar una vida desde Cero. Yo, al escuchar todo eso, aproveché la ocasión para pedirle sus contactos. Yo tomé coraje conmigo mismo y le dije: **Si quieres me puedes dar tu Facebook y tu número de celular para poder estar en contacto con contigo, por si a caso en algún momento tu necesitarás alguna ayuda en particular de mi parte y te ayudaré sin ningún problema.** Son estas cosas las cuales yo le dije a ella porque no quise perder el tiempo con eso. Ya que en mi vida yo ya había perdido muchas oportunidades por haber perdido el tiempo. Ella me contestó y me dijo delante de mis amigos: **Yo no doy mis contactos a la gente desconocida.** Yo me quedé muy avergonzado delante de ella y de mis amigos. Yo le dije a ella: **Si no quieres, está todo bien de mi parte, no hay ningún tipo de problemas.** Desde ese día, ella y yo seguimos viendo y hablando de vez en cuando, porque vivíamos en el mismo vecindario pero sin embargo nunca olvidé lo que ella me había dicho cuando le pedí sus contactos por primera vez. Es decir que, yo hablaba siempre con ella pero no volvía a pedirle sus contactos. Por este motivo, se habían pasado meses pero no volví a pedirle de nuevo nada a esa chica. Por otro lado, ella se había olvidado de lo que me había dicho cuando le pedí sus contactos pero yo no. Porque ese día me quedé con mucha vergüenza delante de mis amigos y eso no puedo olvidarlo nunca. Un buen día dado, ella y yo estábamos los dos charlando como de costumbre y por casualidad, ella me dijo de esta forma: **Pero casi todos mis amigos de este Barrio tienen mis contactos, y tú ¿Por qué no los tienes aun?** Yo le contesté y le dije: **Una vez, tú me habías dicho que tú no das tus contactos a la gente desconocida.** Ella me dijo: **Bueno, eso era en el pasado, ya tú no eres un desconocido para mí.** Ella misma tomó mi celular y escribió todos sus datos para que yo pudiera tenerlos. Desde ese momento, yo pasé de ser gente desconocida a la persona mas querida de parte de ella en mi vecindario. Nos veíamos todos los días. De hecho, yo no tenia que ir a buscarla a ella, sino que ella misma iba a mi casa a buscarme. *Dicho de otra forma*, yo no tenía que hacerme ningún tipo de problema a causa del amor porque esa misma muchacha me ponía todo fácil. Con ella tuve una buena relación amorosa.

Todos estos casos me han enseñado que no vale la pena correr detrás el amor. De hecho, el vendrá algún día a buscarme por su propia cuenta. Con referencia a lo mencionado, siempre trato de no malgastar mis energías detrás de los amores imposibles. Prefiero conservarlas para que cuando el amor verdadero llegue a mis pies, tendré muchas energías y fuerzas para poder disfrutarlo.

Uno tiene que saber que, algún día el verdadero amor llegará a los pies de uno. Pero si uno no tiene suficiente energía para poder disfrutarlo cuando el llegue entonces el irá a caerse de nuevo a los de de otras personas las que realmente tienen energías y fuerzas para poder disfrutarlo. Por ejemplo, tu que vives corriendo y malgastando todas tus energías detrás de un amor imposible. Tienes que saber que cuando te llegue el amor de tu vida, no vas a tener como hacerle feliz. Porque estarás muy débil y con las ganas de hacer nada.

Por todo lo que he visto últimamente, algunos tienen a su verdadero amor bajo su nariz y siguen corriendo detrás de un amor imposible. Después de todo, ellos se quedan tan cansados ni siquiera pueden abrir sus ojos para ver el amor verdadero que está a su lado. En otras palabras, ellos ven de lejos pero no ven lo de cerca. Es por eso, ellos pasan toda su vida corriendo detrás de los amores prohibidos e imposibles. Según mi opinión, esta no es la manera correcta para buscar a tu media naranja. Mis consejos para ti son: Si estás buscando al amor de tu vida entonces debes tener en cuenta todas estas siguientes cosas:

- Hay que estar siempre atento

- Tienes que mantener tus ojos siempre abiertos

- Hay que tener muchas paciencias

- No tienes que correr mas detrás de los amores para no tener que asustarlos ni tampoco hacerlos alejar mas lejos de ti

- Tienes que saber como controlarte para no caer en tu propia tumba

- Hay que conservar toda la calma

- No tienes que apurarte para nada

- No hay que malgastar tus energías ni tus fuerzas detrás de algo que no es tuyo

- Tienes que tratar de estar siempre en el lugar donde debes estar para que cuando llegue el amor y podrás recibirlo.

Hay miles de amores que están dando vueltas a tu alrededor para confundirte y si te llevas de ellos entonces tarde o temprano fracasarás y sufrirás. Por todos estos motivos, tienes que tratar de estar siempre con los ojos bien abiertos para poder identificar tu amor verdadero entre miles de amores que no te convienen para nada. No debes cerrar tus ojos para elegir uno al azar. Este no es una opción porque muchas personas lo han hecho de esta manera pero al fin y al cabo no han sobrevivido para contárselo a alguien más. La mejor manera para tener un buen amor es buscarlo sin prisa. De esta manera, tendrás suficiente tiempo para saber cual es el amor que tiene la misma medida de tus pies. Ya que si buscas uno que no tiene la misma medida de tu pies, jamás podrás caminar bien con el. Buscar un buen amor es como comprar un zapato el cual tiene la misma medida de tus pies. Por ejemplo, si quieres comprarte unos zapatos y la talla de tus pies es una 40, entonces tienes que buscar unos zapatos de talla 40 pero bajo ninguna circunstancia, tienes que comprar unos zapatos de talla 44 o 38, ya que no te van a servir sino que te harán doler mucho al caminar con ellos. Algunas personas no saben comprar, siempre compran unos zapatos con un número de más o de menos de la talla de sus propios pies. A este efecto, en muchas ocasiones, voy caminando en la calle, veo a algunos de mis conocidos cojos al caminar y les pregunto por qué razón Ustedes están cojo y siempre me dicen la misma cosa: **Yo acabo de comprar unos zapatos pero no me sirven por eso me dan problemas en mis pies.** De nuevo, les hago otra pregunta pero si Ustedes no son unos niños **¿Por qué razón Ustedes compran unos zapatos que no les sirven?** He aquí la respuesta de ellos:

Cuando fui a comprarlos y no encontré algunos de mi talla o los que estaban de mi talla pero a mi no me gustaban para nada, era por eso compré unos con una talla mas grande o mas pequeña. Según mi opinión, son unas personas muy masoquistas las cuales buscan el placer en el sufrimiento. Por ejemplo, por mas que te gusten unos zapatos pero si no te sirven y los ponen entonces ellos van a lastimar a tus pies y al final vas a andar cojo en la calle. Es la misma cosa que sucede siempre a las personas que andan detrás de los amores prohibidos e imposibles.

Había un señor que vivía en mi pueblo. El tenía unos 50 años pero sin embargo todavía estaba soltero. El estaba muy desesperado para poder encontrar al amor de su vida y formar una familia. A ese punto, el enamoraba de todas las mujeres que le cruzaban en su camino. Pero ninguna de ellas quería tener una relación con ese hombre. Porque ellas sabían muy bien que si un hombre a los 50 años vive en la casa de sus padres es porque tiene algún problema. Es decir que, ninguna mujer quiere tener un hombre soltero de 50 años en su camino. El pueblo era muy pequeño y la mala noticia siempre corre rápido entonces se le hacia imposible a ese señor conseguir una novia. El no sabia que hacer para poder encontrar a una mujer. De hecho, el pidió a todos sus amigos y conocidos para que ellos le ayudaran a buscar a una novia pero nadie encontraba a ninguna mujer adecuada para el. Sus amigos tenían mucha pena por el. Algunos de ellos le aconsejaban que fuera a una ciudad más grande para que pudiera encontrar a una mujer. El lo hizo tal como sus amigos le aconsejaban. El fue a una ciudad grande en la búsqueda de la princesa de su vida y en menos de un mes el regresó a su casa con una mujer. Todos sus amigos estaban muy felices porque el había logrado sus metas. Pero nadie sabia ni se imaginaba que esa mujer era como unos zapatos los cuales no tenían la misma talla de los pies de ese señor. *Para que se entienda mejor*, ese amor no era para el. Pero el estaba muy desesperado para encontrar al verdadero amor y el primero que pasaba por su camino. El se lo agarró y se lo llevó a su casa. Cuando ese señor llegó a su casa con ella, los amigos no podían creer que el había encontrado a una mujer tan hermosa y joven en tan poco tiempo.

De hecho todos los que estaban solteros querían ir también a las ciudades grandes para poder encontrar con una buena y hermosa mujer. En otros términos, todos los hombres de ese pueblo le tenían envidia a ese señor por haber tenido esa magnifica mujer. Sin embargo, ellos veían la belleza que tenía esa mujer pero ninguno de ellos se imaginaba que ella tenía un truco bajo su manga. En menos de 10 días, ese señor se casó con ella y los dos se mudaron a una nueva casa porque el tenia todo listo, solamente le hacia falta una mujer. Sus amigos y su familia le hicieron una fiesta por haber encontrado al amor de su vida. Había tanta felicidad en esa casa era como si el hubiera ganado en la lotería. Incluso, todos los vecinos se enteraban de los sucedidos, el barrio entero se enteraba, el pueblo se enteraba, el país se enteraba y el mundo se enteraba de que ese señor había encontrado con el amor de su vida. Todo estaba funcionando a la perfección hasta que un día dado, ella se cambiara de aparecer. Vale decir que, ella no era la mujer con la que el esperaba encontrar. Para decir la verdad, ella era una devoradora de hombres. En el pueblo donde ella nació ningún hombre quería tener algo con ella. Porque todos sabían como ella castigaba y maltrataba a sus ex maridos. Ninguno de ellos se salvaba de ella porque su pasatiempo era castigar a los hombres. Dicho de la manera correcta, ella era una castigadora de hombres. Por esta razón, todos los hombres que la conocían la tenían miedo. Ella era una mujer muy hermosa pero al mismo tiempo muy peligrosa. Cada vez que ella salía para la calle, todos los hombres los que la veían, rápidamente se enamoraban de ella por su belleza. En otros términos, su imagen hablaba por ella. Es lo mismo que está pasando hoy en día, la mayoría se deja engañar por la apariencia y es el motivo por el cual muchos viven corriendo todos los días detrás del amor. Nadie piensa en los peligros que hay, cuando uno se casa con una persona sin conocerla bien. Sin ir mas lejos, podemos tomar a ese señor como un ejemplo. El se casó con una hermosa mujer sin conocerla bien. En menos de 3 meses después de su casamiento, el se dio cuenta de que esa mujer era su pesadilla. Lo peor de todo fue que, no había formar de separarse de ella. No había un solo día en el cual ella no le pegaba a ese señor. En muchas ocasiones, ella le pegaba dos veces por día. El tenía tanta vergüenza y por eso, no quiso que sus vecinos se enteraran de las palizas que ella le daba todos los días. Por esos motivos, el trataba de engañar a los oídos de sus vecinos. Dicho de otra manera, cada vez que su mujer le golpeaba y el decía de esta manera: **toma mujer, toma mujer, toma mujer**, en vez de llorar para que los vecinos supieran que, el era el que estaba pegando a su mujer. Sin embargo, todos sus vecinos se creían y por eso, ellos siempre decían estas palabras: **Yo sabia muy bien que ese hombre no sabia como tratar bien a una hermosa mujer, era por esa razón que el vivía toda su vida con sus padres y ahora tiene una hermosa esposa pero el no para de golpearla todos los días**. Ellos siempre echaban toda la culpa a ese señor cada vez que ellos escuchaban los ruidos en la casa de el. Ninguno de esos vecinos tenía la menor idea de todo lo que estaba sucediendo en esa casa. Porque según la opinión de ellos, era ese pobre señor que estaba maltratando a su propia esposa pero sin embargo era todo lo contrario de lo que ellos se imaginaban. Era la mujer la que estaba pegando a su propio marido. De hecho, para esa mujer era una cosa rara, porque cada vez que ella le pegaba a su marido. El siempre repetía las mismas palabras: **toma mujer, toma mujer, toma mujer, toma mujer**. Pero ella no sabia por qué razón el siempre decía eso. Un buen día, ella estaba pegando a el como de costumbre y el decía: **toma mujer, toma mujer, toma mujer**. Ella se enojó mas, por eso lo agarró y se lo tiró por afuera a través de una ventana. El se cayó afuera en el patio como si fuera un saco de sal. Entonces fue en ese mismo momento, todos los vecinos se enteraron de que era la mujer la que estaba pegando todo el tiempo a ese señor. Ese pobre hombre, al caerse en el patio, se dio cuenta de que todos los vecinos estaban afuera escuchando al espectáculo, el se fue corriendo sin mirar atrás por dos motivos. El primero, el estaba casi muerto de golpes y el otro, el tenia mucha vergüenza de haber sido victima e incluso por todos sus vecinos lo vieron con sus propios ojos. Por otro lado, por fin los vecinos se dieron cuenta de que el no era el que estaba pegando a ella sino que ella a el. Desde entonces, ese señor se fue de su casa. El abandonó a su esposa y también a ese pueblo. Hasta hoy en día, el tiene vergüenza de volver a pisar ese pueblo

Todo esto le pasaba a ese señor por haber comprado unos zapatos que no tenían de la misma talla de sus pies. El estaba muy desesperado para poder conseguir unos zapatos. Por eso mismo, el fue a la tienda pero no encontraba ningunos de su talla. El vio otros muy bonitos y decidió comprarlos aun que no tuvieran el mismo número de sus pies. Sabiendo que le iban a lastimar a sus pies, sin embargo el no lo veía como un problema.

Espero que puedas comprender bien esta historia y sacar algún provecho de ella. Ya que algunos no han tenido la misma suerte que tu. En consecuencia, ellos han hecho mala elección y después de todo, han pagado un precio muy caro por sus errores. Uno tiene que saber que, la vida sigue y no hay razón para correr detrás del amor. En pocas palabras, es un peligro correr detrás del amor.

En toda mi vida, siempre he visto a muchas parejas discutiendo y peleando. Su casa es el mismo infierno en el cual nunca hay paz, ni tranquilidad ni tampoco felicidad. Yo opino que, todos esos problemas son el resultado cuando uno:

- Hace una mala elección

- No tiene paciencia para esperar a su media naranja

- Quiere estar con otra persona a la fuerza

- Compra unos zapatos los cuales no tienen el mismo número de sus pies

- Se deja llevar por el amor a primera vista

- Ama a alguien por interés

- Se junta o se casa con alguien sin conocerlo primero

- Rompe la regla número 140

- Se desespera para poder encontrar al amor de su vida

- No quiere entender que muchas veces, la imagen engaña a uno

- Busca lo físico pero no el celebro

- Corre detrás de los amores imposibles

En esta década, las personas no buscan algo de celebro ni calidad sino la belleza y las cosas materiales sin poder pensar que, esos son las raíces de todos los problemas los que tienen que ver con el amor. Hay que saber que, lo material, la belleza y la fama no te pueden dar la felicidad. Si estás buscando estas tres cosas en una persona para que ella sea tu pareja entonces tú estás muy equivocado acerca de amor. Tienes que amar siempre a una persona por lo que ella es pero nunca por lo que ella posee. Es decir que, es la calidad que vale pero no la belleza, ni lo material ni tampoco la fama. Dicho de otro modo, es bueno buscar lo interior de una persona antes de enamorarte de ella y para poder conocer lo interior de alguien, eso se requiere mucho tiempo para conocerlo mas o menos bien. No es cuestión de un día a otro sino que tener mucha paciencia para poder lograrlo.

Para todo en esta vida, se hace falta tener paciencia. Por ejemplo, si quieres hacer la cosa bien pero no tienes paciencia entonces te aseguro que lejos no vas a poder llegar. La vida por si sola quiere decir la paciencia. Si andas con calma, tarde o temprano la buena suerte te alcanzará e incluso el verdadero amor te alcanzará para poder caer a tus pies. Tienes que saber que el amor verdadero está detrás de ti pero nunca está por delante de ti. Si quieres conseguirlo, tienes que tomarlo con calma pero si tratas de correr detrás de uno que está delante de ti, estás muy equivocado. Hay que estar tranquilo pero siempre muy atento y con los ojos abiertos para poder reconocer al amor verdadero. Mi consejo para ti es: No hay ninguna razón por la cual debes correr detrás de un amor ni tampoco tienes que preocuparte por un amor imposible. Porque la ley de la atracción se encargará de traerte el verdadero amor a la puerta de tu casa cuando menos lo esperes. Con referencia a lo mencionado, tienes que estar siempre en el lugar correcto y en el momento adecuado. Ya que según la regla número 402: No hay que estar perdiendo el tiempo en el baño cuando el amor verdadero está tocando tu puerta.

Regla número 402: No hay que estar malgastando tu tiempo en el baño cuando el amor de verdad está tocando tus puertas

Tú siempre dices que estás esperando al amor de tu vida que está por llegar en cualquier momento pero sin embargo te metes en el baño para jugar con alguien el cual ni siquiera vale la pena y ¿Cómo piensas darte cuenta de la llegada del verdadero amor? Estoy muy seguro de que, cuando el amor verdadero llegue y toque tu puerta si nadie estará presente para recibirlo por lo tanto el seguirá de largo su camino. Ya que tú no estás atento para abrirle tus puertas y hacerle entrar. Según lo que yo pienso, no es bueno perder el tiempo en el baño con alguien que no vale la pena si realmente quieres conocer al amor de tu vida. Hay que tratar de estar siempre en la sala para poder estar muy atento a la llegada del amor verdadero. Es decir que, cuando el llegue y toque tus puertas, debes estar presente para abrirle y hacerle entrar de una vez. Porque el siempre anda con prisa y no tiene tiempo para esperar a nadie. Es la razón por la cual el siempre va donde lo están esperando. Estas son unas oportunidades las cuales no aparecen todo el tiempo, por lo tanto hay que tratar de aprovecharlas en el momento que se den pero si las pierdes entonces nadie sabrá cuando volverás a tener otra oportunidad parecida en toda tu vida. *Para que se entienda mejor*, es muy probable que llegues a la vejez sin conocer el amor verdadero. Porque cada vez que el pasaba por tu casa pero siempre estabas metido en el baño con:

- Un amor prohibido

- Un amor que no vale la pena

- Un amor ajeno

- Un amor imposible

- Un amor falso

- Un amor sin base

- Un amor sin corazón

- Un amor que solamente te hace sufrir

- Un amor equivocado

- Un amor por interés

- Un amor loco

- Un amor que no te conviene

Yo siempre escucho a muchas personas diciendo que no tienen la suerte con el amor. Me parece que tienen todas sus razones para decir eso, porque ellas viven jugando con un amor equivocado en el baño mientras el verdadero amor esté tocando sus puertas afuera sin poder entrar. Mi consejo para ti es: Si ya no eres un niño entonces debes dejar todos los juegos de los niños. Estar jugando en el baño es un acto de niños. Te doy un ejemplo, si estás en tu casa debes estar atento a tus puertas por si acaso llegará alguien para poder recibirlo. Cuando yo hablo de tu puerta, me refiero a tu corazón. Nadie puede entrar en tu corazón si tú no lo dejas entrar porque eso es algo muy personal. Es decir que, cada uno sabe como manejar lo suyo. Yo siempre he dicho que, hay cosas en la vida que son muy personales, por ejemplo, nadie puede entrar en mi corazón si yo no le doy permiso. Soy el único que tiene la llave de la puerta de mi corazón. Es el motivo por el cual, el que quiere entrar allí tiene que pasar por mí. Imagínate que si alguien toca a mi puerta y yo no estoy presente para dejarlo entrar entonces el no va a poder entrar nunca y quizás en algún momento el se cansará de tocar a mis puertas, a consecuencia de eso, el seguirá a su camino.

Hace como unos 11 años atrás, el amor me estaba tocando mis puestas pero yo estaba perdido en el baño sin poder darme cuenta de nada. Una prima de uno de mis amigos quería entrar a mi corazón para poder buscar y encontrar su tesoro perdido. Según ella, su tesoro perdido se encontraba en mi corazón. Porque estaba muy enamorada de mí. Quiero ser sincero, yo también sentía algo por ella pero a la misma vez no quería darle a ella la llave de mi corazón porque en aquel tiempo yo estaba malgastando todo mi tiempo con unos amores imposibles en el baño. Ella tenía más o menos unos 18 años de edad. Pudo haber sido el amor perfecto de mi vida. Ella era de mi tipo. Vale decir que ella tenía todo lo que yo busco en una mujer. Hasta el día de hoy, para decir la verdad, no sé muy bien cómo describir a ella, por ejemplo
- Ella tenia un cuerpo perfecto
- Ella tenia sus cabellos largos y siempre muy limpios
- Ella siempre se vestía en forma muy femenina
- Ella hablaba con estilo
- Ella pensaba y actuaba como una mujer
- Ella tenia talento
- Ella era inteligente
- Ella era muy sexy
- Ella era muy sensual
- Ella era una Mega Diva
- Ella podía ser cantante porque a todos nosotros nos gustaba su voz y ella cantaba bien
- Ella podía trabajar en alguna revista si ella quería
- Ella era una chica muy educada
- Ella era muy responsable
- Ella era esclava de sus palabras
- Ella no era hija única pero era una de las mas preferidas de sus propios padres y de hecho, también del vecindario

- Como ella, no había otra mas o menos parecida en todo mi pueblo
- Ella sabia como hacer las cosas bien siempre, quiere decir que, ella conocía su rol y su derecho como mujer
- Ella siempre daba ejemplos a sus amigas y al barrio entero
- Sus padres estaban muy orgullosos de ella
- Ella tenia el respeto por si misma y por los demás
- El barrio entero tenia el respeto por ella

Todos los jóvenes y los hombres grandes le deseaban a ella por su personalidad y su forma de ser. Cada vez que, ella se paseaba por mi barrio o por otros barios todos los hombres se hacían filas para verla e incluso las otras mujeres hacían lo mismo porque todas ellas le tenían envidia a esa chica. Algunos hombres querían ser amigos de ella para poder hablar con ella. Pero el problema era que todos la tenían miedo. Mejor dicho, a tan solo 18 años de edad, ella era famosa por su personalidad y la mayoría no sabia como acercarla para hablarle. Vale decir que, muchos hombres se sentían muy inferiores a ella porque ella siempre tenía una buena respuesta en su boca para cada pregunta. Ella no era una de esas personas a las que les gusta agrandarse pero sus mismas acciones hablaban por ella **(Lo que te quiero explicar es que, por ejemplo, si vives en un lugar y tu haces siempre las cosas bien. Quiere decir que, tú te respetas a ti mismo y a todos los demás, en este caso las otras personas te respetarán y ellas mismas te podrán en un lugar alto. De hecho, ellas mismas te van a hacer superior sin tener que pedírselo).** Eso era el caso de esa chica hermosa. En mi vecindario, todos siempre hablaban de ella pero no tenían el valor para hablarle acerca del amor en persona. Para no mentirte, yo también era uno de esos hombres cobardes los cuales siempre hablaban de ella en su espalda. Todos nosotros la amábamos y la adorábamos pero nos sentíamos inferiores a ella. No era porque ella nos trataba como inferiores a ella sino que éramos nosotros mismos que nos tratábamos y sentíamos muy inferiores delante de ella. Según nuestra opinión, en aquel tiempo ella era demasiada mujer para su edad. Nadie podía entenderla bien a ella. Porque en su boca salían solamente palabras sabias. Yo la conocía desde que era una niña porque fuimos juntos a la escuela. Cuando yo era pequeño, mi pasión era imitar a Michael Jackson en sus pasos de baile. Yo bailaba muy bien y mi baile le llamaba la atención a esa chica todo el tiempo. De hecho, ella estaba enamorada de mí desde su infancia pero sin embargo yo no sabía nada de eso. Por otro lado, yo estaba muy entregado y muy enamorado de otra compañera de clase pero era como malgastar el tiempo detrás de nada porque esa compañera era muy loquita. Bueno, cuando yo llegué a la secundaria, tuve que ir a un liceo público porque mi familia no podía pagarme un colegio. Esa famosa chica estudiaba en su colegio en la mañana y yo estudiaba en mi liceo por la tarde. Cuando yo iba a clase, siempre la encontraba en camino volviéndose a su casa. Nosotros siempre saludábamos uno a otro como de costumbre. Cuando estábamos juntos en la escuela primaria, yo no le prestaba mucha atención a ella pero cuando lleguemos a la secundaria, me daba cuenta de que ella se veía cada vez más hermosa. En otros términos, cuando estudiábamos juntos en la primaria ella no tenía aun un cuerpo bien desarrollado pero en la secundaria, la imagen de ella se cambió por completo. Para mí, era como si fuera un cambio de una noche a la mañana. Yo me explico mejor, su figura se cambió completamente diferente como si fuera en la película: **El patito feo y yo**. Donde el patito feo se fue a dormir en la noche y en la mañana se hizo adolescente. El mismo padre del patito feo no podía reconocer al patito cuando lo vio en la mañana. Eso fue lo que me sucedió a mí. Yo no esperaba ni me imaginaba que esa muchacha iba a ser una súper mujer de ese nivel. Cada vez que nos veíamos, ella siempre me preguntaba que si yo seguía bailando como Michael. Yo siempre le contestaba y le decía que no lo hacia mas, porque yo pensaba que ella quería burlarse de mí por mi baile. Pero era porque ella se enamoraba de mí desde el principio por mis pasitos de baile sin darme cuenta de nada. Dicho de la manera correcta, el amor estaba tocando mis puertas pero sin embargo yo estaba perdiendo mi tiempo en el baño jugando sin darme cuenta de nada **(Todo el tiempo, ella estaba muy enamorada de mi pero yo tenia mi cabeza en otras chicas locas de mi barrio las que no valían la pena para nada. Incluso muchas de ellas eran vagabundas pero yo las amaba porque yo era un tonto)**. Una vez, yo iba en camino al liceo junto con dos compañeras de clase y encontraba con esa hermosa joven que venia de su colegio. Ella me dijo que, en dos días iba a hacer una fiesta por su cumpleaños y me invitó. **Ella me dijo que: Yo no quiero que me traigas nada de regalo pero quiero que bailes para mí. Con eso yo seré feliz de la vida**. Yo le dije que si, y no había ningún problema. En ese tiempo estuve saliendo con una compañera de mi liceo y yo no quería ir solo al cumpleaños de ella, por eso yo invité a uno de mis mejores amigos y a mi novia **(la que era de mi liceo**). Para decirte la verdad, yo era completamente un necio que hacia la cosa sin pensar. ¿Por qué? Porque una hermosa joven que estaba enamorada de mí, me invitó a su fiesta de cumpleaños y yo invité a dos personas más sin el permiso de la dueña de la fiesta. La fiesta se celebraba en un sábado por la noche. Cuando yo llegué allí con mis dos invitados a mi lado. Yo vi a la dueña de la fiesta y la saludé pero no vi la felicidad en a cara de ella. Ella tenía toda su razón porque yo no tenía derecho a invitar a más personas a su fiesta. De hecho, ella se dio cuenta de que la chica la que estaba conmigo tenia algo conmigo. Yo me sentía muy incomodo en esa fiesta y no sabia que hacer pero yo ya estaba allí y no quería regresar a casa. No quería volver a mi casa muy rápido por dos razones: La primera era que, no quería arruinar la fiesta a esa chica porque me daba cuenta de que ella se puso celosa y la otra era que, no quería demostrar a mis invitados que algo andaba mal. Yo me culpaba a mi mismo por haber hecho una cosa que ni siquiera un niño de 5 años lo haría. Al final, yo no bailaba nada para ella. Porque me di cuenta de que ella no estaba de buen humor y yo no quería hacerla enojar más de lo que ya estaba. Yo estaba muy seguro que si yo hubiese bailado en esa fiesta sin duda ninguna mi chica la del liceo habría querido bailar conmigo y por otro lado si yo hubiese bailado con mi chica entonces yo habría dañado mas la fiesta de la que me invitó a mi. De hecho, todos los invitados que estaban en esa fiesta se dieron cuenta de que algo andaba mal con la dueña de la fiesta pero nadie sabia que lo que estaba sucediendo con ella. Yo si, sabia muy bien porque yo era el culpable de todo. Vale decir que, todos esos problemas fueron por mi culpa. Yo me quedé un buen rato allí charlando con mis amigos como si fuera nada hubiese pasado pero después me decidí volver a mi casa. Menos la dueña de la fiesta, todos los demás me preguntaron por qué razón yo quería volver tan rápido a mi casa sin disfrutar la fiesta. Les dije que yo tenía sueño y quería irme a dormir pero todo era una excusa para poder irme de allí. Yo me fui a mi casa. Mis invitados también se fueron conmigo porque dijeron que si yo no quería quedarme entonces ellos tampoco iban a quedarse allí. Yo me sentía tan culpable conmigo mismo, por esta razón me fui sin despedirme de la dueña de la fiesta. Ya que yo le había dañado su hermosa fiesta. Era el motivo por el cual yo tenía mucha vergüenza para acercarle y despedirme de ella. Después de esa fecha, yo pasé más de dos meses sin volver a ver a ella porque me daba mucha pena. El día que la volví a ver a ella, yo pensé que me iba de decir algo con respeto a lo de esa fiesta pero ella no me dijo nada. Incluso ella estaba muy contenta de haberme visto. Ella me invitó de nuevo ese mismo día para acompañarle en lo de una amiga de ella. La mala suerte para mi, justo ese día, yo tenia una cita con otra chica y no quise perder esa cita. Por este motivo, tuve que mentir a ella, diciéndole que yo tenía que hacer unos mandados y no iba a poder acompañarle en lo de su amiga. Ella me lo creyó y se fue sola. Después yo me arrepentí de haberle dicho una mentira. Yo le mentí a ella porque yo era completamente un necio el cual vivía metido en el baño para jugar con unos amores imposibles. *Dicho de otra forma*, el amor estaba tocando mi puerta y yo estaba metido en el baño jugando con otras personas. Unos 12 días después de haberle mentido a esa hermosa chica, ella me volvió a invitar para ir al cine con ella un viernes en la noche. Porque había una película nueva en el cine y ella la quería ver. Sin embargo, de nuevo la mala suerte estaba a mi lado, justo este día yo tenia las entradas compradas para ir a ver esa misma película con mi otra chica. Por esta razón, tuve que mentir a ella de nuevo, diciéndole que ese mismo viernes no le iba a poder acompañar porque tenía otro compromiso pero le prometí a ella que, en el día siguiente (sábado en la noche) yo iba a poder ir al cine con ella para ver esa película. Ella me dijo que todo estaba bien porque ella no sabía que yo le estaba metiendo. Según ella, todo lo que yo le decía era la verdad. Por otro lado, los padres de ella también tenían las entradas compradas para ese mismo día (el viernes en la noche) que yo iba a ir al cine con mi chica. Sus padres le invitaron a esa hermosa chica para ir a ver esa película. Ella estaba tan emocionada para ver esa película y por eso ella decidió ir con los padres el viernes en la noche e iba a volver a ir de nuevo conmigo el sábado en la noche para ver la misma película. Vale decir que, ella iba a ver esa misma película dos días consecutivos en el cine. El vienes en la noche con su familia y el sábado en la noche conmigo pero yo no sabia nada de eso. De hecho, muy temprano el viernes en la tarde, yo fui a buscar a mi otra chica en su casa y fuimos al cine. Éramos unos primero en llegar allí. Yo pensaba que yo tenía todo bajo control pero era la mala suerte la que me estaba controlando a mí por haber roto la regla número 402. Cuando lleguemos al cine, busquemos nuestros asientos para poder sentarnos. Yo me quedé tranquilo hablando con mi chica sin ningún tipo de preocupación, para ser sincero yo pensaba que yo tenía el mundo controlado. Cuando faltaban unos 5 minutos para que empezara esa película, yo vi a muchas personas entrando y buscando sus asuntos para sentarse. En ese momento, yo estaba muy tranquilo y bien abrazado con mi chica esperando a nuestra película. Pero en la fila donde estábamos, todos los demás asientos estaban vacíos. Es decir que, nosotros dos éramos los primeros en esa fila. En unos 2 minutos antes de haber empezado la película, había un silencio total en esa sala y en ese mismo momento, yo vi a 5 personas acercando a fila donde yo estaba sentado. Esas 5 personas eran: los dos padres de ella, dos hermanos de ella y ella. Llegaron y se sentaron. No me di cuenta de nada porque yo estaba en mi mundo. Esa hermosa chica tampoco no se dio cuenta de nada. Porque ella no esperaba ni se imaginaba encontrarse conmigo en ese cine y mucho menos sentarse en la misma fila conmigo ese día. Cuando empezó esa película, recién ella se dio cuenta de que yo estaba a su lado y con otra chica. Ella me acercó para confirmarlo bien porque ella no estaba muy segura de que era yo. Fue en ese mismo instante que, yo escuché a una voz diciéndome de esta manera: pero muchacho, ¿Tu eres tu? Al escuchar esa frase, la voz me parecía muy conocida y cuando miré a ver quien era, me di cuenta de que era ella misma la que estaba a mi lado. Yo me quedé DURO sin poder moverme ni decir una sola palabra. Por otro lado, ella estaba tan decepcionada de mi por eso ella se levantó y se fue sin decir nada a nadie. Justo en ese momento, sus padres se dieron cuenta de que su hija tenía algo conmigo pero yo tenía algo con otra chica más. Vale decir que, según esos padres, yo estaba engañando a su hija. De hecho, ella no podía creerlo, sus padres no podían creerlo, yo no podía creerlo y mi otra chica que estaba conmigo tampoco no podía creerlo. Eso fue algo tan cruel para esa hermosa chica y también para su familia por eso los padres de ella tampoco se quedaron para terminar de ver esa película por mi culpa. Ellos se fueron detrás de su hija para poder pedirle una explicación acerca de mí. Yo tampoco tenia ganas de seguir viendo esa película. Aproveché y le dije a la chica que estaba conmigo que yo iba a ir a mi casa porque yo no estaba de humor para seguir viendo esa película. Ella también se fue a su casa. Dicho de otra manera, por mi culpa ellos no se quedaron a disfrutar esa película. Lo peor de todo fue que, al día siguiente antes de levantarme de la cama, todos mis amigos se enteraron de todo lo que había sucedido en ese cine; mis vecinos se enteraron; mi barrio se enteró; mi pueblo entero se enteró y según mi opinión, el mundo se enteró. Ya que la mala noticia no solamente corre rápido sino también vuela rápido. Ellos no podían creer lo que estaban escuchando con sus propios oídos. Todos sabían muy bien que tipo de persona que era ella. Quiere decir que, todos los que eran de mi vecindario sabían muy bien que ella no era una chica cualquiera. Ese mismo día en el cual ellos se dieron cuenta que ella estaba enamorada de mi todos se quedaron muy asombrados. Por eso mismo motivos, ellos me dieron todo el respeto que yo me merecía e incluso muchos de ellos me dijeron que yo era el héroe y el afortunado de mi barrio pero yo me comparo como un tonto y un verdadero fracasado por haberla perdido a causas de las mentiras y los engaños. Ella jamás pudo perdonarme por todo lo que yo le había hecho. Ella tenía toda su razón porque el verdadero amor estaba tocando mi puerta pero yo estaba muy metido dentro del baño jugando con unos amores que ni siquiera me convenían. Después de todos esos ocurridos, ella se volvió a enamorar de otro muchacho de otro barrio muy lejano de su casa. Ellos se casaron y tienen hijos. Hoy en día, ellos están felices de la vida.

Yo me arrepentí de haber cometido tantos errores en mi vida y de haber sido un verdadero ignorante. Yo pensaba que yo estaba disfrutando la vida cuando estuve en el baño malgastando todo mi tiempo con unos amores que no valían la pena para nada y por otro lado, el verdadero amor estaba en mi puerta tocando para poder entrar pero yo estaba muy ocupado y no había nadie para abrirle y hacerle entrar por ese motivo el se me fue. Esta historia me ha ensañado que, no es bueno perder el tiempo en el baño con un amor imposible. Ya que seguramente el verdadero amor está atrás de tu puerta tocando y mientras tú estés malgastando todo tu tiempo con alguien que no vale la pena en el baño. Es la razón por la cual, yo tomé la decisión de mantener mis ojos bien abiertos y estar siempre en la sala muy atento a mi puerta para que cuando llegue el amor verdadero yo pueda abrirle y recibirle con muchos cariños.

Abandona la esperanza todo aquel que siempre esté jugando y perdiendo su tiempo en el baño con un falso amor. Ya que el baño no es el lugar adecuado para estar cuando uno esté en la espera del verdadero amor. Por ejemplo, si tú estás esperando al amor de tu vida, debes estar siempre atento. ¿Por qué? Porque nadie se sabe en que momento llegará el verdadero amor y es muy posible que el llegue a tocar tu puertas cuando menos esperas pero si tu no estás en el lugar adecuado y en el momento perfecto para poder recibirlo cuando el llegue a tu casa entonces el se te va a ir y no volverá de nuevo a tu casa. Porque hay mas personas de las que no te puedes imaginar que también están en la espera de la llegada de un verdadero amor para darle la bienvenida. Estoy muy seguro de que esas personas están más preparadas que tú, y ellas no pierden su tiempo en el baño con ningún amor que no vale pena sino que ellas están muy atentas a sus puertas para abrirlas cuando alguien las toque. Quiere decir que, ellas viven asechando a cualquier tipo de oportunidad que les presente. Es la razón por la cual ellas siempre están en el lugar indicado y en el momento justo para aprovecharse de todas las oportunidades. Con referencia a lo mencionado, yo me pregunto:

- ¿Qué será de tu vida si siempre te quedas en el lugar equivocado?

- ¿Qué será de tu vida si jamás tienes tiempo para hacer las cosas bien

- ¿Qué será de tu vida si solamente buscas los amores que no te convienen

- ¿Qué será de tu vida si siempre estás metido en el baño?

- ¿Qué será de tu vida si el verdadero amor te acerca y ve que estás muy distraído con otra persona?

- ¿Qué será de tu vida si el amor verdadero te llama y tú nunca le contestas?

- ¿Qué será de tu vida si el amor de tu vida te busca y no te encuentra donde que deberías estar esperándolo?

- ¿Qué será de tu vida si tratas de romper la regla número 402?

Estoy seguro de que tu vida no será la misma cuando tú sepas que el amor de tu vida estaba tocando a tus puertas mientras que estabas muy entretenido en el baño con un amor ajeno. Tu tendrás un buen motivo por lo cual pasarás el resto de tu vida lamentando, arrepintiéndote, sufriendo por dentro, llorando y diciendo que no tienes suerte con el amor. ¿Sabes por qué? Es porque tu nunca estabas en el lugar donde debías estar cuando el amor verdadero te estaba buscando. Yo te lo digo es porque, era lo mismo que me sucedió a mí, el verdadero amor me estaba buscando pero yo estaba metido en el baño con unos amores prestados. Todo lo que me pasó a mí por haber intentado romper la regla 402 es lo mismo que les está pasando a muchos en la vida cotidiana. Ellos están metidos día y noche en el baño y en cambio el verdadero amor está tocando a sus puertas sin darse cuenta de nada porque ellos piensan que están acabando con el mundo y cuando se dan cuenta es el mundo que esta acabando con ellos.

Todos los que se han fracasado por haber estado en el lugar equivocado cuando el amor estaba tocando a su puerta siempre andan con la misma excusa todos los días. Vale decir que, ellos siempre hacen estas preguntas cada vez que ven el amor en la casa de sus vecinos o de sus amigos:

- ¿Por qué razón, todos tienen suerte con el amor pero en cambio yo no?

- ¿Por qué razón el amor me tiene miedo?

- ¿Por qué razón yo siempre veo el amor desde lejos pero nunca de cerca?

- ¿Por qué razón, cada vez que el amor me ve y se aleja de mí?

- ¿Por qué razón el amor entra por las puertas de los demás pero nunca por la mía?

- ¿Por qué razón hasta las personas las que son más pobres que yo, tienen el amor de su vida pero yo no?

- ¿Por qué razón todas las personas las que son más feas que yo, tienen a su verdadero amor pero en cambio yo no puedo conseguir el mío?

- ¿Por qué razón tengo todo lo que una persona puede desear en su vida pero no tengo el amor de mi vida?

- ¿Por qué razón tengo poder para conseguir todo lo que yo quiera pero menos el amor verdadero?

- ¿Por qué razón yo siempre asusto el amor, acaso tengo cara de espanta amores?

- ¿Por qué razón yo siempre busco el verdadero amor pero nunca lo encuentro?

- ¿Por qué razón nadie me da amor?

- ¿Por qué razón el amor de mi vida siempre se me esconde?

- ¿Por qué razón no puedo conocer que es el amor?

- ¿Por qué razón soy famoso pero no tengo el amor de mi vida a mi lado?

- ¿Por qué razón tengo la belleza pero no el amor?

- ¿Por qué razón yo siempre veo a todos disfrutando el amor pero en cambio yo ni siquiera sé que es eso?

- ¿Por qué razón todos siempre consiguen el amor pero yo no?

- ¿Por qué razón yo nací y moriré sin conocer el amor verdadero?

Si eres una de esas personas que siempre andan quejándose por el amor, te puedo decir que tienes todas tus razones para hacer estas preguntas. ¿Sabes por qué? Las respuestas son porque:

- Tu ves lo de lejos pero no lo de cerca

- Tu vives y disfrutas el mundo de fantasía pero no el mundo real

- Siempre echas a perder todas las oportunidades

- Siempre piensas que estás acabando con el mundo pero es todo lo contario

- Tu jamás tomas una buena decisión para hacer las cosas importantes

- Tu nunca usas tu cabeza para pensar como gente y ver la realidad

- Tu siempre olvidas de que el tiempo se pasa volando

- Tu siempre piensas que tienes todo bajo control, por eso tomas todo a la ligera

- Tu siempre piensas que todas las oportunidades las que se te van, algún día volverán a tu casa pero estas muy equivocado

- Tu siempre te enamoras de las personas que no valen la pena

- Tu siempre te enamoras de las personas por su físico o por lo que poseen pero
   sin conocerlas bien

- Tu nunca te dejas llevar por los buenos consejos de tu familia ni de tus amigos

- Tu nunca usas tu cabeza para pensar pero andas siempre con tu corazón en la mano

- Tu nunca valoras a las personas por lo que ellas son sino por lo que ellas se parecen

- Tu nunca abres tu ojos para buscar algo que te conviene sino todos aquellos que no te convienen

- Tu nunca tienes tiempo para compartir nada con las personas las que realmente te aman pero siempre te haces tiempo para estar con aquellas personas las que te usan como si fueras un objeto

- Tu nunca tienes tiempo para recibir al amor de tu vida porque siempre estás en el baño muy entretenido en otras cosas sin importancias

Yo digo y lo confirmo que, si no fueran por estas cosas que acabas de leer entonces sabrías muy bien que, cada vez que tú entras en tu baño dejarás a la puerta abierta con un pie adentro y el otro afuera por si acaso alguien toca la puerta de tu casa. También sabrías que, el baño no es el lugar adecuado para ir a jugar ni tampoco a matar el tiempo sino en la sala de tu casa o en el patio para poder estar atento a todo lo que se mueve. Las preguntas importantes las cuales yo siempre hago a todas las personas las que están diciendo que no tienen suerte con el amor, son las siguientes:

- ¿Cómo piensas tener suerte en el amor si tú siempre estás jugando la escondida en el baño con alguien que no es tuyo?

- ¿Cómo piensas tener suerte en el amor si tú siempre estás en el lugar incorrecto y con la persona equivocada?

- ¿Cómo piensas tener suerte en el amor si nunca te haces tiempo para poder esperar al verdadero amor?

- ¿Cómo piensas tener suerte en el amor si tú nunca quieres estar donde tu deberías estar para poder recibir al amor verdadero?

- ¿Cómo piensas tener suerte en el amor si en el pasado cuando el amor estaba tocando tu puerta y tú estabas muy distraído haciendo cosas sin importancias?

- ¿Cómo piensas tener suerte en el amor si en el pasado tú jamás habías usado tu cabeza para pensar como gente?

- ¿Cómo piensas tener suerte en el amor si en el pasado tú habías pensado que desde dentro de tu baño podías controlar el mundo?

Por ejemplo, si no eres capaz de cumplir con estas condiciones entonces en el futuro te quejarás. Porque las oportunidades para encontrar al verdadero amor son mínimas y el que se las pierdes una vez, en ese caso será casi imposible volver a tener otra oportunidad de nuevo en toda su vida.

Lo que te quiero hacer entender es: El amor siempre está buscando una casa donde refugiarse pero sin embargo el nunca entra en ninguna casa ajena sin tener el permiso del dueño. Dicho de otro modo, el siempre toca las puertas de las casas y si no hay nadie para hacerle entrar entonces el va a seguir buscando a otras casas para poder refugiarse. De hecho, hay un problema con eso, el amor no va siempre a tocar la misma puerta de la misma persona todo el tiempo. Es decir que, el va una vez a tocar la puerta de uno y si no hay nadie para recibirlo entonces el seguirá su camino sin mirar hacia atrás. Por lo tanto, uno debe hacer todo lo posible para estar siempre en el lugar correcto y en momento preciso para poder recibir al amor cuando el llegue. Ya que si uno pierde esa oportunidad entonces nadie sabrá cuando va a haber otra de nuevo. En muchos casos, algunos llegan a ser viejos pero nunca conocen el amor verdadero en toda su vida.

¿Quieres saber por qué razón, a veces uno llega a ser viejo sin poder conocer el amor verdadero?

Hay muchos ejemplos por los cuales uno muere sin conocer el verdadero amor. Te voy a decir algunos de ellos:

- Alguno llega a ser viejo sin conocer el amor de su vida, es porque en su pasado pensaba que tenia el mundo en su mano y por esta razón no se preocupaba por las cosas importantes

- Alguno llega a ser viejo sin conocer el amor de su vida, es porque en su pasado siempre echaba a perder las buenas oportunidades

- Alguno llega a ser viejo sin conocer el amor de su vida, es porque en su pasado pensaba que el estaba demasiado joven para tener el compromiso con alguien mas

- Alguno llega a ser viejo sin conocer el amor de su vida, es porque en su pasado pensaba que el debía disfrutar su juventud haciendo muchas locuras antes de comprometerse con alguien

- Alguno llega a ser viejo sin conocer el amor de su vida, es porque en su pasado creía que las reglas eran para romperlas

- Alguno llega a ser viejo sin conocer el amor de su vida, es porque en su pasado no pensaba que el tiempo volaba

- Alguno muere sin conocer el amor de su vida, es porque en su pasado malgastaba todo su tiempo con los amores imposibles

- Alguno muere sin conocer el amor de su vida, es porque en su pasado creía que el amor que se le iba entonces volvería de nuevo en algún momento

- Alguno muere sin conocer el amor de su vida, es porque en su pasado siempre se enamoraba de las personas equivocadas

- Alguno muere sin conocer el amor de su vida, es porque en su pasado se pasaba todo su tiempo en el baño jugando con unos amores que no valían la pena

- Alguno muere sin conocer el amor de su vida, es porque en su pasado nunca tenia tiempo para recibir al amor verdadero el cual pasaba cada tanto a tocar su puerta

Así mismo será tu vida, si piensas engañar el tiempo y romper las reglas de la vida. Hay que saber que, nadie puede ni debe engañar a la madre de la naturaleza. Porque todas las cosas estaban escritas antes de que uno naciera. Por todos estos motivos, uno tiene que tratar de entender la vida y aceptar la realidad. Por ejemplo, uno nace para conocer a su verdadero amor pero muchas veces, uno niega estar en el lugar donde debería estar para poder recibir al amor de su vida. En consecuencia, cuando llegue el verdadero amor y toque a la puerta de uno pero sin embargo uno no lo escucha porque está muy metido en su baño jugando la escondida. Según las leyes de la vida, hay muchas cosas importantes acerca del amor las cuales uno debería saberlas de memoria al nacer, por ejemplo:

- El verdadero amor jamás entra a la casa de uno sin tocarle las puertas ni sin el permiso de uno

- El verdadero amor jamás queda esperando a uno

- El verdadero amor jamás pierde su tiempo

- El verdadero amor jamás se equivoca

- El verdadero amor jamás se fracasa

- El verdadero amor jamás le suplica a uno para que le abra su puerta

- El verdadero amor jamás se queda donde no lo valoran

- El verdadero amor jamás se queda donde no lo quieren

- El verdadero amor jamás envía un aviso a uno para decirle que está en camino hacia su casa para que lo espere, pero sin embargo, el prefiere hacer todo lo contrario, vale decir, llegar sin avisar

- El verdadero amor jamás llora detrás de uno

- El verdadero amor siempre entra donde lo reciben

- El verdadero amor siempre toma la decisión correcta

- El verdadero amor siempre prefiere dar la sorpresa a uno, en otras palabras, a el le gusta llegar y tocarle la puerta a uno cuando uno menos le espera

- El verdadero amor siempre sabe donde y con quien se debe estar

Mi consejo para ti es: Si realmente quieres conocer el amor verdadero, tienes que estar siempre muy atento porque en cualquier momento, el puede tocar tu puerta para sorprenderte cuando menos le esperas.

Una vez, un perrito estaba perdido en una pequeña isla. Su dueño era uno de esos ricos que paseaban en barcos de un país a otro. El perrito estaba en el barco pero cuando llegó a un puerto se cayó el perrito al Mar y los que estaban en ese barco no se dieron cuenta de nada. El perrito sabía nadar y nadó hasta tierra. El trataba de buscar un lugar donde quedarse pero no encontraba ningún lugar cerca del puerto. Por esa razón el pasaba días y semanas sin comer porque era primera vez que el estaba en esa semejante situación. En su casa, nunca le hacia falta de nada pero ese día en el cual el se cayó del barco, el tenia que defenderse por su cuenta. Era un perrito de raza pura pero el se había pasado tantos días con hambre, por eso se veía muy feo como si fuera un perro enfermo a punto de morirse. Lo único que quería ese perrito era un refugio que tuviera comida y agua. Vale decir que, con estas cosas el viviría feliz de la vida. El caminaba y caminaba sin pararse en la búsqueda de comida. Después de haberse pasado varios días caminando por fin, el llegó a un pueblito en el cual vivían muchas personas.

- Ese pobre perrito entró en el patio de una primera casa pero el no tenia ni siquiera fuerza para ladrar y avisar que el estaba afuera entonces nadie se dio cuenta de su presencia porque el dueño estaba adentro pasándolo bien sin estar atento a lo que estaba pasando afuera. Al fin y al cabo, ese perrito se tuvo que ir de allí, porque el no podía perder su tiempo para esperar a nadie.

- El llegó a una segunda casa y el dueño lo vio pero el le gritó a ese perrito para que saliera de su casa. Porque a el no le gustaban los perros y mucho menos un perrito que estaba en camino hacia la muerte

- El llegó a una tercera casa. El dueño lo vio y quería adoptarlo pero al final, no lo hizo y lo rechazó porque el pensaba que ese perrito estaba a punto de morir. era muy cierto que ese perrito estaba débil, feo y desnutrido. Todos sabemos muy bien que la belleza está siempre en la comida. Si uno no come por mas bello que sea, en un tiempo se parecerá a un zombie. Eso fue el caso de ese perrito, el se parecía a un muerto caminando

- El llegó a una 4ta casa. Los niños de esa casa querían adoptar a ese perrito tal y como el era pero sin embargo la madre de ellos no les permitió. Ella dijo a sus hijos que ella no podía tener ese perrito en una casa tan hermosa. Ella temía por la vida de ese perrito y lo sacó de su casa porque pensaba que el no iba vivir por mucho tiempo

- El llegó a una 5ta casa. El dueño estaba contento al verlo y decidió adoptarlo. El lo adaptó pero no le dio ni cariño ni comida ni agua. Sin embargo ese perrito, los primeros que el quería eran refugio, comida y agua. El se dio cuenta de que ese señor no sabia como cuidar a un perrito y por eso, el se marchó de esa casa

- El llegó a una 6ta casa. El dueño de esa casa estaba tan feliz por haber visto a ese perrito. El lo adoptó y le dio de comer y de beber. Vale dice que, ese primer día, el dueño le dio una buena bienvenida a ese perrito. Pero Todo fue por un solo día, después de eso, el se olvidó por completo de ese perrito y por lo mencionado, el perrito se tuvo que seguir su camino. Ya que han pasado días y el dueño no volvía a darle mas de comer ni de beber

- El llegó a una 7tima casa. El dueño lo vio y lo adoptó tal y como el era sin condiciones. Ese señor tenia de todo pero le hacia falta un perrito. Hacia tiempo que el andaba buscando a un perrito y no lo encontraba. Pues por otro lado, había un problema, lo que pasó fue que, todos sus vecinos le criticaban a ese señor por haber adoptado a un perrito tan feo y a punto de morirse. Había una cosa que esos vecinos no sabían era que: **Somos lo que comemos y el que no come tarde o temprano las otras personas se lo van a confundir con un zombie**. El perrito no estaba enfermo sino desnutrido pero esos vecinos lo veían como un muerto vivo. Era por eso, ellos le llamaron la atención a ese señor por haber adoptado a un perrito tan feo. Es decir que, ellos se burlaban de ese señor por su perrito feo. De hecho, ese señor no le hizo caso a ninguno de sus vecinos. El estaba tan feliz y se le hizo una fiesta a ese perrito para darle la bienvenida. Ese mismo día, el le hizo una casita especial y también se fue a comprarle todo lo que ese perrito se necesitaba para vivir bien. En pocas palabras, según la opinión del dueño, ese perrito se le había caído desde el cielo y el era un regalito de parte de Dios. Por otro lado, según la opinión del perrito, era como llegar al paraíso porque hacia tiempo que el estaba buscando un lugar parecido y al final lo encontró. Era un sueño en realidad. El dueño se levantaba todos los días para cuidar de ese perrito como se debía. El lo hacia como si fuera su pasatiempo, quiere decir que, cuidar de ese perrito era una rutina para ese señor. El se había pasado muchos días cuidando y alimentando a ese perrito pero sin embargo, el no se había dado cuenta de que ese perrito era de raza pura. El no se notaba que el perrito era de raza porque cuando el llegó a esa casa, el estaba tan desnutrido y feo entonces cualquiera pudo haber pensado que el era uno de esos perros comunes (perros de la calle). Después de unos meses, ese perrito se empezó a cambiar su imagen, vale decir que, cada día que pasaba entonces ese perrito se volvía mas bonito e incluso todos los vecinos se arrepentían de lo que le habían dicho a ese señor acerca de su perrito. En otros términos, en un tiempo atrás, cuando ese perrito recién llegó a ese pueblo, nadie lo quería adoptar y después de que ese señor lo adoptó entonces todos los que lo veían también lo querían pero era muy tarde. De hecho, todos querían y amaban a ese perrito porque no había otro de esa misma raza ni en ese pueblo ni en ninguna ciudad ni en la isla entera. Quiere decir que, ese perrito era el centro de atención para todos los que vivían en ese lugar. Ellos iban a sacarle fotos todos los días. Muchos ricos fueron a ofrecer dinero a ese señor para que les vendiera su perrito pero el nunca quería deshacerse de ese perrito. Porque el señor tenia todo lo que necesitaba para vivir y solamente le faltaba un perrito pero por casualidad consiguió uno entonces el estaba mas que feliz. Ya que todo su sueño se le había cumplido. Por otro lado, había un asunto muy interesante en ese pueblo, era que todos querían saber como y donde ese señor había conseguido un perrito tan lindo de esa manera porque todos ellos le tenían envidia a ese señor por el perrito e incluso cada uno de ellos quería comprar un perrito de esa misma raza pero sin embargo, lo difícil era conseguirlo porque en esa isla no había ningún otro de esa misma raza. Un día dado, Ellos se fueron a preguntarle a ese señor acerca de su perrito para saber donde el lo había conseguido. Cuando ese señor empezó a hablarles y contar a ellos como fue que el había conseguido a ese perrito. Muchos de ellos no podían creerlo. Ya que algunos de ellos habían visto a ese perrito cuando el entraba a sus casas por primera vez pero en la otra versión. Quiere decir, ellos habían visto a ese perrito cuando el caminaba como un zombie por falta de alimentos. Todos los que habían visto a ese perrito antes, se arrepintieron de no haber adoptado al perrito en el momento que lo vieron. Incluso, los niños de la 4ta casa en la cual entró ese perrito, cuando ellos escucharon la charla del dueño del perrito, se dieron cuenta de que era el mismo perrito que ellos querían adoptar pero su madre no quiso porque era muy feo. Desde entonces ellos no han podido perdonar a su propia madre. Ellos dijeron que, fue por la culpa de ella, ellos perdieron a ese lindo perrito

Esta historia de ese perrito es la misma que siempre sucede con el amor. Podemos comparar la vida de cada uno de nosotros con los dueños de esas 7 casas en las cuales ese perrito había entrado para buscar un refugio. Por ejemplo, tú tienes que decidir cual de esos 7 dueños quieres ser, porque estoy muy seguro que algún día el amor entrará a tu casa de la misma manera que hizo ese perrito. El va a llegar a tu casa cuando menos esperas para sorprenderte. Es muy posible que el te encuentre de una de estas maneras, por ejemplo:

- Quizás, cuando el llegue y te encuentre como el dueño de la 1ra casa: muy distraído en el baño sin estar atento a nada que estaba ocurriendo afuera de su casa

- Quizás, cuando el llegue y te encuentre como el dueño de la 2da casa: el ve al amor y lo asusta para que salga corriendo de allí. Ya que no quiere comprometerse con nada

- Quizás, cuando el llegue y te encuentre como el dueño de la 3ra casa: el solamente busca la belleza. Hay muchas personas que se enamoran de alguien por su apariencia. Por ejemplo, hoy en día, si eres una persona muy hermosa, adondequiera que vayas todos se enamorarán de ti, no importa que eres una ladrona, o una loca o una asesina o una estafadora. Es por esta misma razón que algunas personas siempre se dejan engañar. Ellas ven a alguien lindo y se enamoran de el, por su apariencia pero cuando se trata de alguien feo entonces ellas lo rechazan. De hecho, los ladrones, los delincuentes, los asesinos y los estafadores saben ese truco, por lo tanto, ellos siempre hacen todo lo posible para andar con una mejor imagen para poder atrapar a sus presas. Por ejemplo, si un desconocido anda mal vestido y con una cara de poca comida entonces dondequiera que el vaya, todos los que lo ven rápidamente van a pensar que el es un ladrón el cual viene a robar. Es lo primero que todos van a pensar. No importa que sea una persona humilde y buena pero si anda en la mala condición entonces su imagen habla por ella. En mi caso, cada vez que veo a una persona tratando a un pobre infeliz como si fuera alguien que viene a robar, la frase que yo siempre uso es: **la sorpresa siempre aparece de la nada y el que te va a venir a robar siempre te sorprenderá cuando tu menos esperas**. Algunas personas son tan ignorantes, por eso ellas siempre miran de lejos sin poder ver los peligros que están bajo de su nariz. Yo siempre he dicho que, para ser un ladrón, o un estafador o un asesino, hay que ser inteligente. Ninguno de ellos es un tonto. Ellos ven y saben como uno siempre trata a alguien por su mala condición de vida. Por estos motivos, ellos siempre andan bien vestidos, con maletín y a veces en autos de lujos. Ya que solamente al verlos a ellos, lo primero que uno piensa es: **esa persona no puede ser una ladrona ni una estafadora ni una asesina porque está muy bien vestida y se le nota que tiene mucho dinero**. Yo opino que, para uno decir y pensar algo así tiene que ser alguien que no tiene nada de celebro. En caso de que eres uno de esos ignorantes los cuales siempre piensan que todos los pobres son delincuentes, te hago esta siguiente pregunta: **¿Acaso tú piensas que los malos de las películas siempre andan mal vestidos?** Si piensas algo así entonces eres una presa fácil. Dicho de otra manera, eres un pan comida para todos aquellos que suelen hacer la maldad a los demás. Hay que dejar de engañarte a ti mismo, ya que no es tiempo para tratar a los demás por su apariencia sino por lo que ellos son.

- Quizás, cuando el llegue y te encuentre como los hijos de la dueña de la 4ta casa: por ejemplo, tú te enamoras de alguien pero al final tienes que dejarlo porque tu familia y tus amigos te dicen que esa persona no es de tu nivel. Quiere decir que, tienes que buscar siempre alguien de tu nivel y no debes buscar alguien menos importante que tu. De hecho, hay miles de personas que han perdido al amor de su vida por esta tontería. Yo siempre digo que si realmente encuentras al amor de tu vida y te sientes bien con el entonces tienes derecho a olvidarte de todo lo que te dicen tu familia y tus amigos. No importa que el amor de tu vida sea alguien de un nivel menos bajo que tu. No importa que el amor de tu vida sea una persona menos bonita que tu. No importa que el amor de tu vida sea una persona menos intelectual que tu. Tienes derecho a abandonar a tu familia y a tus amigos en caso de que ellos no quieren que te juntes con alguien que realmente amas (**mi consejo es: puedes abandonar a tu familia y tus amigos para juntarte con esa persona pero siempre y cuando se trate de una persona que valga la pena, de otra manera ni lo intentes**). Hay cosas en la vida, uno las tiene que hacer uno mismo. Por ejemplo, no debes permitir que tus padres ni tus amigos abran la puerta para hacer entrar el amor de tu vida, eso lo tienes que hacer tu mismo. Es la razón por la cual debes estar siempre atento a tu puerta para abrirla cuando el verdadero amor llegue a tu casa. *Para que se entienda mejor*, cuando el te llegue, tienes que olvidarte de todo lo que te dicen los demás para poder disfrutar tu vida con alguien que amas. Ya que eso está escrito desde la creación del mundo: uno abandonará a sus propios padres para juntarse con su pareja y formar su propia familia. Eso nos enseña que, cuando se trata del verdadero amor entonces no hay motivo para echarlo a perder por lo que los demás te dicen y si les haces caso a ellos entonces tarde o temprano te arrepentirás y lamentarás. Era lo mismo fue que les pasó a esos niños de la 4ta casa. Ellos tenían a su amor verdadero en sus propias manos pero se hicieron caso a su madre y cuando se dieron cuenta, ya era muy tarde.

- Quizás, cuando el llegue y te encuentre como el dueño de la 5ta casa: yo siempre veo a algunas personas las cuales se entusiasman con algo pero solamente por un tiempo bien corto. Ese dueño de la 5ta casa se entusiasmó con ese perrito al verlo pero era solamente por uno ratito. A esos tipos de personas, yo les llamo personas impulsivas las cuales ni siquiera tienen el respeto por si mismas. Te voy a contar algo: Una vez, un adolescente se fue de compras con sus padres. Ellos estaban en el supermercado comprando y el joven vio una pelota. El les pidió a sus padres que se la compraran pero ellos no quisieron porque no andaban con suficiente dinero para comprar lo que tenían que comprar y también una pelota. El joven no quiso entender y se puso a llorar dentro del supermercado por la pelota. Sus padres se quedaron muy avergonzados en el medio del supermercado y delante de todos los demás. Por esta razón, sus padres dejaron parte de lo que ellos tenían que comprar para poder comprar esa pelota a ese joven. El se puso contento por la pelota en el supermercado pero cuando llegó a su casa, puso la pelota por debajo de su cama y jamás volvió a tocarla desde entonces. Los padres se dieron cuenta de que su hijo era una de esas personas que no saben valorar las cosas. Es decir que, son unas personas que ven algo y lo quieren pero nunca lo quieren para usar. Por esa misma razón, esos padres tomaron la decisión de no volver a comprar ningún regalo a ese joven. Ese muchacho es igual al dueño de la 5ta casa. Son unos individuos que siempre se entusiasman con algo por unos minutos y nada más. Ellos siempre dicen de esta manera: Oh, mira que lindo, lo quiero, lo quiero, pero después, cuando lo tienen en la mano y ya no lo quieren más. Es lo mismo que hizo el dueño de la 5ta casa: el vio el perrito y se entusiasmó con el por un ratito y después lo dejó abandonado.

- Quizás, cuando el llegue y te encuentre como el dueño de la 6ta casa: el dueño de la 6ta casa le dio una buena bienvenida a ese perrito. Quiere decir que, el le dio de comer y de beber pero por un solo día. Al día siguiente, ya lo tenía abandonado y olvidado. Algunas personas son como el dueño de la 6ta casa. Ellas se enamoran de alguien, por un tiempo lo tratan como un rey pero después ellas se cansan y lo abandonan como si fuera un mendigo. Esas personas no pueden convivir con su pareja porque ellas se cansan muy rápido. Ellas quieren el amor pero no es para siempre sino para un ratito. En muchas ocasiones, tu les puedes preguntar a ellas: ¿Por que razón Ustedes se cansan de su pareja? Ellas te van a decir que ni ellas mismas saben por que razón. Sin ir muy lejos, te voy a dar un ejemplo, una vez, una joven estaba muy preocupada porque no tenía novio. Ella siempre andaba de mal humor a causa del mal de amor. Sus padres se sentían muchas tristezas por ella. Ellos no sabían que hacer para poder ayudarla. Un día dado, por casualidad en la facultad donde estudiaba ella, había una fiesta y ese mismo día ella conoció a un joven. Ellos se enamoraron uno de otro. Ella estaba muy feliz. Se fue a su casa y se lo contó todo a sus padres e incluso a sus amigos. Todos se pusieron muy felices por ella. Porque hacia tiempo que ellos no veían la alegría en la cara de ella. De hecho, sus padres y sus amigos querían conocer a ese afortunado que había traído la alegría a esa muchacha. Ella les dijo que iba a traer a su chico a la casa para que ellos pudieran conocerlo pero la idea de ella era hacer una fiesta grande para darle la bienvenida a ese joven. Los padres aceptaron y le dijeron de esa manera: **hija, si es para tu felicidad entonces haremos lo que sea posible.** Eficazmente, ellos se hicieron una fiesta de bienvenida como si fuera para recibir a un Rey. Ese joven, cuando llegó a la casa de ella, el no pudo creer lo que estaba viendo con sus propios ojos. El pensaba que iba a conocer a los padres de ella y quizás a algunos hermanos de ella pero ella había invitado a medio mundo para poder conocer al amor de tu vida. El joven estaba muy sorprendido y confundido pero a misma vez muy contento por otro lado. Ese mismo día todo andaba bien. Vale decir que, todos los invitados se quedaron muy satisfechos, los padres se quedaron felices y los dos jóvenes se disfrutaron su luna de miel. Dos días después, ella ya volvió a tener una cara de poca felicidad de nuevo. Los padres le preguntaron a ella que fue que le había pasado nuevo. Ella le dijo que, había dejado su chico porque no quería seguir mas con el. Ellos le preguntaron de nuevo: ¿Por que razón lo habías dejado tan rápido? Ella les contesto y les dijo que, ni ella misma sabia por que razón. Ella es igual al dueño de la 6ta casa. Es decir que, Ellos reciben bien al amor y le dan una fiesta de bienvenida pero después se cansan y lo abandonan sin ningún motivo

- Quizás, cuando el llegue y te encuentre como el dueño de la 7tima casa: el dueño de la 7tima casa, era una persona que tenia de todo pero menos una sola cosa. Le hacia falta un perrito para poder completar todo su sueño. Hoy en día, es lo mismo que está pasando y lo podemos ver por todo lado. Por ejemplo, algunas personas poseen de todo pero sin embargo, no tienen el amor de su vida. Por esta razón, ellas se quedan detrás de su puerta con los ojos bien abiertos para poder recibir al amor de su vida. En muchos casos, ellas pasan años esperando porque no quieren perder esa única oportunidad. El día que llegue ese amor, ellas lo recibirán con los dos brazos bien abiertos y jamás lo dejarán ir de nuevo. En otros términos, cuando ellas encuentran a su verdadero amor, entonces no entienden ni ven otra cosa que no sea ese amor. Por todos esos motivos, cuando se trata de alguien que vale la pena para esas personas entonces no les importa lo que los demás dicen y hacen, ellas jamás les harían casos. Eso fue lo que pasó con el dueño de la 7tima casa. El amaba ciegamente a ese perrito al verlo llegar. A el no le importaba lo que decían sus vecinos. Todo lo que a el le importaba era el perrito. Con ese perrito su corazón estaba completo, vale decir que, después de haber conseguido ese perrito entonces a ese señor no le hacia falta mas nada. El no quería abandonar a ese perrito por nadie ni tampoco vender a nadie. Por estas razones, uno tiene que saber que, cuando se trata del verdadero amor, no hay que echar a perder esa oportunidad. Porque hay unas personas las cuales están en la espera de la llegada del verdadero amor y cuando lo consiguen entonces jamás lo soltarán para que vaya con alguien más.

Yo no te puedo decir, en cual de esas 7 casas tu vives pero de algo estoy muy seguro es que eres uno de esos 7 dueños y en algún momento el amor te va a tocar la puerta de la misma manera que hizo ese perrito. Ahora bien, la decisión es tuya. Tú eres el que decide que, si quieres estar atento para recibirlo o si quieres perder tu tiempo en el baño jugando la escondida con un amor imposible. En realidad, quiero que tú sepas que si tratas de perder la oportunidad de recibir al amor de tu vida en ese caso es muy probable que mueras sin conocerlo. Porque el verdadero amor no pasa a menudo a tocar la puerta de uno. Imagínate que si cada vez que el te busca y tu sigues malgastando tu tiempo en el baño con amor ajeno sin darte cuenta de nada. Hay que saber que, el nunca te va a mandar una carta para decirte que el está por llegar a tu casa. Si no tienes tiempo ni paciencia para esperarlo en el lugar adecuado entonces te puedo decir con mucha seguridad que eres un fracasado lo cual pasará el resto de su vida llorando y quejándose por no haber podido conocer al amor de su vida. Mi consejo para ti es: no te dejes engañar por la apariencia y de esta manera no vas a tener que arrepentirte de nada ni pedir perdón por tus ignorancias ni tampoco suplicar a nadie.

En el campo de mis abuelos, una joven que vivía allí se enamoraba de un muchacho. Ella no era fea pero era de una familia muy pobre. Por eso la miseria le cambiaba su imagen. Ella no tenía dinero para comprarse ropas ni tampoco para ir a un salón de belleza. Su apariencia era la razón por la cual el muchacho nunca la quiso a esa muchacha. Ella lo amaba tanto y estaba dispuesta a hacer lo que fuera para estar con el. Pero en cambio, ese muchacho siempre la rechazaba como si ella fuera una basura. Una vez por año, los campesinos cercanos de ese campo celebran una fiesta y en una de esas fiestas, participó también esa chica. En medio de la fiesta, ella vio a ese muchacho y le pidió para que bailara con ella pero el tenía mucha vergüenza para bailar con ella. Según la opinión de el, esa muchacha era la mas fea que el había conocido en toda su vida. Incluso, el se sentía pena porque ella le acercaba para pedirle un baile delante de todos sus amigos. El estaba esperando a otras chicas hermosas pero no a una muchacha tan fea como ella. Delante de todos sus amigos, el le dijo a ella estas palabras: **una muchacha tan fea como tú, por que tú no buscas a un chico de tu nivel para que baile contigo.** Ella se quedó con el corazón destrozado por haber escuchado esas palabras en la boca de alguien lo cual ella amaba y lo mas deficiente para ella, fue porque el chico la discriminó delante de muchas personas. Ella se quedo completamente paralizada y no sabia como moverse los pies para salir de allí. **(Todos sabemos muy bien que, no hay algo peor que eso, cuando alguien te trata mal delante de los demás para poder humillarte. Yo creo que a nadie le gusta que alguien le humille en el público).** Desde ese día, ella no pudo perdonar a ese muchacho ni tampoco pudo olvidar de todo lo que el le había dicho para humillarla delante de todo el mundo. Por todos esos motivos, ella tomó la decisión de no volver a enamorarse de ese joven nunca más en su vida. Un año después, ella se fue a vivir en la ciudad en la casa de una de sus tías porque le había ofrecido un trabajo pero en cambio, ese muchacho se quedó en el campo disfrutando con sus amigos y buscando a chicas hermosas para enamorarse. Pues, cuando ella llegó a la ciudad, de repente empezó a ganar muy bien y su figura iba cambiando día tras días, vale decir que, ella ganaba lo suficiente para hacer todo lo que ella quisiera. Ella, desde el principio tenía la belleza pero no tenia dinero para lucirse. Era por eso, muchos no la querían a ella pero sin embardo después de haber llegado a la ciudad y de haber conseguido ese trabajo su imagen se cambió completamente. Ella podía comprarse las ropas que quisiera y cuando quisiera. Los hombres de esa ciudad se enamoraban de ella pero el sueño de ella era seguir disfrutando su vida hasta que llegara el verdadero amor porque ella no quería volver a enamorarse de alguien que no valía la pena para no tener que volver a pasar la misma vergüenza que pasó con ese joven en su campo. Unos 3 años después, ella fue a propósito a su campo para pasarse unos días con su familia la cual seguía viviendo en ese lugar. Ella nunca se había olvidado la cara de ese joven que le había humillado delante de todo el mundo ni tampoco se había olvidado de todo lo que el le había dicho pero en cambio, ese muchacho se había olvidado de todo lo que había pasado e incluso el no reconocía a ella cuando la vio. Porque ella no se parecida en nada comparando cuando ella vivía en el campo, quiere decir que, ella tenia otra imagen muy diferente a la del campo. Era por esa razón, el muchacho vio a ella pero no la reconoció. El pensaba que ella era una muchacha que había venido de vacación por primera vez en ese campo. El se enamoró de ella. Vale decir, ella era su amor a primera vista. Todos los fines de semana, los campesinitos de ese lugar siempre jugaban futbol en una parcela vacía (para no decir una cancha de futbol). Uno sabe muy bien que, en el campo no hay muchas diversiones. Por lo tanto, todos los que vivían en la cercanía siempre iban a ver ese juego de futbol todos los fines de semana. Ella también iba a verlo desde que era muy chica con sus padres y por eso, cuando ella regresó a su tierra natal para pasar unos días con su familia, todos los fines de semana, se iba a ver el juego como de costumbre. El primer día, ella fue a ver el juego, cuando llegó a ese lugar y encontró con ese mismo muchacho con todos sus amigos charlando uno con otro. Ella al verlo y lo reconoció porque el no se había cambiado de nada. Quiere decir que, los años se pasaban pero ese chico tenía la misma apariencia. Sin embargo el y todos sus amigos no la reconocían a ella. Ese muchacho fue el primero que caminaba hacia ella para hablar con ella. El empezó a decirle a ella todo lo que el tenia en su corazón y su mente. El quería lucirse delante de todos sus amigos de la misma manera que el siempre lo hacia para agrandarse. Era la razón por la cual el quería ser el novio de esa chica tan hermosa. Ella le escuchaba bien pero llegaba en un momento en el cual ella se cansaba de escuchar todas las tonterías que el le estaba diciendo para poder conquistarla.

La primera pregunta que ella le hizo era: ¿Tú te has olvidado de mí?

El le dijo: ¿Como puedo yo olvidarme de ti si nunca te había visto antes?

Ella le dijo: Me parece que te has olvidado de mí pero yo nunca me he olvidado de ti.

El le dijo: Quizás, tú me habías visto antes en el sueño pero hasta donde yo sé, tu no me habías visto en persona antes.

Ella le dijo: Yo si te conozco muy bien y sé todo de ti

El se quedó pensando y le dijo: Si es cierto lo que tu dices entonces ¿Me puedes decir algo acerca de mi?

Ella le dijo: Obvio que si, yo te lo puedo decir con mucha seguridad

El le dijo: Entonces adelante, quiero que me refresques la memoria

Ella le dijo: Tú eres uno de esos hombres que suelen buscar a una mujer por su belleza y siempre tratan mal a todas las mujeres feas

El le dijo: ¿Por qué razón me has dicho eso, si yo nunca he hecho algo así en mi vida?

Ella le dijo: Estoy muy segura de todo lo que estoy diciendo. De hecho, tú me lo has hecho a mí.

Según la opinión de ese muchacho, el pensaba que ella estaba soñando despierta y le dijo a ella: Si todo lo que has dicho es cierto entonces quiero que me des por lo menos un ejemplo

Ella le dijo: Por más que quieras pero no creo que puedas escucharlo. Porque si te lo digo vas a pasar vergüenza delante de todos, igual como me lo hiciste a mi.

El pensaba que ella estaba jugando y todos sus amigos que estaban allí con el. Ellos le gritaron a ella de esta manera: Dile, dile, dile, dile porque todos queremos escuchar para saber que si es cierto lo que estás diciendo

Ella les hizo la siguiente pregunta a todos los que estaban presentes: ¿Es en serio que todos Ustedes quieren que yo le diga la verdad a ese muchacho?

Todos le dijeron que: Si, queremos

Ella le empezó a decir: Yo la hija de fulano tal y fulana tal que vivía en tal lugar. Yo soy la que se enamoraba de ti. Yo soy la que te pedio para que bailara en tal fiesta y tu me habías dicho que: **una muchacha tan fea como tú, por que tu no buscas a un chico de tu nivel para que baile contigo**

Según ese muchacho, todo eso era un sueño porque el no podía creer todo lo que ella le estaba diciendo. Sus amigos no podían creer todo lo que estaban escuchando e incluso el público tampoco no podía creer lo que estaba viendo. Ese muchacho se sentía tan culpable delante de todos los que estaban presentes. Por eso, el se fue de ese lugar sin decir ni una sola palabra mas. Eso fue una lección la cual el jamás olvidará durante el resto de su vida. De hecho, el se ha madurado con esa lección en la mente y hoy en día el sigue con vida en el campo lamentando para haber sido tan cruel con una hermosa muchacha la cual tenia la belleza pero no tenia dinero para lucirse. Estoy muy seguro de que el no volverá a humillar a ninguna otra chica por su apariencia.

Según mi opinión y mi punto de vista, todas las personas son iguales. Vale decir que, yo siempre les doy el mismo trato a todas las personas por iguales sin excepción de nadie. De hecho, en varias ocasiones, algunas personas se han enamorado de mi, en cambio yo no me he sentido lo mismo por ellas pero sin embargo no tengo ninguno motivo para tratarlas mal ni humillarlas por su condición de vida. Porque yo se muy bien que, la vida da muchas vueltas. Por ejemplo, quizás hoy veo a alguien con cara de poco de dinero y quien sabe que si el día de mañana el tendrá la cara de mucho dinero. A mi no me importa que alguien sea rico, o pobre, o famoso, o mendigo, o lindo, o feo pero en mi mundo todos tienen el mismo trato. Incluso, algunos de mis amigos me han dicho que, yo no debería ser así tal como soy. Es decir que, según la opinión de ellos, yo debería vivir la vida loca sin seguir las reglas de la vida. Bajo ninguna circunstancia, yo les haría caso porque yo siempre veo que todas las consecuencias las cuales ellos tienen que pagar cada vez que rompen las reglas de la vida. Mejor dicho, ellos mismos siempre me han dado la razón en el momento que ellos están sufriendo por sus errores. Hay una frase muy famosa que ellos siempre me dicen: **Tú tienes toda la razón porque tus reglas siempre dicen la verdad y yo debí haberte escuchado antes.** Mi respuesta es: **Eso no es noticia para mis oídos porque desde el principio yo sabía muy bien que yo tenía toda mi razón. Es por ese motivo que yo siempre te aconsejo a hacer las cosas bien para no tener que arrepentirte de nada en un futuro cercano.**

Es cierto que uno no es perfecto pero eso no es la razón para tomarlo como una excusa para poder hacer todo lo que quiera sin pensar en las consecuencias. Por ejemplo, antes de hacer algo o decir algo a alguien, hay que pensarlo bien. Porque en muchas ocasiones, algunos se han quedado sufriendo y lamentando toda su vida por algo malo que ellos habían hecho o dicho a alguien antes. Mi consejo para ti es: Si no quieres estar ni tampoco tener una relación con alguien, tienes derecho a dejarlo pero no tienes derecho a maltratarlo ni humillarlo como si el fuera una basura. Yo me explico mejor, no importa la condición de vida de esa persona pero no debes tratarla mal porque ella es fea o pobre. Yo hablo de una persona fea o pobre porque yo se muy bien que esos dos tipos de personas no siempre consiguen buenos tratos de parte de los demás. De hecho, yo conozco a muchos seres humanos los cuales han sido maltratados, humillados, discriminados, pegados, rechazados, abandonados y aplastados por ser feos o pobres. Ya que nadie quiere saber nada de los pobres ni de los feos pero de algo estoy muy seguro es que muchas veces, la apariencia le engaña a uno. Es la razón por la cual, a veces, algunos individuos se han arrepentido por haber tratado mal a alguien por su apariencia. En fin, si eres una de esas personas que siempre tratan mal a los demás por su apariencia, te aseguro que tarde o temprano te vas arrepentir de tus actos por haber sido una persona ignorante. Porque siempre es muy bueno saber que la vida da mucha sorpresa. Quizás, hoy tu arrojas algo en el basurero pero sin embargo en el día de mañana te vas al mercado y compras al contado el mismo que habías arrojado en el basurero. En la vida cotidiana, hay miles de historias en las cuales algunos tratan mal a una persona por su imagen y al final cuando se dan cuenta de que la apariencia engaña entonces ellos tratan de pedirle perdón a esa persona por todo lo que ellos le habían hecho. En esta sociedad, todas las personas feas y pobres conocen muy bien los que son los maltratos, las decepciones, las discriminaciones y las humillaciones porque ellas los están viviendo día tras día. Para decir la verdad, somos muy pocos los que tratamos bien a las personas pobres y mal vestidas para no decirles feas. Porque en muchas ocasiones, uno se ve feo por las ropas puestas que tiene. Yo pienso que, es muy probable que hagas el bien a alguien y después el se olvida de que tu le habías hecho el bien pero si le haces algo malo, el jamás se olvidará de eso y para poder evitar todo eso, es mejor que trates siempre a todos por iguales porque de esta manera no tendrás ninguno motivo de lo cual te arrepentirías en el futuro. Por ejemplo, si lo pensamos bien entonces podemos entender que, a veces, también el amor verdadero trata de engañarle a uno. Dicho de la manera correcta, varias veces, el amor de tu vida está por debajo de tu nariz pero no lo puedes ver porque el no tiene la imagen que tu buscas. Cuando hablo con algunos amigos acerca de la regla número 402: No hay que estar en el baño cuando el amor está tocando a tu puerta. Nadie puede entender el significado de esta regla. Cuando yo digo que, no tienes que estar en el baño en el momento que el amor está tocando a tu puerta. Yo me refiero a que, debes estar muy atento siempre con todas esas personas las que están a tu alrededor. Porque en muchas ocasiones, alguna de ellas es la indicada para tu vida y sin embargo ella está buscando la manera para entrar a tu corazón sin demostrártelo claramente. Yo me refiero a que, si tú estás siempre atento entonces vas a poder darte cuenta con muchas facilidades de que alguien quiere entrar a tu corazón. Con referencia a lo mencionado, a pesar de que algunos se dan cuenta de que alguien está tratando de entrar en su corazón pero no le hacen caso por muchas razones, por ejemplo:

- A veces, ellos no aceptan a ese alguien porque el no es una persona que tiene un titulo de alguna carrera

- A veces, ellos no aceptan a ese alguien porque el no tiene una cuenta en el banco

- A veces, ellos no aceptan a ese alguien porque el no tiene un buen sueldo

- A veces, ellos no aceptan a ese alguien porque el no es de una familia rica

- A veces, ellos no aceptan a ese alguien porque el es un desempleado

- A veces, ellos no aceptan a ese alguien porque el no tiene una buena casa

- A veces, ellos no aceptan a ese alguien porque el no tiene un buen auto

- A veces, ellos no aceptan a ese alguien porque el siempre anda mal vestido

- A veces, ellos no aceptan a ese alguien porque el no es una persona culta

- A veces, ellos no aceptan a ese alguien porque el es una persona muy humilde

- A veces, ellos no aceptan a ese alguien porque el es una persona tímida

- A veces, ellos no aceptan a ese alguien porque el tiene muchos problemas

- A veces, ellos no aceptan a ese alguien porque el no es una persona muy presentable

- A veces, ellos no aceptan a ese alguien porque el es una persona con cara de miseria

- A veces, ellos no aceptan a ese alguien porque el es una persona que tiene algún problema de salud

- A veces, ellos no aceptan a ese alguien porque el es una persona que tiene algún defecto

- A veces, ellos no aceptan a ese alguien porque el es una persona que no tiene fama

- A veces, ellos no aceptan a ese alguien porque el es una persona rechazada por la sociedad

- A veces, ellos no aceptan a ese alguien porque el es una persona que tenia un pasado muy difícil

- A veces, ellos no aceptan a ese alguien porque el es una persona de un pueblo, o una ciudad, o un campo, o un país pobre

- A veces, ellos no aceptan a ese alguien porque el es una persona que no tiene familia ni amigos

- A veces, ellos no aceptan a ese alguien porque el es una persona que no tiene el arte de hablar

- A veces, ellos no aceptan a ese alguien porque el es una persona indigente

- A veces, ellos no aceptan a ese alguien porque el es una persona de otra raza

- A veces, ellos no aceptan a ese alguien porque el es una persona que tiene algún talento pero no sabe como usarlo

- A veces, ellos no aceptan a ese alguien porque el es una persona que ha perdido todo lo que tenia antes

- A veces, ellos no aceptan a ese alguien porque el es una persona que no tiene un lindo físico

Quiero que tu sepas que, cuando te hablo de la regla número 402, yo me refiero a todas estas cosas que acabas de leer. Estoy muy seguro que algunos se están enfrentando a estos problemas todo el tiempo. Quiere decir que, muchas veces, alguien con un buen corazón se enamora de nosotros pero lo rechazamos porque pensamos que el no es la persona indicada para nuestra vida. De hecho en muchos casos, estamos muy equivocados pero no podemos darnos cuenta de nada. Ya que tenemos ojos pero no queremos ver nada y tenemos oídos pero no queremos escuchar nada. La ignorancia y la sociedad nos están comiendo el celebro. Preferimos estar con alguien que tenga fama, riqueza y belleza para poder enseñar a los demás que tenemos a la persona indicada. En este caso estamos complaciendo a los demás pero no a nosotros mismos. Dicho de otro modo, muchos piensan que la vida es así de simple. Por ejemplo, muchos piensan que, cuando uno se casa con una persona famosa, rica o bella entonces uno tiene todo lo que quiera en su vida pero según mi opinión, la fama, la riqueza y la bella le pueden dar la felicidad a uno, siempre y cuando el sepa bien donde buscarla. En esta década, algunos se juntan o se casan con una persona famosa o rica o bella pero al fin y al cabo no la disfrutan sino que viven para sufrir. Es por eso mismo, muchos de ellos se casan y en un par de meses o de años se divorcian porque no pueden aguantar más. Todas esas personas son las que están malgastando su tiempo en el baño con un amor imposible y por esta razón, ellas nunca pueden escuchar al verdadero amor que está afuera tocando a su puerta para poder entrar. Si eres una de esas personas interesadas las que suelen buscar a una pareja con buena apariencia para poder lucirse delante de sus amigos y del mundo, te puedo decir que estás muy equivocado. Ya que nadie puede romper las reglas de la vida sin tener que sufrir después. Los que todos deberíamos saber de memoria son:

- Nadie nace en una familia pobre porque lo quiso

- Nadie nace con un problema de salud porque lo quiso

- Nadie nace en una país pobre porque lo quiso

- Nadie nace con un defecto porque lo quiso

Para ser sincero y decir la verdad, uno no vino a la tierra porque el quiso sino porque lo trajeron. Mi consejo para ti es: Si tú no puedes hacer algo con tu propia voluntad entonces tienes que aceptar todo lo que te dan. Es decir que, tienes que aceptarte a ti mismo tal como eres pero lo que veo es que algunas personas no quieren entender eso. Yo creo que, si nosotros pudiéramos complacernos a nosotros mismos con una imagen a la perfección entonces todos naceríamos ricos, famosos y lindos porque son estas cosas las que todos buscamos. Nuestra ignorancia y esta sociedad nos obligan a hacer las cosas para poder complacer a los demás en vez de complacer a nosotros mismos. Son las razones por las cuales si alguien no es famoso ni lindo ni rico entonces no lo queremos. Lo depreciamos, lo humillamos y lo tratamos como si fuera un extraterrestre. Te voy a contar algo: Yo tengo una amiga la cual nació con un problema en su lengua, por eso ella no tiene capacidad de hablar muy bien. Ella habla pero no como una persona normal. Sin embargo, ella es muy linda y muy buena persona pero solamente tiene ese pequeño problema al hablar. Por este motivo, adondequiera que vaya ella, algunos siempre hablan mal de ella. Las otras mujeres y los hombres siempre la critican sin poder entender que ella no tiene la culpa de nada. Muchas veces ella se siente muy avergonzada, humillada y discriminada. A ese efecto, a veces ella me cuenta que, ella trata de no hacer amigos porque ellos siempre hablan mal de ella. Yo siempre le he dicho a ella estas cosas: **Tu no naciste de esta manera porque lo quisiste así tal como eres sino porque la madre de la naturaleza quiso que nacieras de esta manera y el que quiere ser tu amigo entonces tiene que aceptarte tal como eres. Porque de otra manera no se puede.** Ella también me ha contado que en varias ocasiones, ella se ha enamorado de algunos hombres pero ellos siempre la han tratado mal. Ellos la han discriminado e incluso, le han dicho que ella tiene una voz de hombre. Por todos estos motivos, ella siempre prefiere estar sola o con alguien lo cual ella sabe que no la va a tratar mal por su voz. Me doy cuenta de que ella tiene toda su razón de sentirse rechazada de parte de los demás porque muchas veces, yo llego en algún lugar donde ella está y veo que todos están charlando uno con otro, en cambio ella está solita en un lugar sin poder hablar con nadie. Porque ella sabe muy bien como las otras personas siempre la tratan. Eso me rompe el corazón por haber tenido una sociedad con tanta gente ignorante la cual siempre critica y discrimina a uno por su apariencia. No deberíamos tratar a los demás como si fueran basuras. Tenemos que dejar de buscar la belleza porque ella no durará para siempre y debemos buscar siempre alguien que esté limpio por dentro para tener una relación amorosa en vez de alguien que esté limpio solamente por fuera. Según mi punto de vista, hay muchos deseos los cuales siempre le hacen sufrir mucho a uno. Por ejemplos, a muchos hombres no les gusta tener una novia fea y también lo mismo pasa con muchas mujeres a las cuales no les gusta tener un hombre feo ni pobre. En otras palabras, a nadie le gusta estar con lo feo ni pobre ni tonto. Yo me pregunto: ¿Qué pasarían con los pobres, ignorados y feos si todos nos enamoráramos solamente de los ricos, famosos y hermosos? Si eso fuera así de fácil como nosotros pensamos entonces la vida de esos pobres y feos no tendría ningún sentido. Pues, tú tienes que saber que, la madre de la naturaleza jamás se equivoca en su trabajo. Ella ha puesto tu felicidad en la mano de la persona que tú menos piensas. Vale decir que, el amor de tu vida siempre será alguien que tú menos piensas. Es ese alguien que te hará feliz para el resto de tu vida pero muchas veces, no queremos hacer caso a nuestro destino. Preferimos estar con alguien por algún interés, en vez de estar con el amor de nuestra vida. Hay una cosa muy importante la que todos deberíamos saber de memoria es: nuestra felicidad no está en la mano de esas personas con las cuales queremos tener una relación amorosa por ser famosas, ricas y bellas sino alguien que siempre está con nosotros en lo buenos y en lo malos o alguien humilde con un buen corazón. No debemos abandonar a las personas que nos quieren para ir a perder nuestro tiempo detrás de alguien que nunca nos valorará en su vida. Con referencia a lo mencionado, yo siempre digo que, tienes que abrir tus ojos para poder ver con claridad porque a veces el amor verdadero está bajo de tu nariz pero sin embargo la apariencia te está engañando y por ese motivo no lo puedes ver.

Te voy a dar un ejemplo de alguien que se dejó engañar por la apariencia pero a fin de cuentas, el tuvo que pagar toda la consecuencia al contado.

Había un joven el cual no tenía ni padres ni hermanos pero tenia dos amigas. Ellas dos eran diferente en todos los sentidos, quiere decir, una era hermosa, rica, sexy, sensual, intelectual pero la otra era gorda, fea, una vaca sexy y pobre. La última era tan pobre, por esa razón no pudo terminar ni siquiera la escuela primaria. Pues, ella estaba muy enamorada de ese joven pero en cambio, el estaba muy enamorado de la otra amiga hermosa y sexy. La gorda nunca podía decir a ese joven que ella estaba enamorada de el. Porque ella tenia mucha vergüenza de si misma pero ella siempre buscaba alguna manera para demostrar a ese joven que ella estaba enamorada de el. Esa gorda sabia cocinar, limpiar, lavar y planchar. *Dicho de otra forma*, la gorda era una mujer completa. Ella siempre iba a la casa de ese joven para cocinarle, lavarle, plancharle y limpiar su casa. Ella le hacia de todo porque ella estaba ciegamente enamorada de el. Ella no sabía como decírselo pero buscaba la manera para que el pudiera darse cuenta de que ella era el amor de su vida. El vivía solo y nunca tenia tiempo para cuidar su casa ni hacer la limpieza ni nada por el estilo. Porque en todo su tiempo libre, el siempre quería estar con aquella chica sexy. Según la opinión de el, esa hermosa chica era el amor de su vida pero ella no lo amaba. Ella lo veía solamente como un simple amigo y nada más. El la quería a ella porque ella era hermosa, intelectual y rica. Era el motivo por el cual el quería estar con ella. El desperdiciaba todo su tiempo con ella en el baño mientras la gorda estuviera tocando a su puerta para poder entrar. De hecho, el sabia muy bien que la chica linda tenia otros novios pero eso no era un problema para el. Ya que el estaba tan enamorado de esa hermosa chica y por eso, todo lo que ella hacia estaba muy bien. Dicho de la manera correcta, el estaba ciego y tonto por la chica hermosa. El no quiso entender que la madre de la naturaleza ha puesto su felicidad en la mano de esa chica gorda la cual lo estaba tratando como si fuera un príncipe. En realidad, todo lo que la chica gorda hacia para ese joven, ella lo hacia de corazón porque lo amaba y quería estar a su lado para siempre pero el pensaba todo lo contrario. El ni siquiera trataba a ese gordita como una amiga sino una sirvienta. Su sueño era casarse con la chica hermosa y tener a la gordita en su casa trabajando como si fuera un ama de casa. Para ser sincero, el tenia vergüenza de hablar con alguien acerca de la gordita pero sin embargo, el siempre hablaba de esa chica hermosa. El estaba soñando despierto porque vivía en un mundo de sueño. Era por eso, el soñaba día y noche. Ya que todos sabemos que los sueños no cuestan nada. El ni siquiera en su sueño iba a poder conquistar a esa chica hermosa. Porque ella no lo veía como novio sino como un amigo mas. Incluso, ella usaba ese chico como si fuera su guardaespaldas personal. Ella era muy linda y no le hacia falta la atención de los hombres. Por esa misma razón, ella tenía un novio por semana. Cada vez que ella tenía una cita con un nuevo novio, ella no quería ir sola, por eso siempre llevaba a ese tonto joven como su guardaespaldas para cuidarla. A veces, le dolía mucho el corazón de ese joven cuando veía que ella estaba besando con otros hombres pero sin embargo, a el no le quedaba otra que vivir con eso. Porque el la quería muchísimo. El nunca tenía tiempo para estar con la gordita. El siempre trataba a la gordita como una sirvienta pero por otro lado, la chica linda se lo cobraba el doble a ese joven. Quiere decir que, el trataba mal a la gordita, por otro lado, la chica linda lo trataba malísimo a el. Ella lo trataba como si fuera su esclavo. Eso le pasaba a ese joven por haber tratado de engañar a la madre de la naturaleza. Ese tonto joven nunca tenía tiempo para abrir su puerta para hacerle entrar al verdadero amor, sin embargo el siempre tenia tiempo para recibir el castigo en el baño de parte de un amor imposible. El era una persona muy masoquista. A el le gustaba mucho sufrir y no podía vivir sin el sufrimiento. Porque si no fuera por eso entonces el se olvidaría de la chica linda y se casaría con la gordita. El sabía muy bien que la gordita podía tratarlo como un rey hasta el fin del mundo pero el no quería complacer a el mismo sino a la sociedad. Era la razón por la cual el quería estar con la chica hermosa para poder brillarse delante de los demás. Cuando esa chica gordita cumplió 25 años de edad, recién ella se dio cuenta de que debía hacer algo por su propia vida porque ella estaba desperdiciando todo su tiempo detrás de alguien el cual ni siquiera la valoraba. Quiere decir que, a los 25 años, ella se dio cuenta de que ella estaba perdiendo su tiempo detrás de alguien que estaba metido en el baño con un amor imposible. Por ese motivo, ella se tomó la decisión de no tocar mas a la puerta de alguien que estaba malgastando su tiempo en el baño. Ella lo borró por completo a ese joven en su mente y siguió su camino. Efectivamente, ella se mudó en otro barrio para no volver a ver a ese tonto joven más nunca en su vida. Ella se fue a un barrio muy lejano de la casa de ese joven y se alquiló una casa la cual su dueño era un hombre soltero que estaba buscando a una buena mujer para casarse. Según la opinión de ese dueño, ella era un regalo lo cual el mismo Dios le había enviado. El estaba buscado algo en el cielo pero lo encontró en la tierra. Vale decir, hacían años desde que el empezaba a buscar a una buena mujer pero nunca la encontraba. De hecho, el viajaba a otros países para poder conocer a una buena chica pero nunca había tenido suerte de encontrarla. Por todos esos motivos, el se había decidido de quedarse en su casa y esperar hasta que Dios le diera el amor de su vida. El estaba cumpliendo la regla número 402, era la razón por la cual el siempre estaba en la sala de su casa con los ojos abiertos y muy atento a su puerta por si acaso el verdadero amor llegaba a tocar su puerta. Tal como el lo planeó así mismo fue que Dios lo hizo. El estaba en el lugar correcto y en momento preciso cuando llegó el amor de su vida. Una tarde, el estaba sentado en su patio bien tranquilo y de pronto se apareció una muchacha de la nada para preguntarle que si el conocía algunas agencias inmobiliarias en esa zona. El le dijo a ella que no tenía ninguna idea pero le podía ayudar a encontrar una casa para alquilar. El tenía una casa grande y no estaba usando toda. Por eso el alquiló una parte de su casa a ella. Con el tiempo, el se dio cuenta de que ella era la persona perfecta la cual el estaba buscando desde hacia mucho tiempo. Desde entonces, ellos se enamoraron uno de otro. Unos 8 meses más tarde, ellos se casaron. Después de la boda, ella volvió a la escuela para poder terminar sus estudios. Ella llevaba una vida de maravilla. Ella se levantaba todos los días e iba a hacer ejercicios con el objetivo de ponerse en forma. Después de hacer el ejercicio, ella hacia los oficios de su casa y en la tarde iba a clase. Eso era la rutina de esa chica. Después de muchos esfuerzos, ella logró tener un cuerpo a la perfección y también tuvo unos 4 hijos con ese hombre. Ella no paraba de luchar hasta terminar todos sus estudios. Ella se graduó como enfermera y al mismo tiempo se consiguió trabajo en un hospital cercano del primer barrio donde ella vivía antes de conocer a su marido. Desde que ella se encontró con el amor de su vida, ella se olvidó de aquel tonto joven y no volvió a saber nada de el. Un buen día, ella se fue a trabajar y se la mandaron a ella para que atendiera a un nuevo paciente. Ese paciente no se veía nada bien. Ella no lo estaba reconociendo porque el paciente estaba más que feo. El estaba a punto de morirse pero ella se dio cuenta de que ese paciente tenía el mismo nombre y apellido que ese tonto joven de lo cual ella se enamoraba antes. Incluso, tenía la misma dirección de casa. Ella no pudo creerlo porque ese paciente tenía la cara de alguien más o menos de 70 años. Para poder confirmarlo bien, ella fue a averiguar que si ese paciente era el padre o el abuelo de aquel tonto joven. Es decir que, ella trató de hablar con ese paciente para saber mas sobre el y cuando se empezaron a charlar uno con otro, ella se cuenta de que ese paciente era el mismo tonto joven. Ni el tampoco podía reconocer a ella cuando la vio porque ella ya era una mujer con otra imagen. Ella no era la misma de antes. Ella se veía con un cuerpo a la perfección. Ya que antes, ella era gordita y media fea pero en ese momento el la vio sexy, sensual y hermosa. El no pudo creer lo que estaba viendo con sus ojos. Ella le contó toda la historia de su vida y el también le contó a ella la historia del infierno en el cual el había vivido por la causa de un amor imposible. Mejor dicho, el había echado a perder todo lo que el tenia por delante. A fin de cuentas, el terminó en un hospital porque el estaba a punto de perder la cabeza. La razón por la cual el llegó a estar en un hospital fue porque la chica hermosa de la cual el estaba enamorado se juntó con un hombre y el no pudo aceptarlo porque el amaba mucho a esa chica linda. El no quería perderla. Por eso, un día dado, el se entró en la casa de ella para hablar con ella como de costumbre. El marido de ella era muy celoso y le dio una paliza a ese tonto joven. En pocas palabras, el le dio una lección para que supiera que uno no debe meterse con una mujer ajena. Después de haber recibido esa paliza, el no pudo volver a ver en persona a esa hermosa chica. Por esta razón, el se pasaba todo el tiempo pensando en ella. De hecho, el dejó de alimentarse y también se quiso suicidar por ella. Sus vecinos se dieron cuenta de todo lo que le estaba sucediendo y se lo llevaron al medico. Todo eso le pasó por haber roto la regla número 402. Ese día, cuando el estaba en el hospital y vio a esa enfermera bien hermosa, recién el se dio cuenta de que el había cometido varios errores en toda su vida. El le pidió disculpa a ella por haberle tratado antes como una sirvienta de su casa y también le pidió otra oportunidad para poder estar con ella pero ella le dijo estas siguientes palabras: **con respecto al perdón es aceptable de mi parte pero los demás no. Porque ya estoy casada, tengo una vida y una familia para cuidar. Es demasiado tarde para decirme eso. Antes, yo hacia todo lo que podía por ti para que pudieras darte cuenta de que yo estaba muy enamorada de ti y quería estar contigo para siempre pero tú nunca tenías tiempo para mí. Ya encontré alguien lo cual tiene todo su tiempo para mi y no lo dejaré nunca.** El se estaba acostado en la cama pero cuando escuchó estas palabras, el no pudo aguantar mas. El se levantó y se fue del hospital sin decir nada a nadie.

Todo lo que le pasó a ese tonto joven por haber roto la regla número 402 es lo mismo que está sucediendo a la mayoría de las personas hoy en día. En otros términos, las personas tienen el amor verdadero detrás de ellas, de hecho ese mismo amor las está pisando a sus talones para que ellas puedan darse cuenta pero la ignorancia les hace ciegas y no pueden verlo. Puesto que ellas están buscando a alguien famoso, rico y hermoso para poder llenar el vacío que tienen por dentro. Esas personas son tan incrédulas, por eso no quieren entender que, el que malgasta todo su tiempo en el baño con un amor imposible, en lugar de dedicar su tiempo para poder esperar a la llegada del verdadero amor entonces tarde o temprano el tendrá los siguientes problemas por haber violado a la regla número 402:

- El recibirás muchas palizas por haberse metido con personas comprometidas

- El sufrirá para el resto de su vida

- El vivirá con la culpa por dentro

- El llorará por el amor

- El se arrepentirá de haber cometido ese error tan grave

- El lamentará día y noche

- El tren lo dejará abandonado y cuando el se dará cuenta ya será demasiada tarde

- El perderá todas sus alegrías que tenia por delante

- El morirá antes del tiempo

Son todas estas consecuencias las que uno tiene que pagar cada vez que rompe esta regla. En toda mi vida, no he conocido nadie que ha roto esa regla y vive feliz. Con referencia a lo mencionado, siempre aconsejo a mis amigos a no romper las reglas de la vida porque sus consecuencias siempre se pagan al contado.

No es nada bueno ser un ignorante el cual vive metiéndose en el baño con un amor ajeno. Yo no conozco nada peor que malgastar el tiempo detrás de nada. La razón por la cual un ignorante siempre sufre es porque el nunca hace las cosas importantes sino que perder todo su tiempo en algo que no vale la pena para nada. Si no fuera por todo eso, el sabría muy bien que el baño es solamente un lugar para uno ir a hacer sus necesidades de vez en cuando pero no es un lugar de recreación para que uno vaya a recrearse. Uno tiene que saber que, si el baño fuera un lugar de diversión entonces sería la parte mas grande de toda la casa. Pero el no es un lugar para uno ir a divertirse, por eso siempre lo construyen como la parte mas pequeño de la casa y con una sola puerta para que todos sepamos que un baño no es un lugar para uno jugar la escondida. Porque si uno entra allí y va a tener que salir por la misma puerta que había entrado. Es obvio que cualquier persona normal tiene que saber que si está jugando la escondida y se mete en el baño entonces la van a encontrar con facilidad. Porque es un lugar con una sola salida y no hay ninguna otra escapatoria. De hecho, los niños también saben que el baño no es un lugar de recreación por si acaso llegan sus padres para poder estar atentos a la llegada de ellos. Es por estos motivos, todos los niños siempre juegan en cualquier parte de su casa pero menos en el baño. Puesto que ellos saben muy bien que, en cualquier momento sus padres pueden llegar cuando ellos menos esperan. La verdad es que, yo también hacia lo mismo cuando yo era chico. Siempre quería estar atento a la llegada de mis padres. Porque yo sabía muy bien que si ellos llegaban y me encontraban haciendo algo fuera de lo normal entonces me iban a castigar. Era por esta razón que yo siempre estaba atento a ellos porque yo no era un santo en mi niñez. Muchas veces yo hacia algo con mis amiguitos pero no quería que mis padres supieran de lo que yo hacia en sus ausencias. *Para que se entienda mejor*, yo siempre trataba de deshacerme de toda la cosa mala que yo estaba haciendo cada vez que yo escuchaba llegar a mis padres. Yo siempre tenia una razón para estar a tentó a las personas que iban a mi casa. Para decirte la verdad, yo no era nada bueno en mi infancia y siempre hacia alguna cosa fuera de lo normal. Es decir que, yo era el ratón que bailaba cuando el gato no estaba en casa. Yo sabía muy bien que, en caso de que alguno de mis padres hubiera llegado a casa sin darme cuenta entonces yo habría tenido un castigo seguro y para poder evitar todos esos problemas, yo siempre estaba muy atento a sus llegadas. He recibido muchos castigos en mi vida por no haber estado atento a la llegada de mis padres. Yo me recuerdo la última vez que una de mis tías me encontró con la mano en la masa. Era una vez, todos mis hermanos y mis padres salieron y me dejaron solo en mi casa. Yo tenia mas o menos unos 9 años. Una de mis vecinitas más o menos de mi edad fue a mi casa para jugar conmigo y al final terminábamos haciendo un deporte de adultos pero en el baño. Yo estaba muy entretenido en mi juego de adultos con mi vecinita. Yo no tenia tiempo para pensar en que mi familia podía llegar en cualquier momento. Yo estaba perdido por completo en mi día de práctica. Mala suerte para mi, mi tía llegó y tocó la puerta pero nadie le contestaba porque mi vecinita y yo estábamos celebrando en el baño. Por eso, no escuché nada ni tampoco me di cuenta de nada. Cuando ella se cansó de tocar la puerta, entró a dentro y miraba por toda parte buscándome sin hacer ruido. Porque ella sabía muy bien que yo estaba metido en alguna parte de mi casa pero lo que no sabía era que yo estaba haciendo gimnasia de adultos. En la última parte de la casa que ella me buscaba fue en el baño. Ya que ella había buscado en toda parte y no me encontraba pero cuando ella miraba por encima de la puerta del baño y nos vio. Ella no podía creer lo que estaba viendo con sus propios ojos. Porque ella no tenia ni la menor idea de que yo daba clase de gimnasia a mi edad. Lo peor fue que, ella nos vio pero sin embargo no nos dijo nada porque ella no quería asustarnos. Ella se quedaba mirándonos más de 30 minutos. Cuando ella se cansó de mirar ese deporte de adultos. Yo escuché una voz diciendo: ¿Es todo lo que Ustedes hacen aquí cuando los adultos no están en casa? Es una voz la cual yo jamás olvidaré en toda mi vida. Al escuchar esa voz, yo me levanté mi cabeza para ver quien me hablaba y allí vi que era mi tía. Yo no sabia que hacer ni por donde correr. Porque el baño tenía una sola puerta y mi tía estaba parada en la misma puerta. No me quedaba otra opción que quedarme para recibir mi castigo tal como a mi me lo merecía. Es uno de los fracasos que yo nunca olvidaré para el resto de mi vida. Yo debí haber estado en la sala haciendo mi clase de gimnasia con mi vecinita. Si yo lo hubiese hecho de esta manera entonces le habría escuchado a mi tía en el momento que estaba tocando a la puerta. Pero yo había pensado todo lo contrario y era por eso, yo recibí mi castigo. Mas tarde, cuando mis hermanos y mis primos se enteraban de esa historia, todos ellos me trataban como si yo fuera un genio pero yo me di cuenta de que yo no era ningún genio sino un verdadero fracasado lo cual se ha recibido una buena paliza. Desde entonces, yo supe que el baño no es un lugar para uno ir a divertirse. Porque se puede pasar cualquier cosa afuera de la casa y uno metido en el baño sin enterarse de nada. Es por este motivo hasta el día de hoy, yo no vuelvo a jugar mas en el baño y yo siempre estoy atento a todo lo que se mueve dentro y fuera de mi casa. Vale decir que, después de esta lección me di cuenta de que yo debo estar siempre atento a todo lo que entra y sale de mi casa.

Por ejemplo, podemos poner al verdadero amor en el lugar de mi tía. Quiere decir que, lo que me sucedió con esa tía mía es lo mismo que siempre sucede con uno que vive metiéndose en el baño, el nunca se entera de la llegada de su amor verdadero. La única diferencia entre mi tía y el amor verdadero es que mi tía tocaba la puerta pero nadie le contestó y ella entró a mi casa para ver donde yo estaba metido. En cambio el verdadero amor le toca la puerta de uno pero si nadie está presente para poder abrirle y hacerle entrar entonces el va a seguir de largo su camino porque el no está autorizado para abrir la puerta de uno y entrar adentro sin el permiso de uno. Ya que el está programado de esta misma manera desde la creación del mundo. Dicho de otro modo, la única manera para que el verdadero amor entre a una casa es con el permiso del dueño de esa casa. Pero si el dueño no está en el lugar donde debería estar para recibir al amor verdadero a su llegada entonces el no va a entrar ni tampoco se va a quedar esperando afuera por mucho tiempo. El va a seguir su camino porque sabe muy bien que en alguna otra casa mas adelante alguien lo está esperando con los brazos bien abiertos y el será muy bien recibido de parte de ese alguien. Hasta donde yo se, alguien que siempre está muy atento a su puerta y con los brazos abiertos para poder recibir al verdadero amor cuando el llegue es una persona la cual respeta la regla número 402 y está muy preparada para decir **NO** a todos los demás y **SI** al verdadero amor. Porque según la **regla número 5**: Cuando se trata de alguien que valga la pena, uno tiene todo su derecho para ignorar completamente a la **regla número II**

Regla número 5: Olvídate de la regla número II cuando se trata de alguien que valga la pena

Antes de empezar, yo quiero ser muy sincero de que la regla número 5 es una de las reglas mas difíciles de cumplir, a pesar de que ella es la regla de verdadero amor. Son muy pocos los que llegan a cumplir esta regla. De hecho, hay muchas personas que piensan que están cumpliendo esta regla pero ellas están muy equivocadas y confundidas a la misma vez. Yo lo digo es porque ellas están cumpliendo la regla número II y creen que están en la número 5. Todos los seres vivos sueñan con la regla número 5 pero son muy pocos los que llegan a cumplirla. Ella es una regla tan complicada, por esta razón, muchas personas llegan a la vejez e incluso mueren sin poder cumplirla. En realidad, hay algunos individuos que piensan que están cumpliendo esta regla pero ellos están perdidos en sus propios sueños. Vale decir que, ellos siempre se confunden la regla número II con la regla número 5. Según mis experiencias en la vida, estas dos reglas no tienen nada que ver una con la otra, Dicho de la manera correcta, una es la contraria de la otra. Hay que tener mucha suerte para llegar a cumplir la regla número 5. Por eso, yo siempre digo que, una persona que logra cumplir esta regla es una persona muy afortunada y muy bendecida en esta tierra.

Todas las personas tienen derecho para conocer al amor de su vida. Pero la cuestión es saber como encontrar con el amor verdadero. Es muy difícil de encontrarlo pero si uno tiene paciencia y suerte para poder encontrar con el amor de su vida entonces en este caso, el no tiene que preocuparse nunca más por la regla número II. Según las leyes de la vida, todo aquel que esté cumpliendo la regla número 5, debe borrar completamente la regla numero II en su diccionario. Hay que saber que, la regla número 5 es la opuesta de la número II. Por ejemplo, si ponemos estas dos reglas en un balance para poder compararlas, nos daremos cuenta de que la número 5 supera a la regla número II. Quiere decir que, la regla número 5 es una regla poderosa y el que está cumpliendo esta regla entonces no le hace falta seguir cumpliendo la regla número II.

Hay una pregunta muy común la que todos siempre suelen hacerme: ¿Por qué razón una regla se contradice a la otra? Estoy muy seguro que, hay una cosa la que ellos aun no saben es: Todas las reglas tienen una excepción pero menos una sola. Esta es la razón por la cual la regla número II se contradice a la regla número 5. Ya que nadie en absoluto debe ni puede cumplir estas dos reglas a la misma vez. Esencialmente, todo aquel que esté respirando tiene que elegir una sola de estas dos reglas. Porque estas dos reglas son indispensables en la vida. Incluso los animales también las saben y siempre las cumplen de pies a la letra.

Cuando yo hablo de la regla número 5, me refiero al amor, la alegría, la paz, la felicidad, los cariños, la tranquilidad etc... Y por otro lado, la regla número II siempre dice todo lo contrario. Por estos motivos, cualquier individuo que esté usando su corazón para cumplir la regla número II, en cualquier momento se lo van a romper y a causa de eso, el sufrirá para siempre. Hay que saber que, la regla número II no se debe cumplir con el corazón. La única manera para uno usar su corazón es cuando se trata de la regla número 5. Yo me explico mejor, todas las personas las que viven diciendo que alguien les ha roto su corazón es porque ellas siempre usan su corazón para cumplir la regla número II

En muchas ocasiones, he tratado de explicar a algunos de mis amigos la diferencia entre las reglas 2 y 5, ellos siempre me dan la razón pero también siempre me dicen que tienen una pregunta para hacerme. Obviamente, yo se muy bien que ellos me van a hacer estos tipos de preguntas cada vez que hablo con ellos acerca de las reglas las que tienen que ver con el amor. Es decir que, sabiendo de memoria todas las preguntas las que ellos me van a hacer pero sin embargo siempre me hago humilde hasta que me pregunten ellos mismos. Es por esta razón, cuando ellos me dicen que tienen una pregunta para mi entonces siempre les contesto de esta manera: **Yo se muy bien todo lo que Ustedes me van a preguntar pero es bueno escucharlo salir de su propia boca y ¿Cual es su pregunta?** Todos ellos siempre me hacen la misma pregunta: **¿Cómo podemos saber que alguien vale la pena, o sea alguien con el que podemos cumplir la regla número 5?** Para mi, esta es una de las preguntas mas importantes y a mi me gusta escucharla salir de la boca de alguien con lo cual estoy hablando acerca de la regla 5. Por ejemplo, si estoy hablando con alguien acerca de esta regla y el no me hace esta pregunta entonces me doy cuenta de que el es una persona la cual no se ha decidido que va a hacer con su vida. Dicho de otra manera, es una persona que todavía no sabe a que lado va estar. Porque es obvio que, cualquier persona normal me hará esta pregunta cuando le hablo de la regla número 5. Ya que, para uno poder cumplir está regla es muy importante saber de memoria cuales son estas personas las que pueden formar parte de la regla número 5.

Siempre les digo y aconsejo a todos aquellos que están enamorados de alguien: Antes de todo, uno debe cumplir la regla número II y después con el tiempo, si hay una buena relación entonces uno puede abandonar a la regla número II para poder cumplir la regla número 5. **¿Por qué razón?** Por muchas razones, por ejemplo:

- Uno no debería enamorarse de alguien sin conocerlo bien

- Uno no debería entregar la llave de su corazón a alguien sin conocerlo bien

- Uno debería tener mucho cuidado con el amor a primera vista

- Uno debería saber que, hay muchas personas en el mundo que están vendiendo una imagen la cual no es de ellas pero la usan para poder engañar a los demás

- Uno debería conocer bien a la persona con la cual quiere tener una relación de pareja para no tener que enfrentar las sorpresas mas adelante

- Uno no debería ser muy orgulloso del amor a primera vista para no tener que sufrir

- Uno debería saber que, la confianza no se gana de una noche a la mañana sino con el tiempo y con muchas paciencias

- Uno debería saber que, antes de ir a la regla número 5, primero se tiene que pasar por la número II

- Uno no debería confiar tanto en las apariencias porque eso es una trampa para los tontos

- Uno debería saber que, no hay que confundir la regla número II con la número 5

Es cierto que uno nunca llega a conocer completamente a una persona. Por este motivo, tenemos a la regla número II cuyo objeto es: **Conocer lo mas que puedas a esa persona con la cual quieres tener una relación de pareja, para saber que si ella vale la pena antes de ir a cumplir la regla número 5**. Todos debemos saber que, conseguir a alguien para poder cumplir la regla número 5 es un trabajo muy completo. Es como si fuera contratar a alguien para que el trabaje en tu empresa. Por ejemplo, ese alguien ha enviado su curriculum a tu empresa. El primer paso, lo revisas muy bien y si te das cuenta de que el curriculum de esa persona tiene todos los requisitos los que tu pides para que alguien trabaje en tu empresa entonces tu pasas al segundo paso en lo cual, tienes que hacerle una entrevista a esa persona y en caso de que ella logra pasar esa entrevista entonces tu pasas al tercer paso en lo cual, tienes que tratar de contactarte con las referencias personales de esa persona para poder confirmar que si ella es alguien de confianza y si es una persona confiable entonces tu pasas al cuarto paso en lo cual, tienes que ponerla a ella en prueba por un periodo de 3 meses para ver que si ella es una persona aplicada con su trabajo y si ella trabaja bien durante esos 3 meses sin ningún tipo de problema entonces tu pasas al quinto paso en lo cual, tu la contratas a ella para que trabaje en tu empresa definitivamente. Es lo mismo que uno debe hacer antes de salir de la regla número II para poder ir a cumplir la regla número 5. Quiere decir que, uno tiene que hacer todos esos pasos uno por uno para poder llegar a la número 5. No es cuestión de un día a otro porque todo eso es un proceso muy largo y eso se requiere mucho tiempo y mucha paciencia.

No te creas que si haces todo este proceso entonces vas a perder a esa persona en camino. Eso no es cierto, porque el que realmente vale la pena siempre tiene un motivo para estar a tu lado para cuidarte y amarte. Hay que saber que, el que vale la pena estará contigo para hacerte feliz pero no para hacerte sufrir. Por este motivo, una persona que vale la pena nunca te haría estas cosas, por ejemplo:

- Alguien que vale la pena jamás te abandonará al menos que tu lo hagas cansar

- Alguien que vale la pena jamás te engañará con otra persona, porque el se conformará siempre contigo y nadie mas

- Alguien que vale la pena jamás se olvidará de ti al menos que le rompas el corazón

- Alguien que vale la pena jamás te maltratará

- Alguien que vale la pena jamás se cansará de ti y no importa tu condición de vida

- Alguien que vale la pena jamás te humillará

- Alguien que vale la pena jamás te pegará, porque el sabe muy bien que te necesita

- Alguien que vale la pena jamás te traicionará

- Alguien que vale la pena jamás se llevará de las cosas malas las que los demás siempre dicen de ti

- Alguien que vale la pena jamás dejará de amarte

- Alguien que vale la pena jamás dejará de valorarte

- Alguien que vale la pena jamás perderá la paciencia contigo

- Alguien que vale la pena jamás perderá la fe en ti, al menos que le engañes

- Alguien que vale la pena jamás dejará de tratarte bien en todos los sentidos

- Alguien que vale la pena jamás dejará de hacerte feliz

- Alguien que vale la pena jamás dejará de complacerte

- Alguien que vale la pena jamás te romperá el corazón

- Alguien que vale la pena jamás tendrá ni una sola excusa para no estar contigo

En pocas palabras, cuando te encuentres con tu media naranja, tu vida cambiará, vale decir que, si te encuentras con la persona la que vale la pena tú no volverás a ser el mismo de antes, tú serás una persona completa. Pero quiero que sepas que, tú también tienes que poner tu parte para que todo sea perfecto. *Para que se entienda mejor*, no tienes que esperar que ella haga todo por ti y tú a ella nada. Tienes que hacer lo mismo por ella para que la balanza de cruz funcione bien como se debe. Porque el amor de pareja no es de una sola persona sino que de dos. Cada una de ellas tiene que aportar lo mismo para que un lado no vaya mas forzado que el otro. Yo me explico mejor, la regla número 5 es una balanza de cruz y las dos personas son el peso que lleva pero si una de ellas hace todo bien y la otra no hace nada entonces un lado de esa balanza va a estar muy forzado.

Muy forzadoBien balanceado

¿Cuál es truco para uno saber que alguien vale pena?

En realidad, todas personas valen la pena pero depende para quien. Quiere decir que, cada persona tiene su media naranja y si todavía no la tiene a su lado entonces seguro que ella está en algún lugar esperándola. Ahora bien, **¿Cuál es la mejor manera para tu reconocer a tu media naranja cuando la veas?** Yo creo que no hay una regla ni una formula exacta para poder reconocer a tu media naranja pero lo único que yo sé y estoy muy seguro es: Cuando tú te encuentras con tu media naranja entonces te vas a dar cuenta con mucha facilidad de que ella es la persona indicada para tu vida. Porque tu media naranja es tu otra mitad y en medio de Ustedes dos, hay un pequeño imán lo cual posee una atracción para poder unirte con tu media naranja. Es decir que, la atracción de tu imán es tan potente y evidente, cuando te encuentres con tu media naranja entonces tu imán automáticamente les unirá a Ustedes dos para hacer uno solo. Eso es de la naturaleza y no tiene una explicación exacta. Por todos estos motivos, en el momento que realmente te encuentras con tu media naranja no volverás a ser igual que antes. *Dicho de otra forma*, te vas a sentir una persona completa con un corazón lleno de amor, paz, tranquilidad, felicidad, placer, cariño, energías etc… De hecho, no importa que seas ciego, sordo o mudo pero cuando te encuentras con tu media naranja, no hay manera de no darte cuenta de que estás con el amor de tu vida. Ya que la ley de atracción es tan fuerte y poderosa, su misión es llenar el corazón vacío, reparar los corazones rotos e incluso puede mover montaña y hacer milagros. Según la teoría de la madre naturaleza, nadie en absoluto puede resistir delante de su propio amor verdadero. Quiere decir, nadie que ha encontrado con su media naranja podrá escaparse de ella. Porque hay un imán que los une uno con otro y sobre ese imán hay una frase escrita que dice así: **Hasta la muerte los separe**. A este efecto, todas las personas que están cumpliendo la regla número 5 tienen este logo sellado en su corazón: **Hasta la muerte nos separe**.

Quiero contarte una historia de una persona que vale la pena. Es una historia amorosa de una de mis primas

Hay un dicho que dice así: En el amor no hay edad. Muchas personas suelen decir ese dicho pero algunas de ellas lo dicen pero no lo respetan. Eso fue el caso de mis tíos. Ellos siempre decían ese dicho pero cuando una de mis primas se enamoró de un hombre el cual tenia doble de su edad entonces mis tíos borraron este dicho (en el amor no hay edad) por completo en su diccionario. Te voy a explicar como y por que razón

De parte de mi madre, una de mis tías se casó con un señor con el cual mi tía tuvo 5 hijos, un chico y 4 chicas. Todos ellos vivían en un campo en lo cual también vivían mis abuelos que eran los padres de mi madre y esa ti mía. Pero en la ciudad más cercana de ese campo, mis tíos tienen una casa cerca de la casa de mi madre. A pesar de que ellos tienen una casa en la ciudad pero sin embargo mis tíos siguen viviendo en el campo porque a ellos no les gusta la vida en la ciudad. Ellos enviaron a mis 5 primos a estudiar en esa ciudad en la cual yo también vivía. Mis primos iban todos los domingos en la tarde a la ciudad para poder asistir a sus clases de lunes a viernes y se regresaban a la casa de mis tíos todos los viernes en la tarde para pasar los fines de semana con sus padres. La mas grande de mis primas estaba en la escuela secundaria cuando ella se enamoró de un hombre el cual tenia doble edad de la que tenia mi prima. Vale decir, ella tenia 17 años y ese hombre tenia 34 años. Incluso mi prima podía haber sido la hija de ese hombre porque el tenia una hija la cual tenia también 17 años, la misma edad que mi prima. Cuando mis tíos se enteraron de que mi prima tenía un novio el cual tenía el doble de edad de ella, mis tíos se enfurecieron por haber enterado de que mi prima tenía un novio mayor que ella. De hecho, mis primos también se enfurecieron por esa noticia. Mis tíos no quisieron aceptar a ese señor como su yerno, ni mis primos tampoco quisieron aceptar a ese hombre como su cuñado pero sin embargo, mi prima quería a ese señor para toda su vida. Porque según ella, el era el amor de su vida y nadie podía separar mi prima de su hombre. Mejor dicho, todo lo que mis tíos y mis primos hacían para poder separar mi prima de su novio, lo hicieron en vano porque mientras mas problemas mis tíos le dieran a mi prima entonces ella se enamoraba mas de su novio. Para decirte la verdad, mis tíos y mis primos le hicieron la vida imposible a mi prima a causa de su novio. Era como si fuera enviar a mi prima a vivir en el mismo infierno. Efectivamente, todo lo que ellos le decían a mi prima acerca de su novio para poder dejarlo pero ella nunca le hacia caso a mis tíos. En otros términos, ella estaba enamorada ciegamente de su novio. Cuando mis tíos vieron que mi prima no les hacia caso entonces ellos le enviaron a ella a la capital de mi país para seguir con sus estudios. Porque ellos pensaron que si ella estaba estudiando lejos de su novio entonces podía llegar a olvidarle de ese señor. Pero hay una sola cosa la cual mis tíos no pensaron era que: El novio de mi prima tenia acceso a casi todos los buenos autos de mi cuidad porque el es un buen mecánico y todos los que tienen autos siempre lo buscan para que el arregle sus autos. Era por esta razón, el iba a visitar a mi prima cada vez que el quería. Unos meses después, mis tíos se volvieron a dar cuenta de que ese plan no estaba funcionando como ellos lo querían. Por eso, ellos se decidieron sacar a mi prima de su colegio y lo peor de todo fue que ellos no le daban de comer a mi prima ni tampoco donde dormir. Incluso, mis tíos no hablaban con mi prima ni sus hermanos tampoco le hablaban. Ella estaba sola en mundo a causa de su novio. Por otra parte, eso no era un problema para mi prima porque ella estaba muy enamorada de su novio y según ella, su novio era todo lo que ella necesitaba para vivir. A ella no le importaba nada de lo que su familia le hacia y le decía. Cuando ellos abandonaron a mi prima, ella no tenia donde ir a vivir. Porque nadie de mi familia estaba apoyando a ella por lo que había hecho. Quiere decir, eran todos contra mi prima. Ella se fue a vivir en mi casa aunque algunos de mis hermanos no le apoyaran a ella para nada. En cambio, yo siempre le apoyaba a mi prima y le entendía muy bien en todo lo que ella hacia. Ella sufría mucho por no haber podido hablar con nadie de su familia pero yo siempre estaba con ella para hacerle ver que tenía una razón para seguir con su vida adelante. Ella no tenía problema por la comida porque su novio siempre le daba dinero para poder comer lo que ella quisiera y cuando quisiera. El único problema que ella tenía era no poder tener contacto con sus padres ni sus hermanos ni con la mayoría de su familia cercana. Pero ella sabía muy bien que eso estaba escrito en el libro de la vida desde la creación del mundo: **Uno abandonará a sus propios padres para poder formar su propia familia con alguien que ama**. Eso era el lema de mi prima. Según lo que he visto, mi prima había vivido en el mismo infierno a causa de su novio. A pesar de todo eso, ella siempre decía que, aunque su familia no quisiera a su novio pero ella jamás lo abandonaría. No importa lo que ellos le hicieran y dijeran a mi prima pero ella no se iba a rendir nunca. Tal como ella lo decía así mismo lo hizo. Antes de terminar la escuela secundaria ella se juntó con su novio y se embarazó. En este momento, ella tiene más de un hijos con ese hombre y siguen juntos muy felices.

Algo que no entiendo y siempre me pregunto a mi mismo: Con que cara mis tíos van a ir a visitar a sus nietos y como ellos hacen para ver a su yerno en los ojos. Ya que el se ha enterado de todo lo que ellos decían sobre el. Es decir que, todos los falsos testimonios los que mis tíos y mis primos le decían a mi prima sobre su novio, nada era cierto. Porque ellos no le decían a mi prima nada bueno acerca de su hombre. Ellos inventaron muchas cosas para hacerle creer a mi prima que su novio era uno de los peores hombres del mundo. Ella se los contaba a su hombre todo lo que ellos le decían. El marido de mi prima sabía muy bien todos los que han hablado mal en sus espaldas porque mi prima jamás le ha guardado ni un solo secreto. Yo sabía muy bien que, en el asunto de marido y mujer que no debo meterme. **Dicho de la manera correcta, si no puedo decir a alguien algo bueno a favor de su pareja entonces no diré nunca algo malo.** Pero sin embargo, hay muchas personas las que suelen meterse su nariz en los asuntos de marido y mujer, porque ellas no saben que en la noche cuando ellos dos se acuestan juntos entonces uno empieza a contarle al otro todo lo que los demás dicen. Por ejemplo, cuando mi prima iba a dormir con su novio, ella le contaba todo lo que había escuchado en todo el día. De hecho, todo lo que mi prima le contaba a su novio no era nada bueno. Porque la familia de ella siempre hablaba muy feo de ese hombre. Quiere decir, su familia nunca tenia nada bueno a favor de ese hombre. Ese señor no era un mal hombre pero mis tíos le acusaban de todo. El plan de mis tíos era hacer entender a mi prima que su novio no era la persona indicada. Porque ellos no lo querían ni tampoco lo querían aceptar como su yerno en la familia pero al fin y al cabo lo que ellos no querían ver y sin embargo tienen que vivir con el.

Es la razón por la cual, cuando te encuentres con el verdadero amor, nadie te va a poder separar ni tampoco hacerte olvidar del amor de tu vida. Todo lo que los demás te dicen entrará por uno de tus oídos y saldrá por el otro.

Según mi teoría, nadie se puede resistir al verdadero amor cuando el llegue. Yo me explico mejor, tu puedes hacer lo que tu quieras y cuando quieras pero si se trata del verdadero amor entonces no habrá ni una sola excusa para no cumplir la regla número 5 y las mejores manera para darte cuenta de que alguien te quiere llevar a cumplir esta regla son: Por ejemplo, en el momento que tu ves que,

- Alguien el cual te ama tal como eres sin importarle tus situaciones

- Alguien el cual hace incluso lo imposible por ti para poder darte la alegría que mereces

- Alguien el cual nunca tiene ni siquiera una sola excusa para no estar a tu lado

- Alguien el cual te dice que te ama y siempre te lo demuestra con hechos. En otras palabras, todo lo que el hace o tiene es para ti y nadie mas

- Alguien el cual te dice que te quiere con todo su corazón e incluso el se ha enamorado de ti desde que tu no eras nada

- Alguien el cual se ha renunciado a todo para poder complacerte

- Alguien el cual te entrega completamente su corazón, su alma y su mente

- Alguien el cual está contigo y te ama en la buena y en la mala

- Alguien el cual siempre te cuida y te protege para que nada malo te suceda

- Alguien el cual es capaz de ir y volver al infierno si es posible, para poder hacerte feliz

- Alguien el cual, cuando está a tu lado y no tiene a nada mas en su mente que a ti

- Alguien el cual siempre está a tu lado para hacerte reír

- Alguien el cual siempre te ama por mas que sus amigos y su familia le digan cosas feas de ti para que el te deje

- Alguien el cual siempre te pone a ti en el primer lugar ante todo

- Alguien el cual tiene muchos intereses en comunes contigo para compartir juntos

- Alguien el cual realmente llena el vació que tienes en tu corazón

- Alguien el cual abandona a su propia familia para poder estar a tu lado

Son estos tipos de personas que valen la pena. Estoy muy consciente de que no es nada fácil encontrar a alguien que valga la pena para poder formar una buena relación. Porque muchas veces, alguno viene a venderte una imagen que ni siquiera el mismo la tiene para poder engañarte. Por todas estas razones, son muy pocas personas las que tienen suerte para encontrar con el amor de su vida. Según lo que he visto y vivido, tengo toda mi razón para decirte que, la regla número 5 es muy difícil de cumplir. En caso de que eres una de esas personas las que están cumpliendo esta regla, eres una persona muy afortunada y muy bendecida en esta tierra. De hecho, tienes la razón perfecta para poder disfrutar cada segundo de tu vida como si fuera lo ultimo y mis consejos para ti son:

- Tu y tu pareja se tienen que cuidar uno a otro

- Tu y tu pareja se tienen que tolerar uno a otro

- Tu y tu pareja se tienen que soportar uno a otro

- Tu y tu pareja se tienen que valorar uno a otro

- Tu y tu pareja se tienen que proteger uno a otro

- Tu y tu pareja se tienen que respetar uno a otro

- Tu y tu pareja se tienen que sobrellevar uno a otro

- Tu y tu pareja se tienen que encariñar uno con otro
- Tu y tu pareja se tienen que apreciar uno a otro
- Tu y tu pareja se tienen que comprender uno a otro
- Tu y tu pareja se tienen que amar uno a otro

Yo siempre digo que, cuando el verdadero amor te llegue, jamás volverás a ser el mismo de antes. ¿Por qué razón? Es porque el vacío que tienes en tu corazón se llenará de amor. Dicho de otra manera, no lo hace falta que se lo cuentes a alguien pero sin embargo todas las personas se van a enterar por sus propias cuentas de que tu has conseguido al amor de tu vida. Visto que tu propia cara hablará por ti y a partir de entonces tendrás un mejor apodo: Todos te llamarán carita feliz porque tendrás la cara de muchas felicidades y alegrías. Las razones por las cuales todos los demás te darán un apodo son:

- Andarás siempre de buen humor
- Dejarás de quejarte como antes
- Estarás siempre feliz
- Andarás siempre con una sonrisa en tu carita
- Tendrás una mejor imagen
- Serás mas amable con lo demás
- Serás mas simpático con las otras personas
- Serás una persona completamente alegre
- Serás mas paciente con la gente
- Siempre tendrás una razón por la cual seguirás viviendo

- No volverás a contestar mal a nadie como antes

- Siempre darás un mejor trato a todo el mundo

- Dejarás de complicar tu propia vida y también la de los demás

- Entenderás que la vida es hermosa y vale la pena vivir

- Entenderás que la vida siempre da sorpresa

- Tendrás la mejor razón para poder creer que Dios jamás se equivoca

- No volverás a ser el mismo egoísta que eras antes porque tendrás a alguien a tu lado en lo cual vas a tener que pensar día y noche.

- Tendrás un mejor motivo para poder entender que, es malo meterse con un amor ajeno

Todos estos motivos hacen que los demás puedan ver con facilidad el amor que tienes en tu corazón a kilómetros de distancia porque tu propia cara les dirá toda la verdad. *Para que se entienda mejor*, todas las cosas buenas te seguirán. Puesto que, alguien que tiene un corazón lleno de alegría siempre anda con una cara de muchas felicidades pero a cambio, alguien que anda con problema se le nota en su cara. En realidad, la cara de uno es como si fuera un espejo y por ese motivo siempre dice la verdad. De hecho, yo siempre hago bromas a algunos de mis amigos, por ejemplo, cada vez que los veo:

- De mal humor

- Aburridos

- Inquietos

- Con una cara de pocos amigos
- Histéricos
- Infelices
- Pensativos
- Nerviosos
- Tristes
- Afligidos
- Con una cara de preocupación
- Desganados
- Cansados
- Desanimados
- Sin energía
- Con una cara odiosa

Cada vez que yo veo a uno de mis amigos en esta situación, lo primero que le digo es: Tienes cara de falta de afecto, cariño y amor. Porque alguien que tenga estas tres cosas siempre anda feliz de la vida. *Dicho de otra forma*, es una persona muy positiva la cual sabe muy bien que tiene todo por delante. Ella siempre tiene una razón para seguir su camino sin mirar atrás ni preocuparse por nada.

Antes de ir más lejos, hay una cosa muy importante la cual yo había hablado en las páginas anteriores y quiero volver a aclarártela de nuevo: El amor es como los zapatos. Cada uno de ellos tiene un número, vale decir, una talla. Esta talla está especialmente diseñada para un tipo de pies en especial. Ella le servirá únicamente a ese tipo de pies. Es la razón por la cual los viejos siempre dicen que: **Cada zapato tiene su pie al que le sirve.** Yo me recuerdo que, cuando yo era chico, mis abuelos siempre usaban este dicho pero yo no lo entendía muy bien pero con el tiempo me he dado cuenta de que ellos tenían toda la razón para decirlo. Yo llegué a entender el significado de este dicho era porque ellos siempre lo usaban cuando dos personas las cuales tenían el mismo temperamento se enamoraban una de otra. O sea, son dos personas que nacen una para la otra. Es decir, por ejemplo, si fulano un delincuente y se casa con fulana la cual también es una delincuente en ese caso todos demás dicen que, cada zapato tiene su pie. Por todos estos motivos, si un amor no te sirve a ti es porque el no es de tu talla. Ya que el zapato que no es de tu talla te hará doler si te lo pones. Según mi opinión, no hay ninguna razón para luchar con un amor. Tienes que saber que, todo lo que no es tuyo, debes dejarlo libre sin peleas ni discusiones.

Si estás pensando en comprarte unos zapatos, primero tienes que averiguar la talla de tus pies para no tener que lamentar después de haberte comprado algo que no te sirve. No hay nada mejor que comprarte unos zapatos a tu gusto y de la misma medida de tus pies. En la vida hay dos cosas las cuales yo no deseo ni a mi peor enemigo: **Una es andar con unos zapatos que no son de tu talla y la otra es casarte con alguien lo cual no tiene nada en común contigo.** Estas dos cosas, todos deberíamos saberlas de memoria pero por lo que veo que a veces, a algunas personas no les importa nada. Ellas hacen todo lo que quieran sin poder pensar en los problemas y en el momento que llegan los problemas, lo primero que ellas dicen es: **Yo no tengo suerte en la vida.** Ellas son muy incrédulas y muy necias, por lo tanto, no quieren entender que la suerte siempre se hace. Por ejemplo, si quieres tener suerte con unos zapatos, tienes que saber comprar los que son de tu talla y si quieres tener suerte con el amor entonces tienes que buscar alguien que tenga por lo menos algunas cosas en comunes contigo para no decir, alguien que sea igual que tu, porque eso es imposible. Pero que sea por lo menos alguien que tenga algunos intereses en comunes contigo. Cuando hablo de los intereses en comunes, yo me refiero a todo en general. ¿Sabes por qué yo lo digo? Es porque el amor es una balanza de cruz y para que todo esté bien entonces cada lado tiene que tener el mismo peso. Es la razón por la cual, yo siempre les aconsejo a mis amigos que la única manera para poder cumplir la regla número 5, es siempre y cuando tengan a su lado una persona la cual tiene muchas cosas comunes con ellos para poder formar una relación de pareja. No hay que apurarte ni hacer malas elecciones, ya que cuando te encuentras con la persona que valga la pena, vas a poder darte cuenta con facilidad porque hay un imán que los va a unir uno con otro, pero es importante saber que en muchas ocasiones ese imán se puede dañar. Por ejemplo, si te encuentras con el amor de tu vida y para que la relación de Ustedes dos funcione bien entonces es recomendable estar siempre en una balanza de cruz. Quiere decir que, cada uno de Ustedes tiene que estar en un lado de esa balanza para poder equilibrar siempre su relación amorosa pero si Ustedes dos hacen lo contrario, en este caso la relación de Ustedes no va a estar bien balanceada. Puesto que, si los pesos que están en una balanza de cruz no son iguales entonces uno de los dos lados va a tener que trabajar muy forzado y eso hará que el imán trabaje un lado más que el otro. Sin ninguna duda, con el tiempo ese imán se dañará porque no está funcionando como se debería. Debes saber que, para que esta formula (hasta la muerte nos separe) te funcione bien, tu también tienes que poner tu parte. Dicho de la manera correcta, no es solamente la cuestión de encontrar a media naranja sino que también debes poner tu parte en el momento que tú estés con ella para que esa relación funcione para siempre. Porque tú media naranja podrá llegar a cansarse de ti algún día, si haces estas siguientes tonterías, por ejemplo:

- Si tu nunca haces tiempo para estar con el amor de tu vida

- Si siempre estás metido en el Internet y te descuidas de tu pareja

- Si te pasas las 24 horas con tus ojos metidos en la pantalla de tu celular

- Si no eres capaz de satisfacer a tu media naranja

- Si das mas importancia a los juegos que a tu propia pareja

- Si no quieres respetar tus compromisos

- Si tu vives engañando a tu pareja con otra persona

- Si piensas todo el tiempo en ti mismo pero nunca en tu media naranja

- Si te dejas llevar por las cosas materiales y te descuidas del amor de tu vida

- Si en vez de darle un abrazo a tu pareja, te pones a hablar tontería con alguien por el Chat

- Si siempre tienes tiempo para estar con los amigos pero no para estar con el amor de tu vida

- Si te dejas llevar por las fantasías del mundo y te descuidas de tu pareja

- Si te vas acompañado en la calle con tu pareja y te distraes porque ves a alguien en la calle lo cual a ti te gusta mucho

- Si siempre te escondes para contestar a tu teléfono para que tu pareja no se entere de tus conversaciones

- Si siempre escondes los mensajes de textos que te enviaron para que el amor de tu vida no los vea

- Si siempre andas con una excusa para no estar con tu media naranja

- Si maltratas a tu media naranja

- Si no respetas al amor de tu vida

- Si decepcionas a tu pareja

- Si aburres a tu pareja en lugar de hacerle feliz

- Si siempre le mientes a tu media naranja

- Si dejas de amar a tu pareja a causa del mundo moderno

- Si siempre estás viendo TV y no haces tiempo para darle cariño al amor de tu vida

- Si nunca le haces feliz a tu pareja

- Si le rompes el corazón a tu media naranja

- Si tratas a tu pareja como si fuera tu esclava

- Si de noche ni siquiera puedes dormir en paz porque todo el mundo te escribe y te llama por teléfono. Eso le hará cansar a tu media naranja

- Si cada vez que tu pareja se despierta en la mañana y te encuentra hablando por el Internet

- Si tu pareja no puede descansar bien de noche a causa de los mensajes que te llegan a cada rato

- Si tu trabajo es mas importante para ti que tu propia pareja

- Si le das un mejor trato a tu auto que al amor de tu vida

- Si dejas de valorar a tu pareja

- Si no pones a tu media naranja en el primer lugar en tu vida

- Si nunca tienes tiempo para abrazar, besar y darle cariños a tu pareja a causa de las cosas aburridas del mundo moderno

Debes saber que, cualquier persona, por más paciente que sea pero a veces se cansa. Incluso, las personas buenas también a veces se cansan. Lo que te puedo decir en esta situación es: abandona completamente la esperanza si quieres recibir todas las cosas buenas de parte de tu pareja pero en cambio tu nunca le das nada bueno para poder complacerla ni hacerle feliz. Es por este motivo, si tienes el amor de tu vida y sigues haciendo estas tonterías que acabas de leer entonces puedes tomarlo por seguro de que algún día tu media naranja se cansará de ti. La mejor manera para que tu relación funcione bien es darle siempre a tu pareja lo mejor de ti, de otra manera puedes abandonar toda la esperanza porque la mala suerte y el fracaso te perseguirán. Ya que algunas personas han estado a punto de cumplir la regla número 5 pero las fantasías del mundo moderno les hacen fracasar. Con referencia a lo mencionado, tienes que saber que si tienes un compromiso con alguien que vale la pena y tu no pones tu parte para que tu relación funcione bien, tarde o temprano perderás al amor de tu vida a causas de las diversiones de este mundo moderno que tenemos.

Al leer todas estas cosas las que están relacionadas con la regla número 5, seguramente vas a decir: por que razón yo las escribo y de donde yo las he sacado. Es normal que alguien piensa de está manera al leer todas estas cosas. Te cuento que yo las escribo es porque yo las he vivido y las conozco muy bien. Yo siempre trato de comparar mis fracasos con los de mis amigos o los de las otras personas para que yo pueda saber que, si esos errores tienen algo que ver con las leyes de la vida. Por ejemplo, si veo que mis fracasos son parecidos a los de los demás entonces escribo una regla para que todos los que vienen detrás puedan ver con claridad donde está el peligro y el que no lo evita entonces pagará las consecuencias al contado. Porque nadie puede luchar con las leyes de la vida. Quiero que sepas que, todas las reglas y las historias que escribo siempre tienen muchos que ver con los errores y los fracasos de cada uno de nosotros en la vida cotidiana. Para poder hacerte entender mejor la regla número 5 entonces te voy a contar mi experiencia propia. Todo se trata de las cosas que yo he vivido en esta regla. Ya que no quiero hacerte creer algo que no existe sino algo que yo he vivido y lo conozco muy bien. De hecho, también conozco a todos los que están cumpliendo esta regla e incluso me he dado cuenta de que todas sus historias son iguales a la mía. Por lo tanto, el que quiere cumplir esta regla también tendrá una buena historia amorosa parecida a la mía. En pocas palabras, Estoy muy seguro que, si tu estás cumpliendo esta regla en este caso tu historia amorosa será muy parecida a la mía y también a las de las otras personas las cuales han cumplido la regla número 5. Porque cada regla tiene su propia historia y si dos personas o mas se han pasado por una misma regla entonces van a tener la misma historia para contar. Con referencia a lo mencionado, por ejemplo, si piensas que estás cumpliendo la regla número 5 y has leído mi historia amorosa pero sin embargo te has dado cuenta de que tu historia amorosa es muy diferente a la mía. Eso quiere decir que, tú todavía no has cumplido la regla número 5 porque todos los que se han pasado por esta regla deben tener la misma sensación y la misma historia para contar y de otra manera, te puedo confirmar que, es posible que seas una de esas personas que están confundiendo la regla número II con la número 5.

Quiero dejarte las cosas bien claras para que puedas cumplir esta regla como se debe. Es muy difícil formar parte de esta regla pero a la misma vez, nada es más importante y más divertido que estar cumpliéndola. Yo te lo digo por experiencia propia. Estuve cumpliendo esta regla por un buen tiempo y eso fue lo más maravilloso en toda mi vida. No lo puedo comparar con nada. Es decir que, cumplir la regla número 5 es algo sin igual. Muchas personas piensan que están cumpliendo esta regla pero ellas están muy confundidas porque ellas deberían estar cumpliendo la regla número II y sin embargo dicen que están en la regla numero 5. Para no mentirte, yo también solía cometerme ese mismo error hasta que llegara alguien que valía la pena a mi puerta. Fue desde entonces entendí que la regla número 5 no tenia nada que ver con la número II. De hecho, me di cuenta de que, el que está cumpliendo la regla número 5 es capaz de olvidarse completamente de si mismo e incluso desconectarse del mundo en el cual el está viviendo para poder disfrutar y pasarlo bien con su media naranja. Fue ese mismo placer que yo me sentí cuando estuve en esta regla. Nada en absoluto era más importante para mí que mi media naranja. Ella era mi razón de vivir y yo no podía ver ni pensar en nadie más. Vale decir que, yo estaba ciegamente enamorado de ella. Por este motivo, te voy a contar la historia de mi estadía en la regla número 5. Digo mi estadía es porque yo debería estar allí para siempre pero desafortunadamente no pude permanecer en esa regla por una precisa razón la cual no me ofreció otra opción que abandonar esta regla y seguir con la regla número II como de costumbre.

Antes de empezar, quiero decirte que muchas veces, el verdadero amor aparece de la nada y cuando menos uno le espera. Eso fue mi caso, yo no tenía ni la menor idea de que el amor iba a tocarme la puerta pero llegó de una forma inesperada. Por suerte, yo estaba presente para poder recibirlo y darle su bienvenido tal como lo merecía. Lo que me sucedió fue así de esta siguiente manera:

Yo trabajaba en un centro de computación en lo cual iban muchos clientes todos los días y un día dado, una nueva clienta la que yo no había visto antes, fue a ese centro para averiguar algunas cosas las cuales ella necesitaba para su computadora. Era la primera vez que ella entró a mi trabajo porque ella no era de esa zona pero su familia vivía allí. Por casualidad, justo ese día, me tocó a mí atenderla a ella. Yo la atendía igual que a todos los demás clientes. Ese día, me di cuenta de que ella no era de mi zona porque su cara no me parecía conocida. Ella me parecía muy linda pero no le di mucha mente porque a mi no me gustan los amores a primera vista. Bueno, ese mismo día, ella terminó de averiguar todo lo que tenia que averiguar y regresó a su casa. Unos días después ella volvió de nuevo a mi trabajo para comprar algunos accesorios para su computadora. En ese mismo momento, ella me contó que su computadora tenía algunos problemas técnicos y me pidió que fuera a revisarla en mi tiempo libre. Yo le dije que si, yo iba a ir a revisarla pero al final no pude ir por dos razones: Yo tenía muchos trabajos para hacer y en mi tiempo libre podía haber ido un rato para revisar su computadora pero yo me olvidé. Había pasado unos 5 días y ella veía que yo no fui a su casa para revisar su computadora, por eso ella mandó a dos jóvenes para ir a buscarme en mi trabajo. Yo le había mentido a ella y no quería darle ninguna excusa más a ella. Por esa razón, le pedí a uno de mis compañeros de trabajo que se quedara en mi lugar para que yo pudiera ir a la casa de ella y cumplir mis palabras. Llegué allí y resolví ese problema muy rápido porque no era tan grave. Ella se puso muy contenta y me quiso pagar por ese trabajo pero le dije que no había que pagar nada porque no era un problema grande. Antes de regresarme a mi trabajo, ella me pidió mi mail para estar en contacto conmigo en caso de que su computadora se volviera a dañar de nuevo. Yo se lo di a ella y volví a mi trabajo. Desde entonces, hablábamos de vez en cuando por Internet y nos hicimos buenos amigos. En una conversación, le pregunté a ella en que parte ella vivía antes de que yo la conociera. Ella me contó que su familia era de una ciudad lejana de la mía. Sus padres y sus hermanos se habían mudado a la ciudad en la cual que yo vivía por cuestión de estudios y de trabajos pero ella se quedaba en su ciudad natal porque estaba en pareja con un hombre con el cual ella siempre tenia que discutir y pelear. En un momento dado, ella se cansó de tantas peleas y se fue de la casa. Eso era la razón por la cual ella se fue a vivir en la ciudad donde yo vivía. Ella tenía a sus hermanos, sus padres y algunos de sus primos pero no tenia amigos en ese tiempo en mi ciudad. En varias ocasiones, en mi tiempo libre, yo salía con ella a pasear como amigos y sin ningún tipo de compromisos. Con el tiempo, nos habíamos dado cuenta uno a otro de que teníamos muchos intereses en comunes. Quiere decir, teníamos muchos gustos en comunes. Ella me caía muy bien y yo también a ella. Después de unos meses, nos pusimos de novios sin que nos diéramos cuenta uno a otro. Dicho de la manera correcta, nos vimos que éramos novios sin saber como ni cuando. Fue un caso tan raro para mí y para ella también. Por este motivo, un mes después de haber empezado nuestra relación amorosa, ella me dijo estas palabras:

- Ella me dijo: veo que ya somos novios pero no me recuerdo cuando me habías pedido permiso para ser mi novio

- Yo me reí y le dije: Es cierto que ya lo somos pero ni yo tampoco me recuerdo como y cuando fue. En todo caso, ya no hace falta porque nos queremos mucho uno a otro.

- Ella me dijo: Tienes razón, ya no me hace falta porque tu me lo has demostrado con hechos.

Al principio de nuestra relación, nadie de su casa sabia que ella se había puesto de novia conmigo. Ella siempre tenía algo que hacer en la tarde fuera de su casa. Su madre es una mujer muy observadora, por eso ella fue la primera la que sospechó que su hija había tenido algo escondido. Una vez, mi chica salio conmigo a caminar en una tarde. Cuando regresó a su casa.

- Su madre le hizo esta pregunta: ¿De donde vienes y con quien estuviste?

- Mi chica le contestó y le dijo: ¿Pero mami, por qué esta pregunta?

- La madre le dijo: A mi no me mientas porque estoy muy segura que estás saliendo con alguien

- Mi chica le dijo: ¿Mami, Por qué razón lo dices?

- La madre le dijo: Eres mi hija y nadie te conoce mejor que yo. Me doy cuenta de que, cada vez que sales y cuando regresas tienes una cara feliz. Siempre vuelves a casa con alegría y buen humor. Estoy muy segura que estás con alguien el cual te llena tu corazón.

- Mi chica se quedó un poco avergonzada porque su madre ya sabia todo y ella le dijo: Bueno mami, es cierto, tienes razón, estoy saliendo con alguien

- La madre le dijo: No me lo tienes que decir ahora porque yo sé muy bien con quien estás saliendo porque siempre he sospechado todo desde el principio

Nosotros dos habíamos pensado que en la casa de ella, nadie sabía nada de nuestra relación pero no era así. Al día siguiente, ella me llamó y me contó todo lo que su madre le había dicho cuando ella regresó a casa en la noche anterior. A partir de ese momento, ya nuestra relación era pública. Quiere decir, todo el mundo ya se enteraba de todo. De hecho, la madre de ella fue la primera de mis suegras la cual se dio cuenta de que yo estaba saliendo con su hija y también fue la primera vez en mi vida que, tuve valor para presentar mi cara a una suegra. Porque antes de ella, yo había salido con muchas otras chicas pero era siempre de una manera muy discreta. Ninguna de las madres de las chicas con las que yo salía me conocía como su yerno. Quizás, ellas me habían conocido como un simple amigo de su hija pero no sabían que yo tenía algo con su hija. Yo no solía presentar mi cara a mis suegras porque yo era muy vergonzoso y por eso siempre quería salir con las chicas sin que nadie se enterara de nada. Pero con la madre de esa chica fue todo lo contrario. Para decir la verdad, yo la quería a ella como si fuera mi propia madre y hasta el día de hoy siempre le doy a ella muy buenos tratos aunque yo no esté más con su hija pero la sigo queriendo igual y de vez en cuando ella y yo, nos seguimos hablando por el Chat. Su hija fue lo mejor para mi. Fue la primera persona la que me enseñó la importancia y el valor de la regla número 5. Desde que me puse de novio con ella hasta el día que terminemos, yo jamás había visto otra chica más hermosa que ella. Vale decir que, en todo ese tiempo que estuve con ella, yo no veía ni pensaba en ninguna otra mujer que no fuera ella. En otros términos, ella era todo para mi y yo también para ella. Yo siempre tenía a ella presente en mi mente. De hecho, algunas otras chicas intentaban meterse conmigo pero yo no las veía como mujeres porque yo tenía el amor de mi vida en mi mano y yo no quería estar con nadie más que con ella. **(También me di cuenta de que, si tú tienes el amor de su vida entonces el diablo te traerá otras personas hacia ti para distraerte y hacerte caer en la trampa. Si eres débil de corazón fácilmente te caerás. Ya**

que eso suele pasar con muchas frecuencias a muchas personas las que están en parejas. Por ejemplo, si tu eres soltero y no tienes compromiso con nadie entonces nadie te busca ni tampoco nadie quiere tener una relación seria contigo pero cuando ya tienes un compromiso con alguien entonces los demás quieren salir contigo. De hecho, algunas personas siempre están mirando la mano de uno para ver si tiene el anillo de compromiso. La fantasía de estas personas es tener una relación amorosa con alguien comprometido. Vale decir, tú ya tienes un compromiso con alguien y los demás quieren salir contigo para darte problema con tu pareja. Es por eso mismo, hay muchas parejas al principio de su relación, vivían muy bien pero con el tiempo las cosas se cambian. Especialmente por estas dos razones: puede ser que, el marido tiene una amante o la mujer tiene un amante. Siempre yo digo que estas cosas son del mismo diablo, lo digo es porque lo he vivido). Cuando yo estaba en mi mejor tiempo con mi chica, todas las demás chicas del barrio querían salir conmigo. *Para que se entienda mejor*

, cuando yo no tenía ningún compromiso con nadie, ellas no me querían ofrecer esa oportunidad pero en el momento que ellas supieron que yo tenía algo con alguien entonces todas ellas me querían meter en problema con mi novia. No me caí en sus trampas porque yo estaba ciegamente enamorado de mi chica y no tenía a nadie más en mi mente. De hecho, una de las mejores amigas de mi chica me puso una trampa. Ella era muy linda y tenía un lindo físico. Ella sabía todo acerca de mi relación con mi chica. Porque ellas dos trabajaban juntas en una empresa. Un día, esa amiga de mi chica me ofreció una oportunidad para tener algo con ella también, sabiendo muy bien que yo estaba con su mejor amiga. No le hice caso porque yo estaba muy enamorado de mi chica y no quería romperle su corazón. **Ya que según mi opinión, si tienes una relación con alguien y sales con otra persona. Eso no es solamente un engaño sino una falta de respeto.** No me gusta hacer a los demás, lo que no quiero que los demás me hagan a mí. Yo tenía un compromiso con mi chica y yo tenia que respetarlo. Ella era muy buena conmigo y yo también tenía que poner mi parte para que nuestra relación funcionara bien. Éramos uno para otro. Dicho de otro modo, queríamos vivir juntos porque éramos la pareja perfecta si no fuera por un solo problema lo cual se apareció de la nada cuando estábamos en nuestro mejor tiempo. El problema era porque su ex marido se dio cuenta de que no iba a tener otra oportunidad para estar con ella de nuevo. O sea, el se dio cuenta de que el estaba perdiendo a ella para siempre y por eso le dijo estas palabras a ella: **Me doy cuenta de que ya no quieres estar mas conmigo pero lo único que te puedo decir es que, si tú no eres para mí entonces no serás para nadie.** Su ex marido se puso insoportable y se decidió hacerle la vida imposible a mi chica porque el sabia muy bien que ella estaba saliendo con alguien. Mi chica no sabia que hacer con su vida. Ella estaba muy arrepentida de haber elegido a ese hombre como su marido y a fin de cuentas, no encontraba la manera de deshacerse de ese hombre. Al enterarme de todo lo que ese hombre le había dicho a mi chica, yo estaba muy preocupado por la vida de ella. Porque yo la quería tanto y no quería que le sucediera nada a ella. Yo sabia muy bien que, una persona celosa es capaz de hacer lo que sea por alguien que ama. En realidad, mi chica no quería nada con ese señor pero el estaba muy enamorado de ella y siempre decía que ella era la mujer de su vida. El estaba por matar a ella en cualquier momento en caso de que mi chica siguiera conmigo en lugar de estar con el. Ese hombre ya estaba dispuesto a hacer lo que fuera posible para seguir con ella. Vale decir, ella tenía dos opciones: La primera era separarse de mí y volver de nuevo con su ex marido, la otra era seguir conmigo y morir en cualquier momento. Ella no sabia que elegir pero yo mismo elegí la primera opción para ella. Yo la amaba tanto y por esa razón, me decidí terminar nuestra relación para que su ex marido no la matara. Nuestra separación no fue nada fácil para cada uno de nosotros pero me he dado cuenta de que para poder vivir esta vida, hay que ser muy realista. Yo me habría sentido culpable por el resto de mi vida si su ex marido la hubiera matado a ella cuando estaba conmigo. Uno nunca se sabe, ya que una persona celosa siempre actúa primero para poder pensar después, en caso de que se quede con vida. Ya que a veces, algunas personas celosas se suicidan después de haber matado a su propia pareja. Mejor dicho, ellas no se quedan vivas para poder arrepentirse de sus errores y mucho menos para poder contárselo a los demás. Eran por todas estas razones, yo me tomé la decisión de terminar nuestra relación para que ella volviera con su ex marido. Ella lo hizo tal como yo le aconsejaba. Hoy en día, ella sigue con vida. Aunque yo sepa que, si ella está feliz con su marido pero yo se que está con vida y eso para mi es muy importante. Porque es mejor estar vivo que estar muerto.

Ella se metió con ese hombre pero después ella se quiso separar y no pudo lograrlo. A este efecto, yo siempre aconsejo a mis amigos a no enamorarse de nadie al menos que sea alguien que valga la pena. Ya que algunas personas han confundido la regla número II con la numero 5 y a fin de cuentas, ellas no pueden salir de allí ni tampoco deshacerse de su pareja. Es el motivo por el que yo siempre digo que, algunos piensan que están cumpliendo esta regla pero ellos están muy equivocados, muy confundidos y muy perdidos en el fondo de la regla II. En mi caso, no quiero confundir una regla con otra, por lo tanto, desde que me separé con mi chica, he estado en la regla número II, hasta que aparezca alguien que valga la pena en mi vida. Con mi ex novia, supe como disfrutar el amor y también me he dado cuenta de que, la única manera para disfrutar el amor es cuando se trata de la regla número 5 porque de otra manera no se puede. Para ser sincero, eso fue la única vez que estuve cumpliendo esta regla y fue una experiencia única en toda mi vida pero después de haberme separado de ella, no me quedaba otra opción que volver de nuevo a la regla número II y desde entonces estoy en esta regla hasta el día de hoy. Yo no quiero usar mi corazón con nadie que no sea alguien el cual vale la pena. De hecho, no me puedo quejar porque lo estoy pasando muy bien en la regla número II pero sin el corazón. Algunos de mis amigos siempre me hacen esta pregunta: ¿Por qué razón tú no usas tu corazón para cumplir la regla numero II? La respuesta la que yo siempre les he dado es: La regla número II, no es una regla que requiere el corazón sino la número 5 y cualquier persona que se atreve a usar su corazón para cumplir la regla número II, tarde o temprano sufrirás. Es la razón por la cual yo no lo hago porque nunca estoy de humor para sufrir. En otros términos, soy muy joven para sufrir y mucho menos para ser un zombie. Estoy muy seguro que algún día llegará la afortunada de la cual me enamoré y usaré mi corazón pero por ahora estoy muy bien así como estoy y mi misión es cumplir la regla número II.

¿A pesar de que uno tiene una pareja la que vale la pena y cómo uno puede estar seguro de que está cumpliendo la regla número 5?

Según mi opinión y mis experiencias, la única manera para formar parte de la regla número 5 es siempre y cuando se trate de un amor reciproco. En otros términos, el amor tiene que ser más o menos igual de ambos lados. Vale decir que, cada una de las parejas se tiene que vale la pena para la otra y viceversa. Por ejemplo, si tú tienes a tu pareja y según tu opinión, ella vale la pena entonces tú también tienes que ser alguien que valga la pena para ella. De esta manera Ustedes dos están cumpliendo la regla número 5. Pero si ella vale la pena y en cambio, tú eres todo lo contrario para ella en ese caso Ustedes dos no van a poder cumplir esta regla. Quiero que sepas que, cuando yo hablo de la regla número 5, yo me refiero a un amor mutuo. Según lo que he vivido en esta regla, yo opino que:

- Si tienes a tu propia pareja y te atreves a enamorar de otra persona entonces no estás cumpliendo la regla número 5

- Si tienes a tu propia pareja y por otro lado tienes un amante entonces no estás cumpliendo la regla número 5

- Si tu pareja te ha dado todo lo mejor de ella y tu le estás engañando entonces no estás cumpliendo la regla número 5

- Si tu pareja confía en ti y tu le estás violando su confianza entonces no estás cumpliendo la regla número 5

- Si pareja hace todo por ti y en cambio tu siempre le haces sufrir entonces no estás cumpliendo la regla número 5

- Si tu pareja siempre respeta su compromiso contigo y tu nunca se lo valoras para nada entonces no estás cumpliendo la regla número 5

- Si tu pareja siempre trata de estar a tu lado y tu te descuidas de ella para poder estar todo tiempo metido en estas cosas aburridas (Celulares, TV, Deportes, Internet, Juegos, Trabajos, Fiestas ect…) sin hacerte ningún tiempo para estar con ella entonces no estás cumpliendo la regla número 5

- Si tu pareja te ama con todo su corazón y tu la maltratas entonces no estás cumpliendo la regla número 5

- Si pareja siempre te ha dado todo lo que necesitas y tu le estafas entonces no estás cumpliendo la regla número 5

- Si tu pareja te ha dado su palabra y tu le decepcionas entonces no estás cumpliendo la regla número 5

- Si tu pareja siempre te dice la verdad y tu siempre le mientes entonces no estás cumpliendo la regla número 5

- Si tu pareja te es fiel y tu le rompes el corazón entonces no estás cumpliendo la regla número 5

Estos son algunos ejemplos para poder darte cuenta de que si estás cumpliendo esta regla. Yo me explico mejor, esta regla siempre trae un amor mutuo para ambas parejas. Es decir que, todas las personas las que están cumpliendo esta regla no viven para sufrir ni lamentar sino que viven para disfrutar y ser felices para siempre. Te cuento que, mi experiencia en esta regla fue algo tan maravilloso y extraordinario lo cual no se puede describir con palabras sino vivirlo para poder entenderlo bien. Fue una experiencia única en toda mi vida. Es por eso, yo siempre he dicho que esta regla es la indicada cuando se trata del amor verdadero. Es fácil saber que uno está cumpliendo la regla número 5. **¿Cómo se puede saberlo?** Es porque, cuando se trata de la regla número 5, todas las cosas se cambian automáticamente de una forma natural. Hay muchas maneras para saberlo. He aquí, te dejo algunos ejemplos de las señales más comunes acerca de esta regla:

- Los besos son especiales

- Los abrazos son geniales

- Los cariños son diferentes que cualquier otro tipo de cariño

- Los tratos son únicos

- Las miradas dan placeres

- La manera de hablar es muy estupendo

- Los recuerdos son inolvidables

- Los afectos son muy extraordinarios

- Las ganas de seguir viviendo son inevitables

A eso, yo le llamo: La química del amor porque tiene dopamina, adrenalina, emoción y felicidad. Con referencia a lo mencionado, la única manera para que esta química te funcione es siempre y cuando se trate de la regla número 5. En realidad, todos los que están cumpliendo esta regla saben muy bien como cuidar a su pareja. Puesto que amar quiere decir cuidar y aquel que no cuida a su pareja no puede formar parte de esta regla. *Para que se entienda mejor,*
me he dado cuenta de que amar es cuidar al otro. Porque tuve una relación amorosa en la cual yo siempre cuidaba de mi chica y ella también cuidaba de mí. De hecho, he hablado con mis amigos los que están cumpliendo esta regla, ellos también piensan y ven el amor de la misma manera que yo lo estoy viendo. Son los motivos por los cuales, puedo decir con mucha seguridad que, el que sabe amar entonces sabe como cuidar al otro. Por lo tanto, alguien que realmente ama a su pareja siempre deja a todos los

demás atrás para que pueda dedicarse tiempo y cuidar el amor de su vida. Cuando yo hablo de cuidar a tu media naranja, me refiero a todos los sentidos. Por ejemplo:

- Si realmente amas a tu pareja entonces dejarás a todas las fantasías del mundo moderno para poder cuidar de ella

- Si realmente amas a tu pareja entonces abandonarás todos tus vicios para poder cuidar de ella

- Si realmente amas a tu pareja entonces trabajarás menos para poder tener suficiente tiempo para cuidar de ella

- Si realmente amas a tu pareja entonces debes estar siempre presente para poder estar atento a las necesidades de ella

- Si realmente amas a tu pareja entonces no pondrás tus atenciones en otra cosa que no sea ella. Por ejemplo, algunos dicen que aman a su pareja pero ellos se pasan todo su tiempo con los ojos metidos en la pantalla de su celular, de su computadora, de su TV, en otras palabras, ellos siempre tienen tiempo para hacer cualquier cosa pero menos poner la atención a su propia pareja para saber su necesidad

- Si realmente amas a tu pareja entonces no tendrás ninguna excusa para no estar al lado de ella

- Si realmente amas a tu pareja entonces harás todo lo posible para complacer a ella

- Si realmente amas a tu pareja entonces todo lo que haces es para poder cuidar de ella

- Si realmente amas a tu pareja entonces tus bienes son para ella (me refiero a todo lo que tienes en general. Ya que si dos personas están en una relación, todos los bienes que ellas tienen son para ellas dos. Una no debería decir que esto es mío o aquello es mío sino que esto es nuestro).

A pesar de que, algunos siempre dicen que nada es para siempre pero yo digo que, cuando se trata del amor verdadero es todo lo contrario. Quiero decir que, cuando dos personas están en una relación de pareja las cuales valen la pena una para la otra recíprocamente, se pueden usar este lema: **Hasta la muerte nos separe**. Porque el verdadero amor es para siempre. Este lema siempre se ha funcionado correctamente a todas las personas las que se han formado parte de la regla número 5. De hecho, he conocido a muchas personas las cuales han estado con una sola persona en toda su vida. *Dicho de otra forma*, ellas no han estado con otra persona que no haya sido su propia pareja. Ellas nacen y morirán conociendo y teniendo una relación amorosa con una sola persona en toda su vida. Por todos estos motivos, si tienes a alguien que vale la pena a tu lado y eres capaz de darle lo mejor de ti para que la relación de Ustedes dos pueda funcionar bien como se debe entonces tienes derecho a usar este lema (hasta la muerte nos separe) porque estás cumpliendo la regla número 5

En fin, para terminar, mis consejos para ti son: Si eres una de esas personas afortunadas las cuales tienen a alguien que vale la pena a su lado, tienes derecho a olvidarte de todo lo que los demás dicen e incluso borrar a la regla número II en tu diccionario para que puedas cumplir la regla número 5 con tus ojos cerrados. Dicho de la mejor manera, si estás muy seguro de que tienes el amor de tu vida a tu lado, tienes que olvidarte de todo a fin de que puedas vivir cada segundo con tu pareja como si fuera lo último y hasta que la muerte los separe. Dado que, la regla número 5 se trata de estar siempre bien acompañado de alguien que realmente vale la pena para uno. Hay que saber que, si se trata del verdadero amor entonces no importa la edad sino la calidad para que puedas tener una vida llena de placeres, alegrías, felicidades, paz y amor. Quiero que tú sepas que el amor es el tesoro más grande y más valioso del mundo. Una persona que te ha dado su amor es alguien que realmente te valora y por tal razón, bajo ninguna circunstancia deberías romper el corazón de esa persona. Porque el verdadero amor no se encuentra todos los días y si tienes suerte de conseguirlo entonces tienes que conservarlo bien para que no te lo pierdas nunca. Quiero decirte un secreto muy importante: No debes romperle el corazón a nadie ni tampoco debes permitir que alguien rompa tu corazoncito. Si realmente crees que has encontrado con tu media naranja, en ese caso, tienes que darle a ella todo lo bueno de ti para que ella nunca se canse de estar a tu lado. Esta es la mejor manera para que ella pueda sentirse muy orgullosa de ti para el resto de su vida. Por ejemplo, si tu pareja siempre te ha dado su amor y tú también le has dado lo mismo a ella, entonces eso quiere decir que Ustedes dos están cumpliendo la regla número 5 de pies a las letras. Según mi opinión y mi experiencia, el amor de pareja es un tesoro sin precio y la única manera para conseguirlo es siempre y cuando dos personas realmente se amen una a la otra. Para ser sincero, cuando uno se enamora de alguien que vale la pena es algo fantástico y muy fascinante. Yo opino que nada es mejor que estar enamorado de la persona indicada. Tener a la persona indicada a tu lado es una sensación sin igual. De hecho, lo más hermoso de la vida es estar bien acompañado porque la soledad es el peor enemigo del hombre.

www.ingramcontent.com/pod-product-compliance
Lightning Source LLC
Chambersburg PA
CBHW080433110426
42743CB00016B/3150